机械类国家级实验教学示范中心系列教材

轨道车辆设计综合实践教程

金新灿　编著

科学出版社

北京

内 容 简 介

本书吸收了近年来新的设计方法及国际标准,较全面地介绍了现代轨道车辆结构设计实践的现代设计和常规设计方法,数据、图表、内容丰富,具有信息量大、标准新、取材广、设计结构多、实用性强等特点。

全书共7章,主要包括轨道车辆设计实践概述、车辆设计方案的拟定与构思、车辆主要零部件的设计计算、车辆运动学及运行性能的计算、车辆设计主要标准与规范等。结合作者多年的教学经验和研究成果,书中编入了多个设计实例。

本书可作为高等院校轨道车辆设计实践课程的教材,也可作为培训与继续教育用书,还可供有关工程技术人员参考。

图书在版编目(CIP)数据

轨道车辆设计综合实践教程/金新灿编著. —北京:科学出版社,2016.1
机械类国家级实验教学示范中心系列教材
ISBN 978-7-03-047037-9

Ⅰ.①轨… Ⅱ.①金… Ⅲ.①轨道车辆—设计—教材 Ⅳ.①U270.9

中国版本图书馆 CIP 数据核字(2016)第 010915 号

责任编辑:朱晓颖 毛 莹 / 张丽花 / 责任校对:桂伟利
责任印制:赵 博 / 封面设计:迷底书装

科学出版社 出版
北京东黄城根北街 16 号
邮政编码:100717
http://www.sciencep.com

中煤(北京)印务有限公司印刷
科学出版社发行 各地新华书店经销

*

2016 年 1 月第 一 版　开本:787×1 092　1/16
2025 年 7 月第八次印刷　印张:12 1/4
字数:290 000
定价:49.00元
(如有印装质量问题,我社负责调换)

前　言

铁路是国家重要基础设施、国民经济大动脉和大众化交通工具。大规模发展具有运能大、安全舒适、全天候运输、环境友好和可持续性等优势的轨道交通运输，是在能源和环境约束下解决我国交通运输能力供给不足的矛盾，带动形成一大批高新技术和相关产业及制造业提升与发展的必由之路和必然选择。

轨道车辆设计是轨道交通运输装备的基础技术。科技成果要转化成为有竞争力的新产品，设计起着关键性作用。设计工作的质量和水平，直接关系到产品质量、性能和技术经济效益。特别是在轨道车辆产品创新方面，世界铁路工业发达国家都极为重视，不断研制出适应市场需求的轨道车辆产品。近年来，随着科学技术不断发展，计算机技术的大量应用、新的设计理念和设计方法、新型材料的大量使用等都极大地促进了轨道车辆设计和制造的发展与进步，从根本上改变了传统的设计、生产模式，对缩短产品设计周期、提高产品质量、增强企业的市场竞争力和创新能力都具有重要的作用。

本书是作者结合多年的教学经验和研究实践，参考相关书籍和教材编著的，力求体现轨道车辆设计实践的系统性、先进性、实用性和通用性。

全书共7章，第1章为绪论，详细介绍本课程的目的和性质，列举本课程的设计原则和方法，分析了轨道车辆设计制造与社会发展的关系；第2章主要介绍如何拟定轨道车辆的设计方案，包括司机室结构设计、车体结构设计、转向架结构设计、列车流线型外形和车端连接系统，对于车体结构和转向架的设计计算都补充实例进行说明；第3章介绍钢弹簧和空气弹簧的设计计算、减振器的结构设计和阻尼计算、轮对的设计原则和车轴疲劳强度计算方法，对轴箱的结构进行分析并介绍轴箱应力计算方法、橡胶弹簧的性能参数和设计计算，对于后三者列举实例，进行详细的分析计算；第4章基于轨道车辆运动学，对列车运行性能进行包括重量均衡、几何通过曲线等计算；第5章介绍模态分析理论和有限元模态分析方法，以车体与构架模态计算分析为例，给出模态分析标准和模态灵敏度分析；第6章介绍国内外相关的设计标准和材料的机械性能；第7章是实践设计案例，对前6章的理论设计知识进行补充说明，由理论到实践，旨在开拓学生思维、提高设计能力。

本书吸收近年来新的设计方法及国际标准，较全面地介绍现代轨道车辆结构设计实践的现代设计和常规设计方法，注重知识介绍的系统性和实用性，在相关章节结合作者多年的教学经验和研究成果，编入多个设计实例。轨道车辆设计是一门工程实践性很强的技术课，在学习本书的过程中，应结合有关章节进行设计实践，才能收到较好的效果。

由于作者水平有限，编写时间仓促，疏漏之处在所难免，敬请同行专家和广大读者批评指正。

作　者
2015年11月

目　　录

第1章　绪论 1
　1.1　课程的目的和性质 1
　1.2　现代设计方法与过程 2
　1.3　现代车辆设计技术和基本过程 5
　1.4　课程设计说明书的编写及格式 8
　习题 10

第2章　轨道车辆设计方案的拟定 11
　2.1　轨道车辆总体概念设计方案的构思 11
　2.2　车体结构设计方案的构思 16
　2.3　列车流线型外形设计方案的构思 20
　2.4　司机室结构设计方案的构思 23
　2.5　转向架总体设计的构思 31
　2.6　车端连接装置系统方案的构思 37
　习题 44

第3章　轨道车辆主要零部件的设计计算 45
　3.1　钢弹簧参数的设计计算 45
　3.2　橡胶弹簧的设计计算 52
　3.3　空气弹簧的设计计算 59
　3.4　液压式减振器的设计计算 62
　3.5　轮轴结构强度的设计计算 68
　3.6　轴箱结构强度的设计计算 76
　习题 84

第4章　轨道车辆运动学及运行性能的计算 85
　4.1　车辆重心位置及重量均衡计算 85
　4.2　轮对及转向架蛇形运动学计算分析 87
　4.3　车辆垂向振动的计算分析 90
　4.4　车辆横向自由振动的计算分析 96
　4.5　列车几何通过曲线的计算分析 98
　习题 107

第5章　轨道车辆主要结构的模态分析 108
　5.1　模态理论基础与方法 108
　5.2　车体模态分析 111

5.3 转向架模态计算分析··········120
习题··········125

第 6 章 轨道车辆设计主要标准与规范··········126
6.1 国内标准与规范··········126
6.2 国际标准与规范 UIC 566 主要内容··········134
6.3 欧洲及日本标准与规范··········138
习题··········148

第 7 章 实践设计题目实例··········149
7.1 未来高速列车的"新概念设计"··········149
7.2 高铁列车头部流线外形设计··········151
7.3 200km/h 城际动车组中间车体结构设计··········155
7.4 动车组转向架构架的设计计算··········164
7.5 空气弹簧刚度参数的设计计算··········169
7.6 轴箱结构的设计计算··········171
7.7 列车通过几何曲线的校核设计计算··········178

参考文献··········189

第 1 章 绪 论

经济全球化、区域一体化的发展，国际产业大分工，能源、资源以及人员的流动，为现代交通运输提出新的挑战和难题。而轨道交通以其安全舒适、方便快捷、全天候运输、节能环保的绿色交通运输方式广受世界各国的欢迎。

轨道车辆工业担负着向轨道交通运输行业提供各种性能先进、绿色环保、使用安全可靠的技术装备的任务，所以在现代交通运输行业中是举足轻重的。市场竞争力的生命力在于产品的水平。任何科技成果要转变为有竞争力的产品，设计起着关键性的作用。轨道车辆设计是轨道车辆产品研制的第一道工序，设计工作的质量和水平直接关系到产品质量、性能、研制周期和技术经济效益。轨道车辆工业先进的企业和集团都十分重视产品设计，把设计作为产业的生命，要培养一流设计大师。

1.1 课程的目的和性质

轨道车辆设计综合实践是一门围绕轨道车辆设计系列课程教学要求且工程实践性较强的课程，是理论与实践紧密结合、培养工科学生轨道车辆设计能力实践的设计类课程。

课程内容主要涉及机械设计、车辆系统动力学、材料力学、弹性力学、有限元方法等基础知识。教学内容主要为：对车辆整体的设计进行介绍，包括轨道车辆总体设计、司机室结构设计、车体结构设计及车内布置方案的构思、转向架设计、车端连接系统方案的设计和列车流线型外形设计；对车辆的钢弹簧、橡胶弹簧、空气弹簧、减振器、轮轴和轴箱装置等主要零部件的设计计算进行介绍；介绍轨道车辆运动学及运动性能和常用主要结构的强度计算，在强度计算方面主要涉及车体和转向架，对模态进行详细的介绍；介绍轨道车辆设计主要标准与规范；在实践中对案例进行分析，将理论与实际结合。

1.1.1 课程目的

本课程旨在训练学生综合运用所学设计类基础知识的能力，培养学生使用现代设计分析方法对轨道车辆设计问题进行综合分析和评价；培养学生掌握轨道车辆设计的一般方法和规律，拓宽工程知识结构与设计综合应用，提高轨道车辆设计能力；巩固所学的轨道车辆设计及计算的基本方法和各种相关设计分析软件的使用，提高综合分析和解决实际轨道车辆结构设计问题的能力。

1.1.2 主要任务及与其他课程的关联

轨道车辆设计综合实践课程强调设计中总体设计能力的培养，将多学科内容整合为一个新的综合课程设计体系，将学生在机械设计系列课程中所学的有关运动和动力学分析、机械零部件设计理论、方法、结构及工艺设计等内容有机地结合，同时涉及车辆动力学中车辆振动特点、动力学模型，以及有限元方法中结构强度计算和力学分析。本课程对学生进行综合设计实践训练，促使其更好地掌握各学科基础知识，更好地学以致用，使课程设计与实际的联系更为紧密。

1.1.3 设计中需要注意的几个问题

1. 循序渐进，逐步完善和提高

在设计过程中，应特别注意理论与实践的结合。设计者应充分认识到，设计过程是一项复杂的系统工程，要从机械系统整体需要考虑问题，成功的设计必须经过反复推敲和认真思考才能获得，设计过程不会是一帆风顺的，要注意循序渐进。设计和计算、绘图和修改、完善和提高，常需要交叉结合进行。

2. 巩固机械设计基本技能，注重设计能力的培养和训练

轨道车辆的设计内容繁多，而所有的设计内容都要求设计者将其明确无误地表达为图样或软件形式，并经过制造、装配方能成为产品。机构设计，强度、刚度计算和结构设计，图样表达是在设计中必备的知识和技能。学生应自觉加强理论联系工程实践，掌握认识、分析、解决问题的基本方法，提高设计能力。

3. 汲取传统经验，发挥主观能动性，勇于创新

轨道车辆设计综合实践教程中的实例多选自工程实际中的常见问题，设计中有很多前人的设计经验可供借鉴。学生在学习过程中应注意了解、学习和继承前人的经验，同时要充分发挥主观能动性、勇于创新，在设计实践中自觉培养创新能力，以及发现问题、分析问题和解决问题的能力。

4. 从整体着眼，提高综合设计素质

在设计过程中，应自觉加强自主设计意识，注意先总体设计，后零部件设计；先概要设计，后详细设计。遇到设计难点时，要从设计目标出发，在满足工作能力和工作环境要求的前提下，首先解决主要矛盾，逐渐化解其他矛盾；提倡使用成熟软件和计算机，提高运用现代设计手段的能力。

设计时，要正确处理传统设计与创新设计的关系，要注意合理选择精加工表面的位置和大小，优先选用标准化、系列化产品，力求做到技术先进、可靠安全、经济合理、使用维护方便。适当采用新技术、新工艺和新方法，以提高产品的技术经济性和市场竞争能力。

1.2 现代设计方法与过程

设计是为了满足人类与社会的功能要求，将预定的目标通过人们创造性思维，经过一系列规划、分析和决策，产生载有相应的文字数据、图形等信息的技术文件，以取得最为满意的社会和经济效益。

1.2.1 优秀设计师的主要素质及机械设计的几个阶段

1. 做一名优秀的设计师具备的主要素质

要想成为一名优秀的设计师，需要具备的主要素质如下。

(1)创造潜能。具备极强的好奇心和兴趣，需要有细致的观察和深入的思考。

(2) 各种相关的专业知识和经验。
(3) 高远的志向，不迷信权威。
(4) 努力实践，不怕艰苦。
(5) 坚忍不拔的精神。
(6) 不怕失败的性格。

2. 机械设计的几个阶段

人类的设计工作大致经历了以下几个阶段。

(1) 直觉设计阶段。凭直观感觉来设计制作工具和机械。凭直观感觉来设计制作工具和机械，往往带有一定的盲目性。

(2) 经验设计阶段。依靠个人的才能和经验，运用一些基本设计计算理论，借助类比、模拟和试凑等设计方法进行设计。

(3) 半理论半经验设计阶段。加强了设计基础理论、各种专业机械产品设计机理以及关键零部件的设计研究，使设计者能够充分利用数据、图表和手册等进行设计，减少了设计的盲目性，增加了合理性。

3. 传统设计方法

传统设计方法以经验总结为基础，将力学和数学而形成的经验公式、图表、设计手册等作为依据，通过经验公式、近似系数或类比方法进行设计，现在大部分车辆工厂仍在采用。

利用设计者直接或间接的经验，通过类比或经验公式来确定方案，对于特别重要的设计或者计算工作量不太大的设计，有时可以对拟定的几个方案计算比对，按一定的标准选取，最后绘图和整理设计说明书。

传统设计方法的特点如下。

(1) 偏重于经验的概括和总结，可能会忽略一些非主要或者难解的因素，因而造成设计结果的近似、不确切或者失误。

(2) 在信息处理、参量设计和选取、经验或状态的存储和调用方面，都利用手工的解算和图纸的绘制。

(3) 对技术和经济、技术与美誉的良好统一方面有一定的差距。现在设计工作方面有车辆设计师、经济师和车辆美工设计师等多种单一类型的设计师。

(4) 有局限性：设计者的经验决定方案的优势。

(5) 分析计算时，由于受到计算工具、技术水平的限制，进行简化(动态变为静态)，加入修正系数，使得计算精度下降。设计工作时间较长，效率低，成本高。

1.2.2 现代机械设计方法

现代设计方法是在传统设计的基础上发展起来的，它继承了传统设计的精华。由于设计方法学和创造方法学的迅速发展，机械产品的设计工作发生了质的变化，出现了一系列新兴的学科分支，主要有：优化设计、计算机辅助设计、可靠性设计、模块化设计、反求工程设计、系统化设计、并行设计、人机工程学设计等。

现代设计与传统设计相比，有下列几个特征。

1. 系统性

现代设计把设计对象看作一个系统,同时考虑系统与外界的联系,用系统工程概念进行分析和综合,通过功能分析、系统综合等方法,力求系统整体最优,使人机之间的功能相互协调。

2. 创造性

现代设计强调创造能力开发和充分发挥人的创造性;重视原理方案的设计、开发和创新产品。只有创新才能有所发明。

但是,今天的科学技术已经高度发展,创新往往是在已有技术基础上的综合。有的新产品是根据别人的研究实验结果而设计的,有的是博采众长,加以巧妙地组合。

3. 综合性

现代设计在设计过程中,综合考虑、分析市场需求、设计、生产、管理、使用、销售各方面的因素;综合运用优化是利用系统工程、可靠性理论、价值工程、技术等学科的知识,探索多种解决设计问题的科学途径。

4. 程式性

现代设计研究设计的一般进程,包括一般设计战略和用于设计各个具体部分的战术方法。要求设计者从产品规划、方案设计、技术设计、施工设计到实验、试制,按步骤有计划地进行设计。

现代设计在设计指导思想、设计对象、设计方法和设计手段上都有着显著特点和先进性。机械创新设计是现代机械设计的核心,机械系统运动方案设计的每一个环节,都包含创新设计的内容,都离不开创造性思维。

1.2.3 机械产品的设计过程

图 1-1 所示为一般机械产品的设计过程框图,主要包含概念设计阶段、总体方案阶段、结构设计阶段、工艺设计阶段和改进设计阶段。

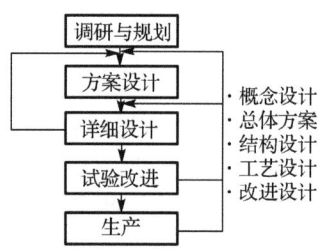

图 1-1 产品的设计过程

1.2.4 机械设计中常用的创新方法

1. 智力激励法

人的创造性思维特别是直觉思维在受激发情况下能得到较好发挥。一批人集合在一起,针对某个问题进行讨论时,由于各人知识、经验不同,观察问题的角度和分析问题的方法各异,提出的各种主意能互相启发,填补知识空隙,启发诱导出更多创造性思想,通过激励、智慧交流和集智达到创新的目的。

2. 提问追溯法

提问追溯法是有针对性地、系统地提出问题，在回答问题过程中，便可能产生各种解决问题的设想，使设计所需要的信息更充分、解法更完善。提问追溯法有奥斯本检核表法、希望点列举法、缺点列举法等。

3. 联想类推法

通过由此及彼的联想和异中求同、同中求异的类比，寻求各种创新解法。利用联想进行发明创新是一种常用而且十分有效的办法。许多发明者都善于联想，许多发明创新也得益于联想的妙用。类比联想由一事物或现象联想到与其有类似特点的其他事物或现象，从而找出创新解法。

4. 反向探求法

将人们通常思考问题的思路反转过来，从背逆常规的途径探寻新的解法，因此反向探求法亦称逆向思维法。例如，声音既然是振动，那么振动为什么不能复现原声呢？通过这样的反问，发明了留声机。

5. 系统分析法

对于技术系统，根据其组成所有影响其性能的全部参量，系统地依次分析搜索，以探索更多解决问题的途径。

6. 组合创新法

组合创新法是将现有技术和产品通过功能、原理、结构等方面的组合变化形成新的技术思想和新产品。组合法应用的技术单元一般是已经成熟和比较成熟的技术，不需要从头开始，因而可以最大限度地节约人力、物力和财力。组合创新的类型很多，常用的有性能组合、原理组合、功能组合、结构重组、模块组合等。

1.3 现代车辆设计技术和基本过程

1.3.1 现代车辆设计技术

现代车辆设计技术主要包括有限元分析、优化设计、系统工程方法、可靠性设计、反求工程、人机工程和计算机辅助设计等。下面逐一加以介绍。

1. 有限元分析

有限元分析是古典变分方法的一个分支，它直接把所需分析的结构离散化，使用最小位能原理或虚位移原理等力学基本原理，列出计算格式，用电子计算机求解。有限元法在结构离散化时可采用各种单元形式，以适应不同的问题，网络的加密也很方便，边界易贴合。有限元分析的算法无论对弹性和塑性问题均较成熟，对流体问题处理也有一定长处。

在轨道车辆设计中，有限元分析除应用于车体、转向架等结构外，还用来对各种零部件、组合结构等进行强度、刚度、热强度、振动模态、稳定性等计算分析。

有限元分析方法对设计安全合理的车辆结构、提高乘坐的舒适性、减少样车试验的数量、降低开发风险、缩短开发周期等均有重大影响，有限元分析现已成为新型车辆结构设计工作的规范计算分析方法。

2. 优化设计

无论是车体外形设计、总体设计，还是零部件设计，车辆设计人员总是力求从各种可行方案中选择最佳方案，这就是优化设计的基本任务。过去工程设计中尽管没有"优化"这一任务，但在实际设计过程中往往通过直觉判断、试验比较，对产品优胜劣汰。

随着科学技术的进步，实际工程问题可以通过数学模型来描述，并发展了最优化数值方法求解所确定的数学模型，这就为优化设计提供了数学工具。目前，有许多优化算法可供选用，其优劣随所解决问题的特征而异。

3. 系统工程方法

对于像车辆整体这样复杂的系统，无法简单地定义为一个最优化设计问题。这时，为了能在设计阶段进行较为准确的定性和定量分析，需要采用系统工程方法，其中主要内容为系统分析。

车辆的系统分析除研究车辆系统结构、系统行为外，还要研究车辆系统与线路和外界环境的相互作用问题。用系统分析的方法，可以预先研究系统结构及其相关性，可以通过建模和仿真进行模拟研究，所以它能在设计阶段之前处理问题，提高了设计开发过程的质量和效率。

4. 可靠性设计

可靠性理论是以产品的寿命特征作为主要研究对象的一门综合性科学。20世纪60年代以来，可靠性研究由电子、航空、宇航、核能等尖端工业部门，扩展到进行大批量生产的轨道车辆工业部门，并取得了可喜成果。

当今，提高产品的可靠性已成为提高产品质量、增强竞争力的关键。因此，可靠性设计已成为车辆现代设计方法中的一项重要内容。

5. 反求工程

反求工程也称逆向工程、反向工程、反求设计，是指用一定的测量手段对食物或模型进行测量，根据测量数据通过三维几何建模方法重构实物计算机辅助设计模型的过程；是一个从样品生成产品数字化信息模型，并在此基础上进行产品设计开发及生产的全过程。

将反求工程用于车辆设计时，三坐标测量机是必不可少的重要设备。三坐标测量机又称三坐标测量仪或三次元，是指在一个六面体的空间范围内，能够进行几何形状、长度及圆周分度等测量并保全数据的仪器。

6. 人机工程

人机工程又称人体工程，是20世纪50年代前后迅速发展起来的一门新兴学科。它以工程设计中与人体有关的问题为研究对象，目的在于使设计更好地适应人体的各种要求，从而提高人机系统，即人同所操纵的机构在内的整个系统的工作效能。

人机工程涉及人体尺寸、心理学、心理生理学、运动生理学、生物工程和医学等许多复杂课题，属于跨学科的边缘科学领域。

7. 计算机辅助设计

在工业发达国家，20世纪70年代就已用计算机辅助设计（CAD）技术进行车辆设计，并逐步发展和完善了自己的CAD系统。现在，CAD系统除进行结构和性能的计算，分析并绘制出零部件的设计图样外，还越来越多地把方案初选、最优决策、规划布置、经验评估等包括进去，构成所谓的"智能化"CAD系统。

在现代车辆开发工作中，就计算机辅助设计而言，其核心是以产品设计和绘图为主体的

CAD 系统、车辆性能和结构分析为主体的计算机辅助工程分析(CAE)系统、模型及其模具制造的计算机辅助制造(CAM)系统以及造型设计的计算机辅助造型(CAS)系统。

在许多国内外的大公司中，从整车到各大总成的开发工作现已全面使用了 CAX 技术，最具典型的是车体的开发工作，从概念设计阶段到模具制造的全过程都采用了串行和并行的混合开发过程，较全面地实现了 CAD/CAE/CAS/CAM 技术集成。

在车辆规划和布置设计中，使用 CAD 及相关的性能和参数优化设计软件去预测新车型的性能和确定设计参数、进行法规校核、提出最佳的设计图和方案图，合理地进行车辆布置，方便有效地进行系列化车型设计。

8. 虚拟现实技术

虚拟现实是一种全新的人机界面，它通过计算机构造出形象逼真的三维模型，从而生成一种具有三维视觉效果的特殊环境。该技术通过多种传感器和可视化设备，将视觉、听觉、触觉等作用于用户，使用户融入这种特殊的环境中去操作、控制环境，产生身临其境的感觉，从而实现特殊的设计目的。它具有多感知、沉浸感、交互性、想象性等特征。

虚拟现实技术不仅仅用于车型开发，还可以提供给车辆多方面的模拟数据：数字化制造及产品模拟、测试、制造等。利用虚拟现实技术还可以进行车辆碰撞试验，不必使用真实车辆便可显示出不同条件下的碰撞结果。

9. 神经网络方法

人工神经网络是一门活跃的边缘交叉学科，涉及生物、电子、计算机、数学和物理等诸多学科，它是根据生物神经系统的作用原理发展起来的，多个人工神经元互联组成大规模的分布式并行信息处理系统，用于模拟人类神经系统的信息处理机制，对复杂的问题进行有效的解决。

车辆工程中模糊、非线性、不确定系统都可以用神经网络理论加以解决。如基于模糊理论和人工神经网络融合技术的车辆振动系统的神经网络控制等。

1.3.2 现代车辆设计基本过程

现代车辆设计一般分为如下 4 个阶段。
(1) 概念设计(项目策划)。
(2) 详细方案设计。
(3) 技术及施工设计阶段。
(4) 产品试制、测试、试验和改进完善阶段。

1. 概念设计

1) 了解项目的性质，采取不同的设计策略

对于研究型(试验型)项目，可以采用许多新的技术，甚至可以做一些开创性的研究工作，成功和失败共存，作为技术跟踪和技术储备。

对于工程化(商品化)项目，主要应采用成熟、可靠的技术，进行集成，确保项目的成功率和产品的商品化。

2) 概念设计的主要工作内容

(1) 了解项目的详细信息，主要包括产品的规模，最大运行速度，内部设备、设施及其要求，维护要求，与相关结构的接口及参数，定员，所要遵守和满足的标准等。

(2)技术查新,了解国内外类似项目的进展情况和技术水平、知识产权的保护(专利)。

(3)基本方案构建,获得产品的基本信息和要求后,制订项目设计规划书,提出项目的技术路线和总体方案设想,对其可行性、经济性、工艺性和技术合理性进行详细分析,提出基本模式。

概念设计阶段应周全、详尽,为产品的进一步设计奠定基础。

2. 详细方案设计

主要工作内容如下。

(1)主要结构的选择和确定。根据概念设计确定的仿真、路线和模式,设计详细的技术方案,选择和确定主要结构。

(2)主要尺寸和参数的确定,虚拟样机设计。利用现有的计算和分析手段,对基本方案的可行性进行分析,对结构和参数进行优化研究,提出主要技术参数、性能参数和基本尺寸。虚拟样机的设计主要包括运行性能(动力性能)、安全可靠性(静强度、动强度和动应力分析等)的仿真分析。

(3)完善方案设计。根据理论分析结果,完善设计方案。提出方案设计审查文件。

(4)大部件结构设计。根据理论分析结果,完善设计方案,提出方案设计审查文件。

(5)修改和完善设计方案。根据有关专家和用户的意见和建议,进行设计方案的修改和完善。

3. 技术及施工设计

主要工作包括如下内容。

(1)性能预测和评估,进一步对其运行品质、安全可靠性、寿命进行预测和评估。

(2)细部结构设计。

(3)施工图设计。

(4)工艺技术设计。

(5)工艺文件制定和工装设计。

(6)生产和试制准备。

4. 产品试制、测试、试验和改进完善阶段

(1)产品试制。

(2)尺寸、主要参数测试,目的在于验证设计观念和具体细节满足设计要求。

(3)出厂前调试。

(4)技术审查。

(5)运行考核和试验。

(6)完善和改进设计,根据测试、运行考核的进行,也许需要对设计进行修改和完善,确定最终的设计方案。

1.4 课程设计说明书的编写及格式

设计计算说明书作为产品设计的重要技术文件之一,是图样设计的基础和理论依据,也是进行设计审核的依据。因此,编写设计计算说明书是设计工作的重要环节之一。

1.4.1 设计计算说明书的内容

设计计算说明书主要包括以下内容。

1. 前言

前言主要是对设计背景、设计目的和意义进行总体描述，让读者对说明书有一个总体了解。

2. 目录

目录应列出说明书中的各项内容标题及页次，包括设计任务书和附录。

3. 正文

正文主要为设计依据和过程，主要包括以下内容。

(1) 设计任务书。一般应附设计目标、使用条件和主要设计参数。

(2) 轨道车辆的总体方案设计。针对运动和动力要求，选择车体和转向架等类型，对其结构和性能进行分析，并针对多种方案的可行性进行比较，择优形成初步设计方案。主要内容有车体外形设计、车体材料选择、转向架类型、轴箱安装方式、制动类别等。

(3) 主要零部件的设计计算。针对某一零部件，进行详细设计，根据各个零部件的强度、刚度、寿命和结构要求，确定其结构尺寸和材料、装配关系等。主要内容有钢弹簧参数的设计计算、空气弹簧的设计计算、轮轴结构强度的设计计算、液压式减振器及摩擦式减振器的设计计算和轴箱的设计计算等。

(4) 其他需要说明的内容，包括运输、安装和使用维护要求，设计的优缺点和改进建议等。

4. 参考资料

将设计过程中用到的参考书、手册、样本等资料，按作者、出版时间、书名和出版单位顺序列出。

5. 附录

在设计过程中使用的非通用设计资料、图表、计算程序等。

1.4.2 设计计算说明书的要求和注意事项

设计计算说明书要求计算正确、论述清楚、文字精练、插图简明、书写工整。同时应注意下列事项。

(1) 设计计算说明书应按内容顺序列出标题，做到层次清楚、重点突出。

(2) 计算过程应列出计算公式，代入有关数据，写出计算结果，标明单位，并写出根据计算结果所得出的结论或说明。

(3) 引用的计算公式或数据要注明来源，主要参数、尺寸、规格和计算结果可在右侧计算结果栏中列出。

(4) 为清楚地说明计算内容，说明书中应附有必要的简图(如总体设计方案简图、弯矩图和转矩图等)。

(5) 设计计算说明书要用钢笔或用计算机按规定格式写于16开专用纸上，按目录编、标页码，然后装订成册。

(6) 说明书封面和书写格式可参考图1-2。

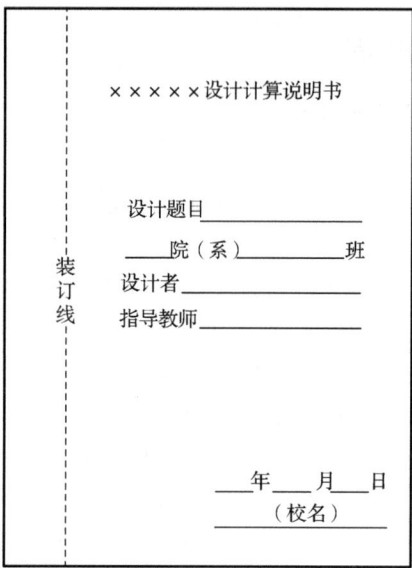

图 1-2　说明书封面格式

习　　题

1．简述设计的定义。
2．简述做一名优秀的设计师应具备的主要素质。应如何培养？
3．简述机械产品的设计过程。
4．说明现代车辆设计技术的主要内容。
5．阐述现代车辆设计的基本过程。
6．分析现代机械设计方法的主要特征。
7．如何将机械设计的创新方法用于车辆设计中？

第 2 章　轨道车辆设计方案的拟定

现代轨道车辆结构设计一般分为概念设计阶段和详细设计阶段。概念设计阶段在整个轨道车辆设计过程中起着至关重要的作用。有关资料表明，在概念设计阶段结束时，全部轨道车辆设计过程成本的大约 70%就已确定下来。可见，概念设计阶段所做的工作对后续工作有很大的影响。在概念设计阶段对车辆结构进行设计，将会更加准确地预测车辆结构，避免在详细设计阶段出现问题、造成设计缺陷，防止延长设计周期、加大开发成本。

2.1　轨道车辆总体概念设计方案的构思

在进行轨道车辆设计时，应根据设计任务书或建议书对全车进行总体方案的概念设计。总体方案概念设计的好坏直接决定了产品设计的成败，必须予以高度重视。方案概念设计应遵循结构简单、合理，性能先进，经济耐用，运行安全，便于使用、便于检修、利于制造，要积极采用和发展新技术、新工艺、新材料，尽量采用标准化设计，严格执行国家标准、专业标准和企业标准。还需根据实际情况和运行性能对轨道车辆的概念设计要素进行考虑。

车辆总体概念设计是一种带规划性质的设计，目的是使设计车辆能够满足设计技术任务书中提出的各项功能要求，以及通过相关措施或方法来协调设计中出现的各种矛盾和问题。从设计的内容上可以分为车辆总体概念设计及车辆零部件概念设计两大部分。

2.1.1　车辆总体设计原则和要求

为提供能满足市场需求的轨道交通车辆，需要对车辆进行纵向和横向的总体概念设计、规划等。

纵向总体概念设计是指理清车辆本身系统关系，保证系统不缺项，明确规定设计任务要实现的总体目标。横向总体概念设计是指要实现与其他系统之间的接口功能，保证其他系统的正常工作。

1. 总体设计的一般原则

车辆是铁路运输的基本工具，设计制造出更多更好的车辆以适应铁路运输的要求，是铁道车辆生产部门的重要任务。

总体设计应贯彻下述原则。

1) 具有合理的技术参数

主要包括车辆的几何尺寸、车辆的自重系数、比容系数、轴重、运行速度等。技术参数综合反映了所设计车辆的技术性能和指标。

2) 制造和使用方便

要易于生产制造，降低制造成本。同时方便乘客的乘用，有利于工作人员顺利地进行各项工作，司机室设计要求作业范围合适、操纵方便、实现合理，易于观察各种仪器、仪表和信号灯指示。同时尽可能提高产品的可靠性，努力降低维修的工作强度。

3）标准化

尽量采用标准化、通用化、系列化的零部件。这是由于轨道车辆的产量大、零部件众多，设计中实行零件标准化、部件通用化和产品系列化，可简化生产，提高工效，保证产品质量，降低生产成本，减少配件品种，方便维修。所谓"标准化"是指在设计中广泛采用标准件，以利于组织生产、提高质量、降低造价并方便维修。所谓"通用化"是指在同一系列或总质量相近的一些车型上，采用通用的总成或部件，以简化生产。一般来说，标准化了的尺寸和结构系列都是在生产实践中证明行之有效的，加工这些尺寸的工具装备是现成的；但是有的标准化会限制产品的功能，要根据实际的生产情况及资金要求，对标准化的零部件进行适当的选择。

4）环保节能

近年来，轨道车辆的设计趋势集中表现在重视安全、节能和环保。当前，在发达国家中，一种新的设计思想即所谓"绿色设计"已被制造厂家普遍接受，其要点就是设计师在设计产品时就考虑到当它达到使用寿命后，可被重复利用，或可被安全地处理掉而无污染。

5）合适的外形设计

车辆外形设计需要考虑两个因素，即空气动力和美观。应用空气动力学主要是解决列车高速运行时的空气阻力问题，一般采用流线型外形以减小列车空气阻力。美观方面要求融入城市的人文景观以及历史、地理环境和气候状况等，并用足够的创意将其展现。

6）设计应根据有关标准和规范进行

设计的标准和规范，是人们对长期工程实践经验的总结，它对进行轨道车辆的相关设计具有很强的指导意义。

2. 总体设计的主要内容和步骤

(1) 根据设计任务书，选择确定车辆结构类型（如承载结构类型、所用材料类型等）、牵引制动方式、主要性能参数及几何尺寸参数。

(2) 各主要组成部件设计和标准部件选型，如转向架、车体、牵引电机、车钩、轮轴、轴承、轴箱、空气弹簧等。

(3) 车辆总图绘制及要求。

① 以侧视图和俯视图为主，辅以必要的剖视图，外形设计时还必须包括前视图。

② 车辆总图应反映出车辆的结构特点、主要尺寸及各大部件之间的位置安排、连接关系等。

③ 对于选型设计的部件，如车钩、缓冲器、空气制动装置、转向架等，应画出其结构特点及位置安排，以便与同类其他装置相区别。

④ 对于要具体设计的部件，如车体结构等，在设计的初期应尽量详尽，以便及早发现问题并指导该部件的设计，如在总图中应反映车体结构的梁、柱布置及截面尺寸等。

⑤ 对于某些具有车辆内部设备的车种，应反映这些设备的布置情况，根据不同情况添加平面布置图、立面布置图、车下设备布置图等。

⑥ 对于某些特殊的车辆，往往有一些特殊的机构，如自翻车、漏斗车等的倾卸机构、闭锁机构等也应在方案阶段画出该机构的结构及动作范围等图纸，以说明该机构的可行。

(4) 技术经济指标设计及要求是一种由许多因素影响的综合性指标，因此必须统筹兼顾影响它的各种因素。主要因素有自重、比容系数、每延米轨道载重允许值、轴重、轴数、运输成本及运行速度等。

要求：
① 合理选取自重系数；
② 尽量达到每延米轨道载重允许值；
③ 合理确定车辆的轴重、轴数；
④ 全面考虑运输成本；
⑤ 提高车辆运行速度，应有适当的技术储备。

(5) 车辆的人机工程设计。

① 人机工程设计的范畴。车辆的人机工程设计主要是考虑各种作业人员所需的作业空间和作业环境，以及在某些特定姿势中能否发挥人的正常体力，以便使有关作业能高效而安全地进行。客车的人机工程设计除了要考虑工作人员的作业空间和作业环境外，主要是室内环境设计，力求创造一个符合旅客生理和心理所需的旅行环境。

② 中国成年人人体尺寸国家标准。我国1988年年底首次发布了《中国成年人人体尺寸》国家标准(GB 10000—1988)。标准提供的数据是代表从事工业生产的中国成年人的人体尺寸，其中男子为18～60岁，女子为18～55岁，均分了3个年龄段。标准中所列数据均为不着衣裤鞋袜时测量所得数据的统计平均值；同时人体所取的姿势，无论立姿或坐姿均为挺胸收腹的端直姿势。在应用这些数据时必须考虑衣着及人体可能取非端直姿势而引起的一些变化。另外，由于我国地域辽阔，不同地区的人体尺寸差异较大，GB 10000—1988把全国分为6个区域，每个区域各有其人体尺寸的统计平均值。故所设计的结构物若仅在某地域范围内使用，可参考该标准中的详细数据。

③ 车辆作业空间的分析与设计。主要包括：车辆列检人员的作业空间分析，货车装卸作业空间分析，连接调车人员的作业分析。

④ 客车客室设计。主要考虑座席的安排与布置、朝向、椅背是否可调、封闭或敞开式。车窗的设计应考虑尺寸大小、采光、隔热、影响车体的强度、车内壁板的材料选择。

(6) 车辆相关部件之间间隙的确定。当列车通过曲线或变坡点时，一辆车的某些部件之间以及相邻的两辆车之间，均会产生相对运动，故需要通过必要的计算以确定各部件合理的间隙，确定各部件结构形式及安装方式，协调各部件间关系。主要考虑以下3种情况。

① 车辆通过平面曲线时，车体与转向架间的相对转动。
② 车辆通过平面曲线时，两车端部的最小间隙及车钩的摆角。
③ 在变坡点处两车端部的相对运动。

(7) 车辆重量均衡性设计。所谓车辆均衡性设计是在车辆的水平投影面上安排其重心位置的问题。调整车辆设备安放的位置，使车辆簧上部分的重心落在水平投影面的纵、横中心轴线相交点的附近。

(8) 进行结构强度及动力学性能参数计算分析，修改结构设计和性能参数设计。

2.1.2 车辆总体尺寸及结构设计

车辆总体尺寸受限因素主要有：铁路限界、站台高度、装卸设备、地磅衡；车钩高度、车辆全长与定距的关系、车辆长和宽的协调、每延米轨道载重允许值等。

1. 长度方向尺寸的确定

1) 车辆全长

图 2-1 示出了车辆几何尺寸间的关系。前后转向架中心距影响车辆总长、通过曲线半径和行驶稳定性，转向架固定轴距影响通过曲线半径和行驶稳定性。

(1) 车辆全长与车体外长间的关系主要与采用何种形式的牵引缓冲装置有关。

(2) 车辆过曲线时，其端部偏向曲线外侧而中部偏向曲线内侧，尽量使这两个偏移量相等，即车体长度 L 与转向架中心距 S 间关系应满足：$L/S = \sqrt{2}$。

(3) 车体长度与铁路限界的关系。限界对车辆最大宽度的制约问题，即车体长度增长后在曲线上的偏移量超过计算车辆的偏移量之后，就得削减车体最大宽度的允许值，即车体尺寸+运动偏移量≤铁路界限，因此，车体增长必须减小车宽。

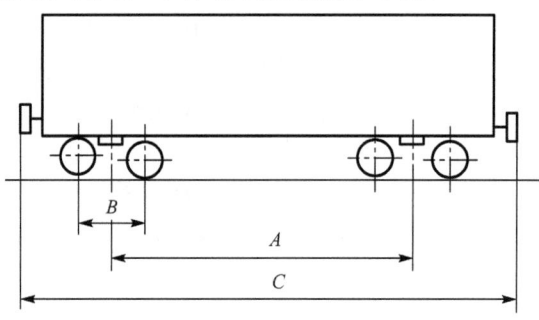

图 2-1　几何尺寸

A-车辆定距；B-转向架固定轴距；C-车辆总长

2) 车体内长

客车车体的长度主要由客室长度(等于若干个间隔距离之和)或包房总长决定，其余的面积则是辅助性的，如厕所、通过台、盥洗室及乘务员室等辅助面积。

3) 宽度方向尺寸的确定

车辆宽度方向的尺寸主要受限界的严格控制。原则上，在设计机车车辆时只要在限界的允许范围内，都应想办法把车体设计得尽可能宽些。

4) 高度方向尺寸的确定

(1) 车辆地板面高度的确定。地板面距轨面高度不能由设计者随心所欲地确定，它将受到客、货车站台高度、车钩高度及转向架心盘面高度等多种因素的制约，而且这些因素对每一种车的影响又不完全一致。我国车辆在新造或修竣时空车状态的钩高标准值为 880mm。

(2) 车辆上部高度的确定。在确定各种车辆上部尺寸时牵涉的问题不尽相同，需要按矛盾的性质用不同的方法加以考虑。

2. 客室设计

1) 总体要求

客室设计要充分分析该客室应该提供什么功能，完成这些功能应该用什么设备，以及这些设备的形状、大小及表面质感、色彩、放置的位置等。

客室设计的分析一方面要通过人机工程学中提供的人体尺寸、视觉分析、色彩知识等；另一方面要研究现有结构的优缺点，借鉴国外的资料，参考客运飞机、大客车、小轿车中客室设计的成功经验，处理和协调好车内的各种关系；还要在列车乘务、服务人员及旅客中广为调查，征求意见，有些意见在设计人员看来十分苛刻，一时的确难以办到和实现，但毕竟为客室设计提供了一个努力的方向。

2) 座车主客室设计

座车的主客室设计关键在于座椅的安排与布置，而座椅的安排和布置又与定员数和车种有关。在参考现有车辆客室座椅安排的基础上，根据座椅的安排定出客室面积。

客室设计中还应充分考虑便于列车乘务人员清扫客室。客室中不易清扫抹擦的部分是两层玻璃窗的内侧、座椅下部、座椅与侧墙间的间隙等处。

客室的设计中车窗的设计与布置对客室总体效果关系甚大，从物理性能上说，车窗将削弱或影响车体的强度及隔热性能，但在白天必须用它来采光和通风(对于非空调客车)，甚至在某些紧急状态下是车厢内外沟通的通道，故不能不设。

3) 厕所、盥洗室的设计

厕所和盥洗室设计中必须考虑以下几个问题。

(1) 这两个小间内的设备、附件必须为良好的耐蚀、防蚀制品，如不锈钢制品、铝制品、玻璃钢等塑料制品。卫生瓷虽不会腐蚀但比较笨重。设备不锈蚀就为环境清洁创造一定条件，但在结构上还要尽量创造便于清扫的条件。

(2) 这两个小间的结构应尽量简洁，避免沟槽，以便擦抹。其地板及侧墙护板应该用玻璃钢或不锈钢等无蚀制品做成整体盆状构件，要从结构上杜绝水渗入地板下的可能性，尤其是厕所，其蹲式便池就应直接做在该盆状构件的最低凹处，侧墙护脚板应与地板无明显分界，采用大圆角过渡，当用水冲洗时要易于从便池处把污水排走。

(3) 厕所的窗玻璃必须采用毛玻璃，而盥洗室的窗玻璃是否也采用毛玻璃则必须根据其功能而定。如盥洗室有门且兼史衣室、化妆室的功能，可用毛玻璃，否则用光玻璃。

(4) 在设计这些小间时应充分考虑其空间和面积的利用，使其结构紧凑。

2.1.3 主要技术参数要求

下面介绍动车组和普通客车主要技术参数的规定要求。

1. 设计速度

动车组的设计速度应符合动车组型谱规定的要求。其中，用于普通干线铁路的动车组可在120km/h、160km/h两个速度级中选择；用于快速线路的动车组可在160km/h、200km/h两个速度级中选择；用于以客运为主的快速铁路的动车组可为200km/h速度级。

2. 轴重

应尽量降低轴重并符合运行线路的要求。其中：

$$动力车轴重 \begin{cases} <23t, & 列车速度\ V \leqslant 160km/h \\ <21.5t, & 160km/h < V < 200km/h \\ <20t, & V \geqslant 200km/h \end{cases}$$

$$拖车轴重 \begin{cases} <16.5t, & V \leqslant 160km/h \\ <16.5t, & 双层客车,\ V \leqslant 200km/h \\ \leqslant 15.5t, & 单层客车,\ V \leqslant 200km/h \end{cases}$$

3. 紧急制动距离

在平直道上紧急制动距离分为

$$紧急制动距离\begin{cases} \leqslant 800\text{m}, & \text{初速度为}120\text{km/h} \\ \leqslant 1400\text{m}, & \text{初速度为}160\text{km/h} \\ \leqslant 2000\text{m}, & \text{初速度为}200\text{km/h} \end{cases}$$

4. 通过最小曲线半径

干线动车组为 145m，单车缓行及调车为 100m。

5. 总定员数

(1) 总定员数应满足运输及旅客舒适度的需要。

(2) 软座车定员单层车可为 55～65 人，双层车可为 90～100 人。

(3) 硬座车定员单层车可为 75～128 人，双层车可为 95～168 人。

6. 车辆主要尺寸

原则上与现有 25 型客车保持一致，建议采用下列尺寸。

车体长度：25500mm；

车体宽度：约 3104mm 或 3204mm；

车辆高度：单层车为 4050mm；

车辆定距：双层车为 4750mm 或 4600mm，单层客车为 18000mm，双层客车为 18000mm 或 18500mm。

7. 车钩中心线高

车钩中心线距轨面高度在采用密接式车钩时为 (880±30)mm，其他情况时为 800^{+10}_{-5} mm。

8. 限界

在既有干线上运行的动车组应符合 GB 146.1—1983《标准轨距铁路机车车辆限界》的要求。

需在高速线上运行的动车组应符合 95J01—N《高速铁路机车车辆限界技术条件》的要求。

2.2　车体结构设计方案的构思

2.2.1　车体结构设计的要求与原则

车体结构是车辆的主要承载结构。独特的使用性能要求和使用环境，决定了轨道车辆车体设计所必须满足的要求和需要达到的目标。这些要求和目标主要有以下方面。

(1) 车体结构强度必须能够承受在其整个使用寿命内可能达到的所有静力载荷和动力载荷。

(2) 车体布置必须提供舒适的室内空间、良好的操纵性和乘坐方便性以及对大自然影响的抵御能力。

(3) 车体必须具有良好密封性能和隔声能力。

(4) 车体的外形和布置必须保证驾驶人和乘员具有良好的视野。

(5) 车体的外形必须是轻质的，以使整车重量降低。

(6) 车体外形设计必须可以减小空气阻力，以节省资源。

(7) 车体结构设计和选材必须保证车身在整个使用期间满足对冷、热和腐蚀的抵抗能力的要求。

为了满足高速列车的运行要求，动车组车体的设计与我国现行通常的客车设计并不完全相同，动车组车体的设计应该在满足铁路限界的条件下，具有良好的空气动力学性能，具有轻量化的车体结构，很好的密封性能以及安全可靠的使用寿命。车体结构设计要求进一步细分如下。

(1) 车体承载结构采用车体全长的大型中空铝合金型材阻焊而成，或采用不锈钢车体，为薄壁筒形整体承载结构；

(2) 车体承载结构的底架、侧墙、车顶、端墙以及设备舱组成一个整体；

(3) 车头前端鼻部的开闭结构应能在司机室中操纵；

(4) 车下安装设备应采用吊挂安装方式，保证运用安全和安装方便；

(5) 车下导流罩与侧墙应圆滑过渡，在限界允许的条件下距轨面的距离应尽可能小；

(6) 司机室前端下方装有排障器，其距轨面高度可调。

(7) 车底架设4个顶车位，以便将车体顶起。

总之，从决定车体设计的因素和车体设计必须满足的要求来看，在进行轨道车辆车体设计时必须遵循以下设计原则。

(1) 车体外形设计的美学原则和最佳空气动力特性原则；

(2) 车体内饰设计的人机工程学原则；

(3) 车体结构设计的轻量化原则；

(4) 车体设计的"通用化、系列化、标准化"原则；

(5) 车身设计符合有关的限界和标准；

(6) 车体开发设计的继承性原则。

2.2.2 轻量化结构设计及防腐设计

在额定牵引功率下，尽可能降低能耗以实现运行的高运能和低成本，这是轨道高车辆发展的一个永恒的追求目标，而实现这一目标，车辆的轻量化是关键技术之一。轻量化对于车辆来说就是节能增效，通过减轻客车自重、降低每位旅客所占重量，从而降低每位定员的牵引消耗，增加了运能，使所用材料得以充分利用，有利于提高速度，也有益于改善列车的运行品质。另外，防腐设计又能提高车辆的使用寿命，降低运营成本。

1. 轻量化设计的主要对象和方法

主要对象包括：

(1) 车体结构；

(2) 转向架结构；

(3) 车体设备的重量；

(4) 钩缓装置。

其中影响最大的是车体结构和转向架结构。

为解决轻量化结构设计，可采用新结构、新材料、新工艺。

2. 选用新材料以减轻自重

轨道车辆结构普遍采用金属材质。车体结构新材料的选用，主要包括以下几种。

(1) 耐候钢的采用。其特点是性能相当于 3 倍的普通碳素钢，目前主要有两个系列。①用于客车结构——铜磷铬镍系列低合金钢；②用于货车结构——铜磷钛系列低合金钢。

(2) 铝合金材料的采用。

(3) 不锈钢材料的采用。不用考虑金属腐蚀的因素，车辆重量可以减少很多，同时使用寿命长。

(4) 复合材料的采用。

3. 采用新的车辆结构

1) 采用防腐蚀的钢结构

一般客车钢结构的设计缺陷表现为钢结构的耐腐蚀性能较差，具体结构为车顶纵向压筋，车顶与侧墙结合部分的雨檐、窗台，车窗下两侧转角处，特别是焊有圆角的车窗结构，大腰带，金属地板的两侧，厕所、盥洗室、茶水炉附近的侧墙，侧立柱的根部。

货车钢结构耐腐蚀性能较差的设计缺陷表现在金属地板、地板横梁、侧柱根部、下墙板下部、棚车的车门下角、车门板下部、车窗下沿的导框等。

改进的方法和措施：结构尽量避免采用小转角和沟槽，点焊或段焊的部位改为满焊，尽量不用压筋，厕所和盥洗室使用整体壳状结构，减少可能积水的结构部位。

2) 充分利用构件的材料性能

为了充分发挥材料的承载能力，对车体的梁柱和板材等零部件的构成外形、截面形状需进行广泛研究。

异形型材、挤压成型的异形型材和铝合金型材，其承载能力均会得到一定程度的提高，设计时应优先考虑。

钢结构车体一般采用 Z 形或 U 形组焊件或压型件作为车体的纵横杆件外敷薄钢板，地板用薄钢板压制的波纹地板。由于钢的弹性模量较高，车顶可用其他材料制成。从铝合金机械性能可知，其弹性模量仅为钢的 1/3。为了弥补这一不足，在车体上一般采用大型中空断面的挤压铝合金型材。

4. 铝合金车体结构设计

新型挤压铝合金的开发，大大地改善了加工性和可焊性。铝型材的板宽可达 700～800mm 并可做成车体等长。这样，车体组装仅留下纵向焊缝，与钢制车体比较，其焊接工作量减少了 40%左右。铝合金车辆自重小，节省牵引功率，提高加速性能，降低制动功率，改善动力性能，且具有良好的密封和隔声性能，提高了舒适性。

1) 骨架外壳结构

以梁柱结构构成支撑骨架结构主体，再辅以平板铺设，各部分通过焊接组装为一体的结构，就形成了骨架外壳结构，如图2-2所示。

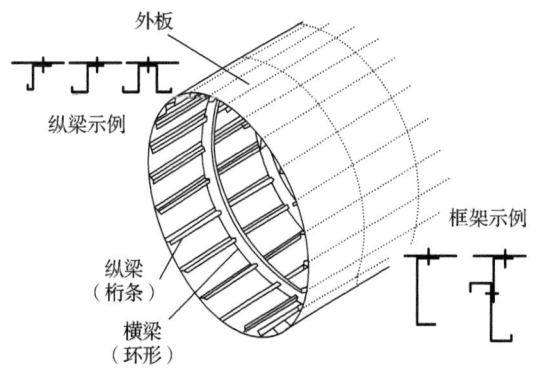

图 2-2 骨架外壳车体结构示意图

2) 单壳结构

使用薄型材(带加强筋的挤压型材)为主,构成的车体结构形式,就形成了单壳车体结构,如图 2-3 所示。

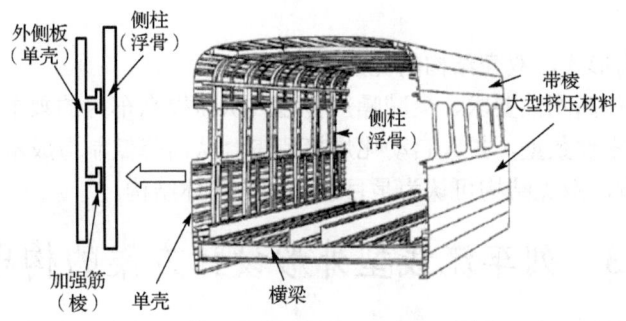

图 2-3 单壳车体结构示意图

3) 双壳结构

以大型中空挤压型材构成的结构形式,就称为双壳车体结构,如图 2-4 所示。相对于单壳结构,质量要重。

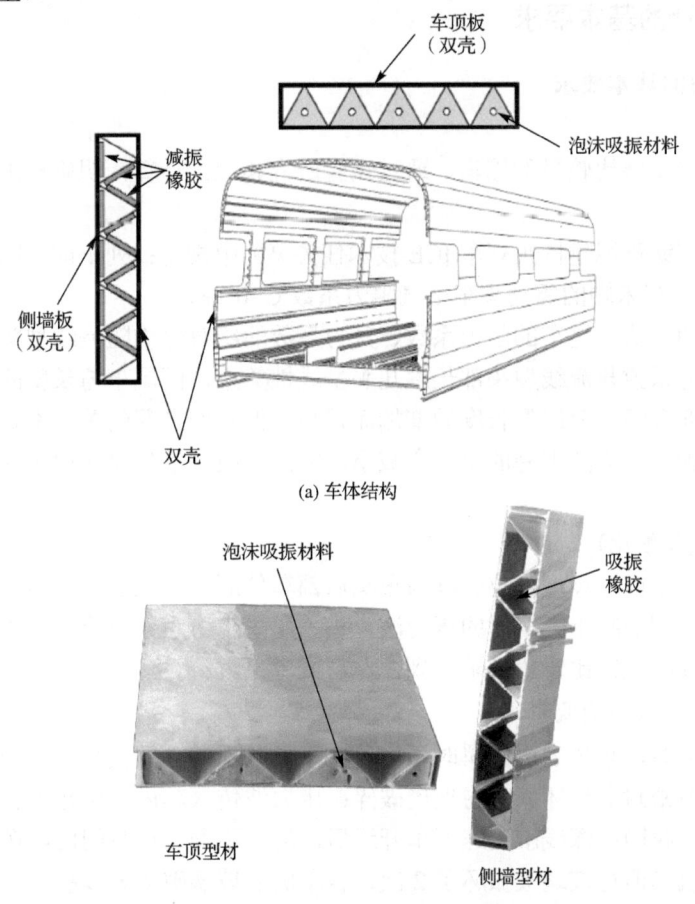

(a) 车体结构

(b) 中空挤压型材

图 2-4 双壳车体结构示意图

中空挤压型材根据材料本身所具有的表面外刚度高的特性，可以省略在单壳结构中必须使用的加强材料，从而减少材料数量，降低成本。

近年来，由于重视车辆的舒适性，有些高速车辆的车顶部车体结构和侧墙部车体结构均开始采用双壳结构。

相对于其他结构形式，双壳结构的优点表现如下。

(1) 能够达到车体高刚性要求、衰减噪声传递，从而提高车内的乘车舒适性。

(2) 大幅度减少零件数量，扩大自动化焊接范围，从而降低制造成本，提高了质量。

总之，综合来看，双壳结构可认为是目前最好的车体结构。

2.3 列车流线型外形设计方案的构思

高速列车是我国铁路技术发展的方向。列车的运行速度越高，其受空气阻力的影响就越大，将产生许多影响列车运行的空气动力学现象。其中最为明显的是气动阻力加大和列车交会时压力波加剧。因此，高速列车采用流线型车头势在必行。设计时在保障具有良好气动性能前提下，要注意外形美观，也要考虑到结构设计、司机室内部空间及制造工艺等要求。

2.3.1 头形设计的基本要求

1. 空气阻力的基本要求

1) 阻力系数

一些高速铁路发展比较早的国家，通过试验研究和理论计算，明确提出了各自的列车阻力系数指示。

在《德国联邦铁路城建特快列车 ICE 技术任务书》中规定：列车前端的驱动头车空气阻力系数 $C=0.17$；列车末端的驱动头车空气阻力系数 $C=0.19$。

有关研究表明，头、尾车的阻力系数、升力系数的绝对值均随流线型头部长度增加而减小，其中头车阻力系数与流线型头部长度几乎呈线性关系，而尾车与长度的平方成正比例。列车交会压力波亦会随着流线型长度的增加而减小，但它们之间的关系不属于线性关系，随着长度的不断增加，压力波下降的幅度会减小，因此无限制增加流线型长度并不是降低列车交会压力波的好方法。

2) 头形系数(长细比)

长细比，即头车前端鼻型部位长度与车头后部车体断面半径之比。细尖的车头头形不仅可减小阻力，还有利于减小会车时的压力波，头、尾车阻力系数与流线化头部长细比直接有关，高速列车头部的长细比一般要求达到 3 左右或者更大。

2. 列车交会压力波的要求

当两列车交会时，车体表面的瞬时压力可在正负数千帕之间变化，这一压力波动产生的冲击力可造成门窗密封的破坏，车窗玻璃破碎；压力波传入车内，引起乘客耳感不舒适，而且影响周围环境。我国广深线准高速列车开通后，运行不到一年时间内，在列车交会时，由于气压突变造成机车前窗玻璃被振坏了 2 次，客车侧窗玻璃破坏 81 块。

列车头尾端采用扁梭形，侧墙不垂直于底架和加大头车长细比都将有利于降低列车交会时的压力波。

3. 运行稳定性要求

列车高速运行时，除空气阻力外，作用在列车的气动力还有升力、侧向力、侧滚力矩、偏转力矩和俯仰力矩。这些力和力矩，特别是侧向力和侧滚力矩对列车的运行平稳性和稳定性有较大影响。新干线列车以 360km/h 运行时，对应的压力波动等于列车运行 275km/h 时压力波动的 1.7 倍，所以车体抵抗这种压力波动的结构强度(结构密封强度)是高速运行车辆的要求。减小这些气动力，除了注意头部外形设计外，车体横截面形状的设计十分关键。侧墙上下应向车体内倾，与车顶和车底的连接应用大圆弧过渡，即成为鼓形断面，还应注意头部下方的导流板设计。日本新干线列车中，转向架侧和车辆之间安装覆盖物，侧门和客舱窗户过渡圆滑，这样都可以减少空气阻力。

2.3.2 列车流线型车头的外形设计

在设计高速列车时，头部流线型设计在考虑其外形具有较佳气动性能的基础上，应体现较强的动感和一定的速度感。设计时采用由前下端鼻锥依其切线方向顺势而上形成一单页大曲面延伸至车顶的设计基调。

为使头部外形具有较强的整体感，应尽可能地考虑外形表面光滑、平顺，头部的正、侧面采用大曲面设计。各大曲面间的过渡曲面采用大曲率半径的光滑曲面，各曲面衔接处采用无棱边的平滑过渡方式。

为保证车头整体的流线型，前窗玻璃采用与钢结构外形相协调的大曲面玻璃。侧窗为司机瞭望窗，需要采用横向推拉式可打开的平面窗，为增加视野，侧窗前端可加一块三角形平面玻璃。为避免直边轮廓与流线型的外形反差过大，在设计时对侧窗窗角做圆角处理，使得整体外形与车窗协调。

1. 前窗及顶面

前窗下沿高度的确定应从头部外形美观和司机室地板高度对司机视野影响的角度考虑。

前窗玻璃与水平面的倾角受到气动性能、外形以及司机视野的影响，在确定外形曲面的同时考虑倾角小则气动性能好，外形动感强，但倾角过小对司机视野有影响，在整个头部尺寸有限的情况下也会使司机室内部空间变小。

前窗玻璃垂直高度决定了前窗玻璃的大小，过小对司机视野及外形美观均有影响，过大则会给结构设计带来困难，影响钢结构的强度。

为了保证前窗玻璃与钢结构的密贴，采用高强度的黏胶将前窗玻璃与钢结构黏结。通过这种工艺，钢结构的前窗窗口内侧只要伸出一定宽度的大曲面钢板，即可承接黏胶和前窗玻璃，同时黏胶也可以补偿由于制造工艺而产生的钢结构误差。

顶面与客室顶端弧面纵向相切，横向则由车窗上端的平面随曲率半径逐渐减小与顶面和侧面间的过渡曲面平滑连接。

2. 鼻锥及导流板

鼻锥的高度应根据我国现行机车车辆通用车钩高度以及车钩安装所需空间来确定。

当整个头部为扁梭形时，迎面气流大部分流向列车顶部，而流向两侧的气流较少，从而可以减轻交会压力波产生的不利影响。设计时，鼻锥在水平面采用了较大的曲率半径，因此鼻锥的宽度较宽；鼻锥在纵剖面内的型线也按纵向对称面上的型线形状沿水平方向缓慢变化，较好地实现了扁梭形的外形。鼻锥后部至前窗下沿部分的曲面按鼻锥宽度方向的曲率缓慢变化至车顶，形成一个大曲率半径较为平缓的大曲面，以保证头部的扁平。

为了阻挡冲向车底部的气流，应设计导流板，一般导流板设计为凹槽形状，在保证导流板后端与前转向架前端间留有足够间隙的前提下，导流板后端与鼻尖的距离通常应大于2500mm，较长的导流板既对气动性能有利，也增强了头部的整体感。此外，导流板后端采用了曲边轮廓设计，可使导流板前后形状以及与整个头部结构协调一致，并使其下部尽量接近轨面，以便将气流引向车头两侧。

3. 侧面及侧窗

由于车辆客室部分侧墙为平直面，对头部侧面应采用如下处理：中部稍微外凸、与过渡曲面连接的区域适当向内收缩，然后逐渐向后过渡至客室侧墙平直面。

由于侧面在侧窗位置处接近平面，故侧窗可采用平面推拉式结构。在侧窗前端加装一块三角形玻璃，可以增加司机视野，同时可增强车头的速度感。

4. 结构设计分析

1) 头部结构设计原则

(1) 以外形表面及底架平面为梁结构的设计基准，保证能实现外形设计所要求的流线型外形。

(2) 结构设计应能满足总体布置的要求。

(3) 在满足车体结构强度、刚度前提下，尽量减轻承载结构的自重。

(4) 充分考虑工厂的工艺条件，尽可能地降低结构的工艺难度。

2) 头部结构设计分析

空气动力性能与车体外形有着密切的关系，其中头车的流线型将直接影响到整个列车的空气动力性能，好的头形设计可以有效减少运行空气阻力、列车交会压力波和解决好运行稳定性等问题。典型的列车头部形状主要有4类，依次为扁宽形、椭球形、梭形和钵体形。

列车头部形状一般通过外形控制参数与控制型线来描述，控制参数包括流线型头部长度、宽度、高度、倾斜度等；控制型线主要有纵向、横向、水平方向的剖面最大轮廓线，又分为主控型线和辅助控制型线，主控制型线包括纵向对称面最大控制型线、俯视最大控制型线和车体截面外廓型线。

对于高速动车组来说，列车头形设计非常重要，一般由复杂的空间三维自由曲面构成。好的头形设计可以有效地减少运行空气阻力和列车交会压力波，解决好运行稳定性等问题。

头、尾车阻力系数与流线型头部的长度直接有关，同时流线型头部长度变化对列车交会压力波、列车空气阻力、升力均有影响。增加流线型头部长度，可以有效地改善列车的空气动力性能。如日本新干线动车组头部长度从 0 系的 4.4m、100 系的 5.5m，发展到 300 系的 6.0m。其中，0 系的阻力系数为 0.28；100 系由于头部长度增加，形状更尖，阻力系数降为 0.25；300 系除增加头部长度外，头车用全封闭低位裙板，车体高度又降低了 400mm，因此其阻力系数降为 0.20。

头部纵向对称面上的外形轮廓线，要满足司机室净空高、前窗几何尺寸、玻璃形状，以及瞭望等条件。在此基础上，尽可能降低该轮廓线的垂向高度，使头部趋于扁形，这样可以减小压力冲击波，并改善尾部涡流影响。同时，将端部鼻锥部分设计成椭圆形状，可以减少列车运行时的空气阻力。研究表明，纵向对称面最大控制型线从外凸到内凹，头车空气阻力会略微增大,尾车稍微减小;对空气升力的影响不明显;列车交会压力波幅值会逐渐减小,但效果也不明显。但减小鼻尖部位过渡曲线的曲率半径对降低列车交会压力波效果比较明显。

在设计俯视图最大轮廓线时,首先要满足司机室的宽度要求,然后将鼻锥部分设计为带锥度的椭圆形状。这样既有利于减小会车交会压力波和改善尾部涡流影响的梭形,又兼顾有利于降低空气组里的椭球面形状。在设计俯视图最大轮廓线形时,发现宽形的流线型头部对降低交会压力波非常有效;面尖梭形的流线型头部对降低空气阻力、升力非常有效。

在主型线设计完成后,还要做到头部外形与车体外形严格相切。头部外形中,任意选取的两曲面之间也要严格相切,以保证头部外形的光滑性,这样既可减少空气阻力,又可以降低列车交会压力波幅值。

图 2-5 示出了某高速列车头部外形设计结构图及主要控制型线等。

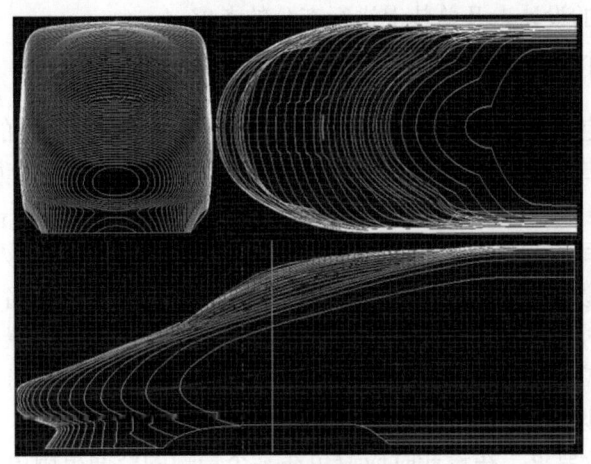

图 2-5　头部流线型设计

2.4　司机室结构设计方案的构思

轨道车辆是一种交通运输工具,其工作过程中处处要与多种作业人员打交道,这就涉及车辆的人机工程设计。作为人员与装备的直接界面,司机室可以认为是一个重要的安全装备。在以往的司机室设计中,往往存在一些缺陷,如车体前窗太高,限制了司机的视野;司机的座椅与操纵台的距离过窄,降低了司机的舒适性;司机的座椅中心偏离左前窗玻璃中心太远,造成司机的视野失调;司机室的光线太暗、空调制冷效果不好及操纵台布局不合理等。

2.4.1　司机室与人机工程

司机室是整个列车的控制、检修中心,它必须充分满足作为高速列车的各种性能,即应在运行性能的基本使命的基础上,全面考虑确保安全运行的高位置、宽视野的监视条件,创造考虑乘务员疲劳因素且操作性、舒适性良好的环境空间。

司机室安装有各种设备,包括运行中需要经常操作或者监视的重要设备(主要有主操控设备的主控制器、制动控制器)、监控用的速度表、压力表、电压表、各种指示灯、经常操作的运行安全保证装置(车载无限装置及无线话筒、运行调度专用电话)以及各种按钮等。

设备配置上有必要考虑符合人因工学的合理方案。首先不能妨碍司机操作范围内的活动，也不能产生过度疲劳，从而保证司机工作时能够保持适度的紧张状态。其次要充分考虑设备的安装方法和结构，便于维护保养作业。要经过准确的计算研究，确定视点的仪表盘的倾角，保证司机能清晰地看到准确的数据。切不可将仪表盘内部必要的指示灯和重要的仪器、按钮等配置在司机的视野外。设备安装方式上，除了司机直接操作的必要部分以外，应将其他各种设备均镶嵌在司机台面板内，以减少凹凸不平的配置，给人以整齐、平整、舒适的感觉，增加司机的舒适度。

司机室内设计上，必须考虑提高舒适度。减轻司机疲劳，特别要注意环境相关的色彩、照明、换气、空调设备、噪声等问题。在照明方面，仪表照明尤为重要，应避免漏光直接刺眼以及前窗玻璃的反射。司机室内安装的各种设备，从结构上必须使得司机室整体简洁明快，因此必须在设备本体的设计上及总装上进行充分的考虑。

2.4.2 司机室空间环境的设计

司机室作业空间包含了 3 种不同的空间范围。第一种是人体在规定的位置上进行作业时，必须触及的空间。第二种是人体在作业时或进行其他活动时人体自由活动所需要的范围，即作业活动空间。第三种是为了保障人体安全，避免人体与危险源直接接触所需要的安全防护空间。在司机室设备检修空间的设计与布局时，必须充分考虑作业空间的安全人因工程学设计问题。

司机室作业空间设计，就是根据作业任务，把所需要的仪表、设备和工具，按照作业特点和行车控制操作要求进行合理的空间布置，给设备和人员确定一个最佳的流通路线和占有区域，避免冲突，提高作业的可靠性和经济性。

司机室作业空间设计一般应遵守以下原则。

(1) 根据驾驶作业要求，在设计时应避免在某个局部的空间范围内，把仪器、设备、工具和人员等安排得过于密集，造成空间劳动负荷过大，要正确协调总体设计与局部设计相互之间的关系。

(2) 司机室作业空间设计要着眼于设备。即结合操作任务要求，以司机为主体进行作业空间的设计。

作业空间设计的内容比较多，主要包括：作业空间设计中人的因素，驾驶环境对作业空间的要求，作业姿势与作业空间布局设计，检修维护及安全防护空间，操纵台与工作座椅设计等。

1. 司机室尺寸和布局的设计

为了保证司机室宽敞，设计时需要注意在站立位置可接近的任何一点处，净空高度应不小于 1850mm，沿司机就座时视线平面纵向测量，前窗内表面与处于司机座椅后面的最近物体(墙、门、橱等)之间必须有 1500mm 的最小深度，此深度是最小的允许值。在该水平高度上宽度要保持至少 2000mm，确保有更大的深度值。从司机眼睛到司机座椅前部前窗的距离必须为 500~1200mm。司机室的宽度应保证乘务员可以通过侧窗来观察列车两侧，而不用看后视镜或采取探出身子的方式来观察。司机室内的空间体积至少为 $10m^3$，参见图 2-6 所示的司机室尺寸设计，图中数据的单位 mm，")("表示最小尺寸，"()"表示最大尺寸。

在结构性安全性能方面，司机室侧墙、地板和车顶的设计必须使它们在受外力作用时有足够的抗压、抗弯强度。司机室尽可能与牵引单元车底架牢固连接，这样可以承受任何来自前面的以及可能来自前面的以及可能来自司机室下面的冲击所造成的变形。特别重要的是，司机室前端应充分地嵌入底架中，这样在车头和车窗下边之间如果发生碰撞就可以产生足够的抵抗力。

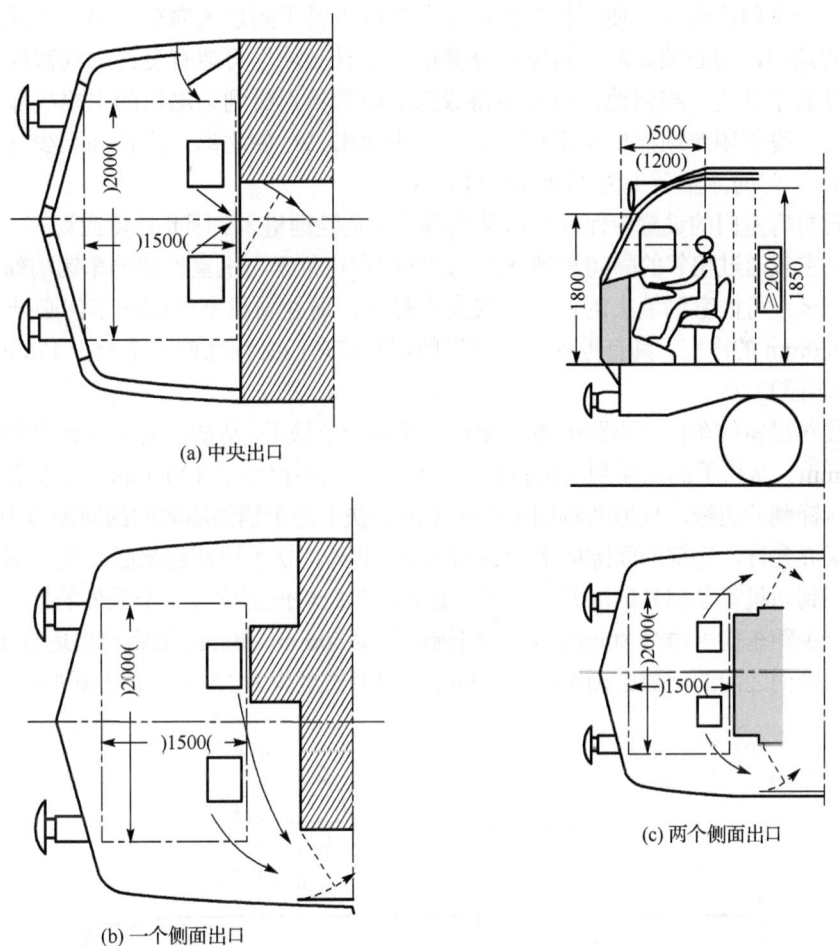

图 2-6 司机室尺寸设计

司机室的结构在无永久变形的情况下承受的压应力见表 2-1。

表 2-1 司机室的结构在无永久变形的情况下承受的压应力

	机车和驾驶拖车/kN	动车/kN	注　　释
在风挡玻璃下边缘的底下	300	300	均匀分布
在缓冲梁水平面	2000	1500	分布在两个缓冲器上
	2000	1500	沿自动车钩的中心线

此外，建议牵引装置的前面部分用能够吸收冲击能量的材料制造。

为了防止车辆内部的惯性影响，司机室内部装备的设计必须满足在速度突变时，乘务人员不被锋利的边缘、突出的物体等弄伤。如果无法避免，这些物体必须用减振材料覆盖。对车内安装设备和其他零部件固定的设计必须满足在正面受冲击的情况下，承受至少 $3g$ 的加速度。

为防止其他危险，司机室内不得有任何可能对乘务人员构成危险(爆炸、火、电击或有毒蒸汽等)的设备。车顶安装的金属、不带电零部件必须与车辆构架连接。此外，它们必须正确接地，以保证接触线或受电弓的带电部分落在车顶时可起保护作用。在车辆端部的司机室必须至少有一个门或通道，使工作人员在紧急情况下易于到达通向车辆另一端的纵向走廊。如果采用的是门，则必须是从司机室向外开的门并且必须尽可能有良好的气密性，出口对司机来讲必须易于到达。相应地，座椅不得成为妨碍乘务人员到达出口的主要故障。乘务人员必须能安全、毫不困难地撤出司机室，并且至少撤出 2m 的距离。出口高至少 1800mm，宽至少 500mm。门的净空至少为 1700mm×430mm。

每个司机客室门的设置应保证可以从两侧毫无危险地进入。因此每侧应设有一个门，可以直接从司机室或通过相邻的隔间来到外部。这些门和在位于司机室外部的车钩端部之间的距离不得超过 8m。司机室侧墙上的门必须仅向内打开。通往司机室外部的车门必须有一个至少 1875mm×500mm 的净空。具有地板平面通道的司机室车门必须允许一个至少 1750mm×500mm 的净空(无脚蹬)。

在通往司机室的车门和脚蹬的每一侧必须备有一个扶手。从扶手的下端到上端的距离不得超过 1250mm。从扶手的顶端到司机室地板平面的距离不得小于 1200mm。扶手必须为圆形且不得有任何锋利的边缘，只把两端固定在机车侧。扶手与车辆侧墙之间的间隙至少为 40mm，并且如果限界允许，底部的间隙应增加到 60mm。此外，扶手清洁起来必须毫不困难。如果从地面上够不到司机室车门外部的开门把手，必须在车门较低部位备一个额外的把手。把手的旋转轴必须至少距车门下边缘 80mm，距车门侧边至少 50mm，80mm 的距离也适合于固定把手，把手与车门表面之间的间隙必须至少为 50mm，把手长至少为 120mm 且为圆形，参见图 2-7。

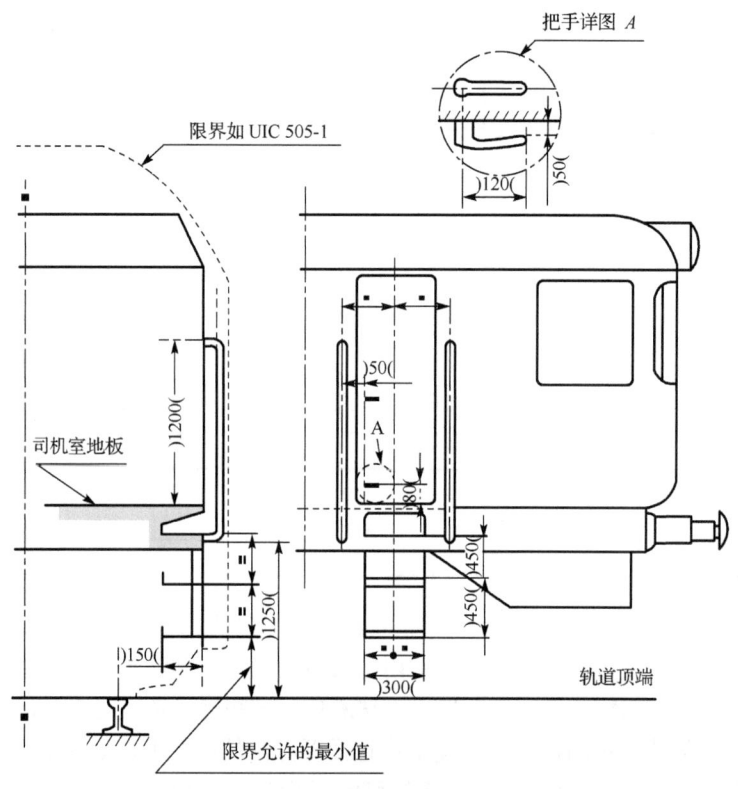

图 2-7 司机室脚蹬及门把手设计图

2. 司机室座椅设计

高速列车司机承受着很大的工作载荷、司机室环境的噪声、不利的照明条件、天气以及线路和信号的影响。这些因素会直接关系到司机的健康状况和工作效率。司机驾驶座椅与乘客座椅相比，除了要考虑可调整性以外，还应该考虑下面一些因素，如身体姿态（脊柱和关节的位置、肌肉张力）、能否触到操作元件、视野条件、自由活动范围以及发生事故时的求生区间。

高速动车组司机座椅必须满足如下要求。

(1) 座椅必须安装牢固，以便充分稳定（例如，固定在地板上或侧墙上）。

(2) 座椅应有充分的纵向调节度或者当规定司机以站立姿势驾驶时，座椅应收起。

(3) 必须能使工作人员迅速离开。

(4) 应配备减振装置，座椅的阻尼必须尽可能与车体阻尼相适应。

(5) 尽可能地扩大与座位之间接触面的支撑面积，调整座位长度和靠背高度，使工作时肌肉得到放松并降低接触面压力，防止血流受阻。

(6) 靠背可自由调节，使对容易受到损害的腰部、颈部前凸区域形成支撑作用，以免椎间盘畸形。

(7) 操纵器件便于使用：次序、辨认难度、开启时间需要的力量等方面充分考虑人机工程学的要求。

静态舒适性是指座椅的静态几何尺寸、表面形状适合于人体舒适坐姿，满足人体生理、心理要求的性能。驾驶座椅静态几何尺寸包括座高、座宽、座深、靠背高、靠背宽、靠背倾角、扶手高度，它对舒适性和安全性有很大的影响。所以座椅配件中的座位和靠背用多孔材料覆盖，多孔材料能使人体正常排汗；靠背和坐垫的填充物应柔软适度；靠背/座椅组件固定或者可以调节；当有肘靠时，肘靠应相距 450mm 以上，且易于收起；座椅必须能让司机保持正确的姿势，并且座椅易于调节，以适用于不同高度的乘务人员。

动态舒适性是指座椅衰减传递给人体的振动与冲击的性能，它主要与座椅的刚度、阻尼系数有关。驾驶座椅的动态舒适性主要指座椅的振动传递特性，这也是造成乘务员疲劳的一个重要因素。由于驾驶座椅的动态舒适性取决于座椅系统的动态参数的固有频率和相对阻尼系数，所以对座椅动态舒适性的设计就转化为对两个动态参数的选择。将人体器官对各种频率的反映情况与转向架、轮轨的固有频率结合来考虑座椅的固有频率。相对阻尼系数越大，共振区的放大因子越小，但当相对阻尼系数过大会带来过大的冲击。实践证明，当激振频率与固有频率之比大于 1 时，阻尼越大振幅也越大，所以阻尼系数通常取为 0.3~0.4。座椅安装时必须有宽度最小为 500mm 的凹进处供乘务人员放脚和腿。当使用旋转座椅时，凹进处的宽度必须足以让乘务人员移动腿，而膝盖不受任何阻碍。在脚板必须覆盖防滑衬套，动警戒装置的踏板应与搁脚板相结合。当乘务人员就座时，靠背应在高于座位 180~230mm 的地方有 10~20mm 的向前弯曲。

3. 司机室车窗设计

轨道车辆通过轨道来确定行驶方向，所以车辆本身不需要进行方向控制。车辆的方向控制依赖于通过切换通岔而构成的路线，这种方式能有效简化司机操作，在躲避危险方面，只能采取减速或停止的方法。这就要求司机室的车窗结构尽量宽阔。司机以松弛坐姿坐在座椅上和站立操作时通过前窗的瞭望条件应符合 UIC 651 的规定。首先要考虑司机的瞭望条件：司机坐立必须能看见从车钩连接算起前方 10m 及 10m 以外的高距信号（高距信号机位于轨道中心右侧或左侧 2.42m 处，高度在轨面以上 2.8～6.3m）；当司机站立操作时，向上方向的可见范围因窗的上沿而缩小，司机必须能看见从车钩连接算起前方 15m 处的低距信号(低距信号位于轨道中心右侧或左侧 1.75m 处，离轨面高度 0.24m 处)。其次司机以松弛坐姿坐定在座椅上，瞭望前方时，至少在水平视线左右各 35°范围内，前窗结构应对视觉不产生干扰。司机坐在座椅上，在最佳视角范围内，透过侧窗几何中心进行瞭望时，司机头部转动的角度不得超过 60°。雨刷对前窗的括扫面积，应能确保对前方的瞭望。在 UIC 651 中规定，当以坐姿或站姿驾车时，司机眼睛的位置以一个参照表面来描述，参照表面的中心位于操纵台纵向轴上。从前窗顶部边缘或被加热副窗顶边缘到司机站立地板的距离不得小于 1800mm。对于不同的驾驶姿势，其参照表面的上限和下限是由所考虑的最矮和最高司机的实际的眼睛位置决定的，参见图 2-8。

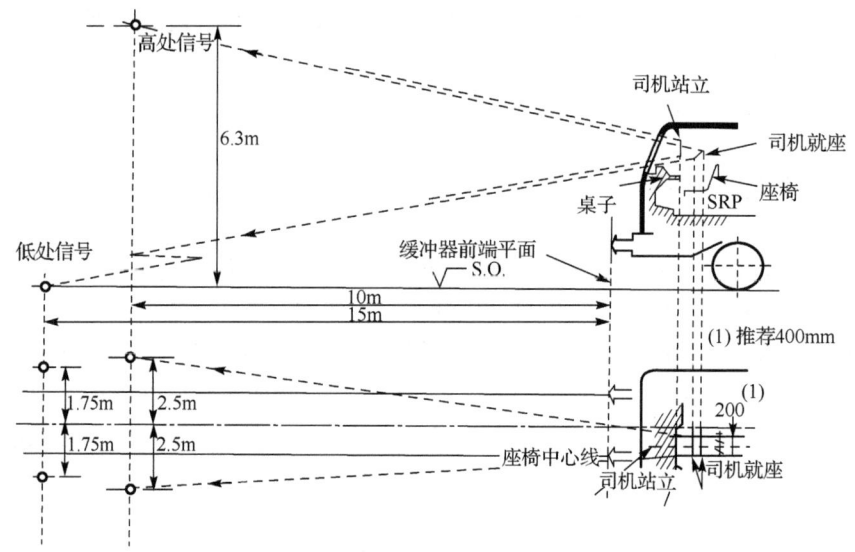

图 2-8 眼睛参照表面位置和信号可见度条件

1) 高处信号的可见度

从参照表面内的每一点处必须能看见距车头端部前部平面 10m 或 10m 以外的线路中央右侧或左侧 2.5m 处的高处信号和线路上方高达 6.3m 的高处信号。

2) 低处信号的可见度

从参照表面内的每一点处必须持续可见距车头端部前部平面 15m 或 15m 以外的线路中央右侧或左侧的低处信号、运行平面内的低处信号和线路上方高达 1.75m 的低处信号。如有可能，应尽可能降低能看见低处信号的最小距离。

用于司机室前窗和任何加热车窗(车窗被加热，防止结霜)的安全玻璃类型不得改变信号颜色，并且其质量必须如此，即当玻璃(通常夹层玻璃)被击打或打破时，玻璃仍留在原来位置，为工作人员提供安全保护和足够的视觉，以使列车继续行驶。通常使用的是钢化安全玻璃，确保被打碎后能降低伤害的危险。

2.4.3 司机室操作界面的设计

操纵台主台上的仪表座可设计成包厢式、半包厢式(必须满足当司机在观察到两侧端的显示、控制或通信装置时，其头部转动不得超过45°)。司机理想的操作和视觉范围必须只包含在运用中或者在危急情况下需要操作或监视的操作设备和控制系统，这是为了避免不必要地将司机的注意力从对线路的观察中转移开。这些设备和系统的设计必须使司机不仅能准确无误地识别这些设备和系统的位置并进行操作(即使在黑暗中)，而且在白天或夜间也能毫不困难地(例如，没有目眩的危险)读取设备。所有与运行有关的操纵设备、仪表、显示屏、启动程序开关、按钮、通信设备等都应布置在操纵台主台上；一些辅助开关等可布置在操纵台中间柜面板上、司机室后壁、侧墙、司机上方车壁上；在一般情况下，副台尽量设置风笛按钮，在用户要求下，还可增设一些与主台并联、不对列车运行起到控制作用的辅助开关和显示装置，具体结构可参见图2-9。

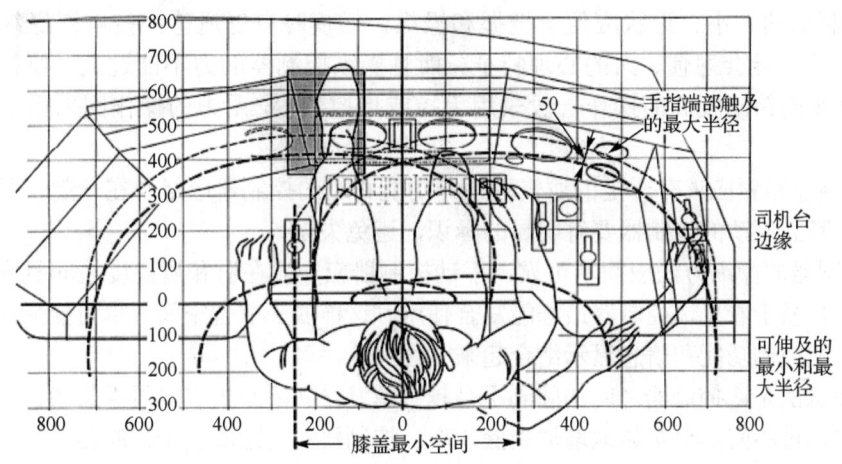

图 2-9　司机室理想操作空间示意图

操纵台分成显示区、控制区和辅助区。一般来说，主台仪表座为显示区，左手为制动区、右手为牵引区、中间为运行区；其中制动区包括监控显示屏、风表等，牵引区包括微机显示屏、无线电话等，运行区包括双针速度表、力矩表(或者牵引力表)、网压表及有关的按钮和指示灯等。操纵台主面板为控制区，其中制动区包括列车制动控制器、单独制动控制器、后背制动阀等，牵引区包括司机控制器、风笛及有关的开关。运行区包括启动程序开关、司机钥匙及与门集控有光的开关、指示灯和按钮等。辅助区一般指中柜门和左柜门，它包括空调、窗加热、笔录等开关及交流220V电源插座和列车有线电话，通信设备均应布置在司机手臂可及范围内。

1. 司机室操纵台布置的人机工程准则

(1)重要性原则，即将最重要的器件布置在最佳位置上。

(2)频次性原则，即将使用频率最高的器件布置在最佳位置上。

需要将(1)与(2)综合考虑，即重要度×频度=链值，即将链值最高的器件布置在最佳位置上。

(3)功能性原则，即将功能上相关的控制器或显示器布置在邻近位置上，按功能组布局或按功能分区布置。

(4)逻辑性原则，即器件的布置应与操作的逻辑保持一致。

(5)易达性原则，即对于不能按功能和使用顺序来组合，而又经常使用或最重要的器件，则应布置在最容易接近的位置上,用于系统维护目的控制器-显示器组应布置在可达性小于用于操作目的的控制器-显示器的位置上。

2. 控制器与显示器的布局设计

1) 控制器的布局设计

操纵控制器分为开关控制器、转换控制器、调整控制器、制动控制器等几类,这些控制器与人的肢体有关,所以它们的外形设计与位置安排都要充分考虑人机协调关系。当控制器没有充分考虑人机协调关系的时候,往往很容易引起操作性的失误,进而导致铁路事故的发生。

相应的控制器的布局设计原则如下。

(1) 控制器的大小、形状应便于把握和操纵,触摸时有舒适感;控制器操纵方向应具有逻辑性,符合社会习惯、人的心理特征,而且操纵控制器的力不能过大,要符合多数人的情况。快速而精确度高的操作一般采用手控或指控装置,用力的操作则采用手臂及下肢控制。

(2) 控制器布置应该有一定的逻辑联系,功能相近的控制器应组合在一起,并用颜色等加以区分,紧急制动的控制器要有明显的标识,避免失误。

(3) 控制器的操纵方法应简单可靠,手动控制器应安排在肘和肩高度之间且容易接触到的位置,并且易于看见,控制器最好能复合使用,这样便于节省空间。尽可能采用带指示灯的控制器,把控制功能和信息显示结合起来。

需要注意的是,控制器之间的间隔不是越小越好,间隔小虽可以排得紧凑,观察方便,但实验证明,过小间隔会明显地增加误操作率。控制器的间距取决于控制器的形式、操作顺序和是否需要防护等因素。对于重要的控制器可以采取将按钮或旋钮设置在凹入的底座之中,或加装防护杆等措施来避免发生误操作。

2) 显示器的选用要求

用简单明了的方式显示所传达的信息,使传递信息的形式尽量能直接表达信息的内容;显示形式要符合操作人员的习惯,要易于了解,避免换算,这样可以减少训练的时间,减少受习惯干扰造成解释不一致的差错;显示精度要适当,保证最少的认读时间,若结果精度超过需要,反而会使阅读困难、误差增大;采用新的仪表显示形式时,要事先进行相应的实验确认其显示的准确性和可靠性,并且适合或者提高人的认读时间;保证显示变化速度与操作者的反应能力相适应,不要让显示速度超过人的反应速度。

3) 控制器与显示器的综合布局设计

在设计实践中,仪表并不总是可以与控制器直接相关联的按照同一种逻辑顺序进行布局,多数情况是仪表集中在前面仪表板上,而控制器却布置在距操作者很近的控制台上,或在下面的脚踏部位,这样才能使控制器和司机操作控制器的手不会挡住显示器。

显示器与控制器运动的布置要一致,这包括两个方面:一是仪表指针(当表盘为固定时)或者表盘(当指针固定时)运动的方向与控制器操纵运动方向的一致;二是运动方向所表示的增或减与观念上对增或减理解的一致。由于任何一种控制操纵都必然有某种形式的反馈信息作用于操作者,使之得以判断前一操纵是否正确,进而决定下一步的操作方案。显示器与控制器的空间及逻辑位置一致可以缩短人的反应时间,降低失误率,提高行车的安全性。

2.5 转向架总体设计的构思

转向架总体设计工作的重点在于根据该转向架预期达到的功能及技术要求，在综合考虑继承性与先进性的基础上提出切实可行的结构方案。通过总体设计绘制的转向架总图及部分关键部件图说明该转向架的结构形式及主要尺寸，此外，还需通过适当的计算与校核，论证该方案是现实可行的，并能达到预期的技术要求。

2.5.1 转向架总体设计

1. 转向架的运用条件和功能分析

明确转向架及配用该转向架的车辆的运用条件是转向架功能分拆的基础，而功能分析又将为转向架结构选型提供依据。

运用条件包括列车最高可能运行速度、通常运行的速度范围、使用环境及车辆的运输对象等。运行速度是转向架的主要技术指标，也是转向架设计的重要依据。在通常运行的速度范围内，车辆应该具有较好的或尽可能好的动力性能。构造速度是构件强度计算的依据，同时还需考虑将来列车速度普遍提高后有提高该转向架动力性能的可能性。

2. 转向架总体尺寸安排

转向架总体设计时，在垂向、横向及纵向均有一些控制尺寸必须注意。

带心盘的转向架的心盘面距轨面的高度，还有旁承与心盘面的高度差都是需要控制的尺寸。

在横向两轴颈中心的横向间距也是需要控制的尺寸。由于传递垂向力的关系，构架两侧梁中心线的横向间距要和两轴颈中心的横向间距一致。此外，转向架横向最外端零部件的尺寸必须容纳在限界之内。

纵向方向的尺寸应考虑转向架运行稳定性和曲线通过性，确定合理的固定轴距。

3. 转向架零部件总体设计

1) 转向架各零部件设计原则

(1) 安全可靠。

(2) 性能稳定。

(3) 成本低廉。

(4) 来源充足。

2) 转向架构架的设计原则

轨道车辆转向架构架设计必须遵循如下原则。

(1) 必须全面考虑构架与各有关零部件的相互位置关系，合理布置结构。

(2) 构架上各梁应尽可能设计成等强度梁，以保证能获得最大强度和最小自重。

(3) 构架各梁的布置应尽可能对称，以简化设计和制造。如果对称布置有困难，也尽可能减少不同零件的数量。

(4) 各梁本身以及各梁组成构架时，必须注意减少应力集中。因此，各梁相交处的过渡要平缓、圆滑，切口处要相应补强。

(5) 除了保证强度外，构架还要有足够的刚度。因为刚度不足会造成载荷分布不均匀或各梁本身产生自振等问题。

(6) 采用电焊结构时必须注意施工方便，具有足够的焊缝尺寸。焊接构架的焊缝应布置在应力较小处，并满足一般焊接结构的要求。焊接后应整体退火以消除内应力。

(7) 在构架上需要考虑设置机车车辆脱轨后使其复位的支承部位。

3) 转向架各零部件的安全可靠性分析

在设计中一般需要注意以下事项。

(1) 重要的零部件及受力件必须要有较大的安全系数及明确的使用寿命。

(2) 通过改变结构或材质，使容易磨耗的部位成为无磨耗的活动关节(如橡胶关节)或耐磨、少磨结构。

(3) 转向架的结构要便于检查，便于更换易损零件。

(4) 在考虑改善转向架动力性能时，应注意其安全因素。

2.5.2 转向架构架的设计

1. 概述

转向架构架是转向架的受力骨架，用以联系转向架各组成部分和传递各方向的力，承受着复杂的交变载荷。它的结构形式、受力状态与转向架总体布置有关。

转向架构架有铸造和焊接两种形式。铸钢构架的特点是材料利用较好，可按受力大小设计铸件形状等优点，机械加工量小；缺点是需要大型铸造设备，重量大。

目前客车和机车转向架均采用整体式的焊接构架。焊结构架制造方便、重量轻，使用材料经济，有足够的强度和刚度等。焊接构架一般由左、右侧梁一个或几个横梁通过焊接组成。为了保证构架运用后不发生裂纹，安全可靠，构架必须有足够的强度和刚度，还要重量轻、结构紧凑。对于焊接构架，在设计构架时应考虑避开上下盖板横向焊缝重叠，应把焊缝设置于低应力区，同时，焊接构架焊接后通常需要整体退火和整体加工，以消除焊接内应力和保证构架精度。

对于整体式的焊接构架，其中侧梁不仅是轮对传递垂向力、纵向力和横向力的主要部件，还用来限制轮对的相对位置。横梁用来保证构架在水平面内的刚度，保持各轴的平行及承托牵引电动机、齿轮箱、制动盘等部件。具有端梁的呈"目"字形的构架，称为封闭式构架；只有一个或两个相邻的中部横梁而没有端梁的构架，称为开口式或 H 形构架。中部横梁通常用来安装心盘、旁承，以传递机车上部结构的重量。有的还在两横梁之上焊接一个纵向牵引梁，以便在其上安装横向止挡。端梁用来保证构架的水平刚度，有时仅用来吊挂一部分基础制动装置。

构架的结构设计主要包括构架轮廓尺寸的确定、断面尺寸与板厚的确定以及考虑结构的工艺性三方面内容。

2. 构架主要轮廓及断面尺寸的确定

构架长度方向的轮廓尺寸主要根据设计任务书或方案设计中规定的固定轴距、轮对、中央悬挂装置、电机齿轮传动装置、基础制动装置的结构形式与支座的安装以及轴箱定位装置的需要而定。

目前各国高速动车组转向架的固定轴距一般为 2500~3000mm。为便于电机齿轮传动装置、基础制动装置等零部件的通用化，故新设计的转向架固定轴距也取这一数值范围为宜。

构架两侧梁中心线间的距离由所选用的轴型确定，即构架两侧梁中心线应与轴颈中心线吻合。构架两横梁间距离主要由电机齿轮传动装置、基础制动装置等各吊座的安装需要而定。

构架侧梁端部的底面（与轴箱对应处）距轨面的高度根据轴箱的结构与轴箱弹簧的设计需要而定，并应保证在轴箱弹簧压死状态下不与轴箱顶面相碰。该间隙值一般在 45mm 以上。构架设计中还应注意在车辆运行状态下，尤其是当车辆通过曲线时，转向架相对于车体底架产生回转运动时，转向架各零部件之间，以及转向架与车体底架下部的悬挂件之间互不相碰。例如，构架侧梁端部弹簧支柱座等凸出部位与轮箍之间、侧梁端部与车体底架下部污物箱之间，在车辆通过曲线时应不相碰。设计时，转向架相对于车体的回转角一般可取 60°~70°。

3. 考虑结构的工艺性

对于焊接构架，可用腹板加上、下盖板组焊而成。焊缝的排列应尽可能对称于截面的重心。要正确选择焊缝的形式和尺寸，并应符合 GB/T 985—1998《气焊，手工电弧焊及气体保护焊焊缝坡口的基本形式尺寸》和 GB/T 986—1988《埋弧焊焊缝坡口的基本形式和尺寸》的规定。在横梁和侧梁连接处可用三角筋板或其他形式补强。焊接结构设计时应尽量避免焊缝的集中和多条焊缝的交叉，以减少交叉处的内应力。焊接构架一般均设计成全封闭断面，当需要有开口断面时，在封闭断面与开口断面连接处应逐渐过渡，避免刚度的突变。不同厚度或宽度的钢板焊接时，接头处要平缓过渡。焊接件的端部不应有锐角或截面突变，以免产生应力集中。焊接结构设计时还应注意防止锈蚀，如从结构上防止产生积水的可能，采用连续焊缝等。

为了保证转向架在线路上有良好的运行性能以减少轮轨磨耗，应对转向架的制造误差和组装精度严格控制。研究表明，由结构误差引起的横向位移量与轴箱定位刚度有密切关系，对于纵向定位刚度较小的转向架应严格限制左右车轮直径差，而对于纵向定位刚度大的转向架则应严格限制左右固定轴距差。在制定这方面的工艺要求时，可以参照这一原则。

构架一般由两个侧梁和若干个横梁组成，根据组成构架的横梁或端梁的数量不同，转向架的基本结构类型可分为 5 种，如图 2-10 所示。

其中，图 2-10(a) 所示通常称为 H 形构架，由两根侧梁和中间一根横梁组成；图 2-10(b) 所示通常称为"口"字形构架，由两根侧梁和两根端梁组成；图 2-10(c) 所示通常称为"日"字形构架，由两根侧梁和中间一根横梁再加两根端梁组成；图 2-10(d) 所示通常称为 π 形构架，由两根侧梁和中间两根横梁组成；图 2-10(e) 所示通常称为"目"字形构架，由两根侧梁和中间两根横梁再加两根端梁组成。

横梁和侧梁的数量多少主要是根据构架强度、刚度以及转向架具体部件的安装悬挂需要来确定的。但如果从构架强度和刚度方面考虑的话，最理想的结构应该是如图 2-10(a) 所示的 H 形构架和图 2-10(b) 所示的"口"字形构架，因为这两种构架属于"柔性"结构。当有集中载荷作用在构架上时，这种"柔性"结构构架能够通过自身变形将集中载荷部分传递到构架的其他部位，避免应力集中现象的发生。图 2-10(e) 的"目"字形构架刚度最大，抵抗变形的能力最强，在载荷的作用下，这种形式的构架变形量很小，很容易出现应力集中而导致裂纹的出现。在转向架构架的设计过程中要合理布置构架和转向架其他部件之间的相对位置，在保证构架强度的基础上合理设计构架刚度，并尽可能将构架各梁对称布置以方便设计制造。

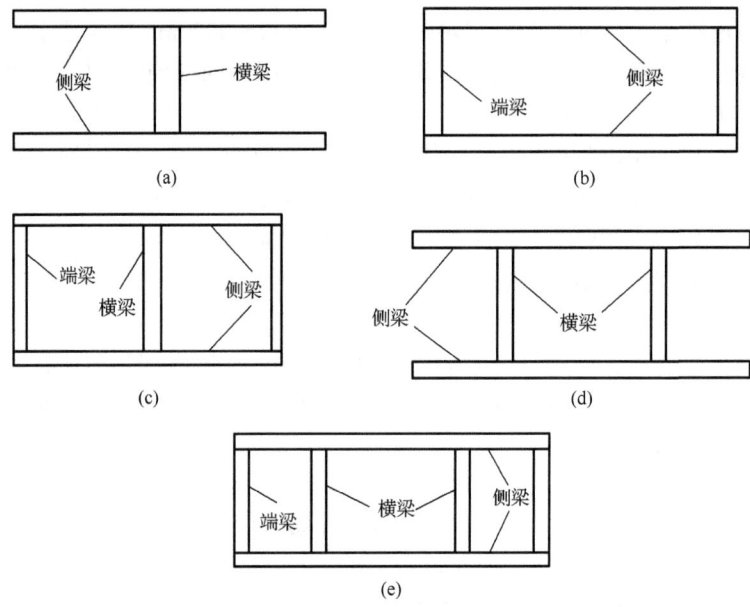

图 2-10　转向架构架的基本结构类型

2.5.3　CRH$_2$转向架构架设计分析

CRH$_2$转向架构架为焊接结构，耐候钢材料，主体框架属于 H 形构架，这种转向架构架基本属于"柔性"结构。

动车构架和拖车构架主结构相似，不同之处主要是动车转向架设有电动机吊座和齿轮箱吊座，拖车转向架构架设有轴盘制动吊座。动车和拖车转向架构架结构分别见图 2-11 和图 2-12。

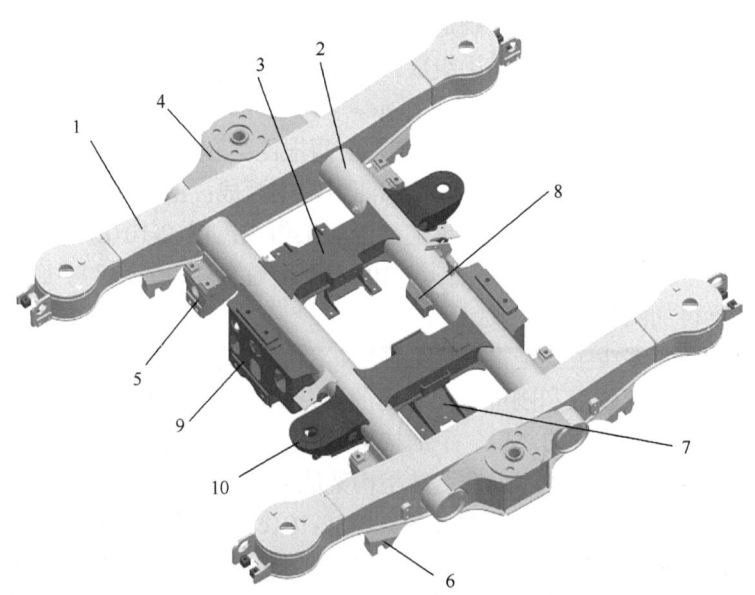

图 2-11　动车转向架构架结构

1-侧梁；2-横梁；3-纵向连接梁；4-空气弹簧支承梁；5-制动吊座(轮盘)；6-定位臂座；
7-增压缸安装座；8-垂向止挡；9-电机吊座；10-齿轮箱吊座

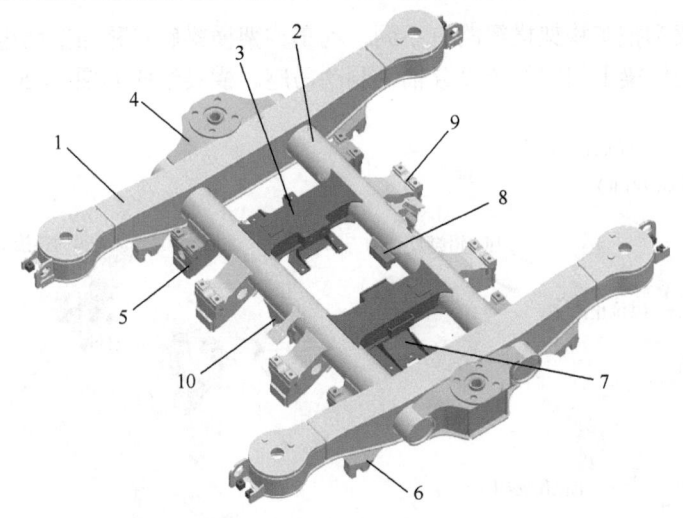

图 2-12 拖车转向架构架结构
1-侧梁；2-横梁；3-纵向连接梁；4-空气弹簧支承梁；5-制动吊座(轮盘)；6-定位臂座；
7-增压缸安装座；8-垂向止挡；9-制动吊座(轴盘)；10-拉杆座

CRH_2 型动车组转向架构架侧梁采用薄板连接，内腔设加强筋板以增加侧梁在承载时的刚度，并在侧梁外侧及两横梁间设置空气弹簧支承梁，两支承梁分别与两横梁连通，共同组成空气弹簧附加气室。靠近横梁与侧梁的连接处设置 4 个轮盘制动吊座。两横梁之间设纵向连接梁，主要用于吊挂增压缸和设置横向减振器安装座及横向缓冲挡安装座。

侧梁组成如图 2-13 所示，侧梁采用由 4 块耐候钢板组成箱形断面的焊接结构，上、下盖板厚分别为 12mm、16mm，腹板厚 12mm。与弹性节点连接的定位臂为铸钢件，其与侧梁连接部为圆滑过渡，力求应力缓和。侧梁中央有两个加工形成的圆孔，以便横梁通过。两端焊接有支承在轴箱弹簧上的筒体结构，称为轴箱弹簧座，连接轮对的定位转臂的一端与轴箱体固接，另一端依靠橡胶衬套弹性连接在构架的转臂定位销座内。侧梁两端采用筒体结构，支承在轴箱弹簧上。筒壁与侧梁梁体腹板采用对缝焊接，上盖板采用厚钢板，与侧梁上盖板对接。轴箱弹簧筒体外设轴箱减振器座，除了安装减振器外，还有两个目的：一是在内侧立板上开设吊装孔，在转向架进行起吊时用于安装吊钩；二是用于安装轮对提吊，能够在转向架整体起吊时，通过轮对提吊使轮对装置随构架整体吊装。

为了提高侧梁的承载刚度，在侧梁内部设有 10 个厚度为 6mm 的筋板，如图 2-14 所示，筋板与腹板、下盖板均以焊接的方式连接。

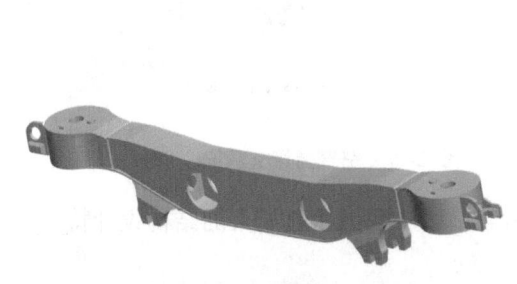

图 2-13 侧梁组成

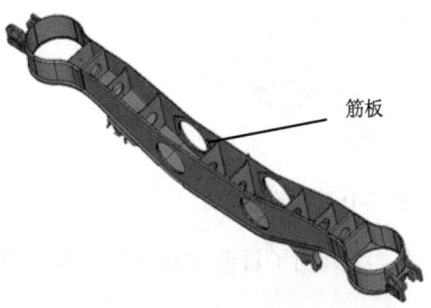

图 2-14 侧梁内部结构

动车构架横梁和拖车构架横梁略有不同，动车构架横梁斜对称布置两电动机吊座和齿轮箱吊座；拖车构架横梁上相应位置设置轴盘制动吊座。横梁组成如图2-15所示。

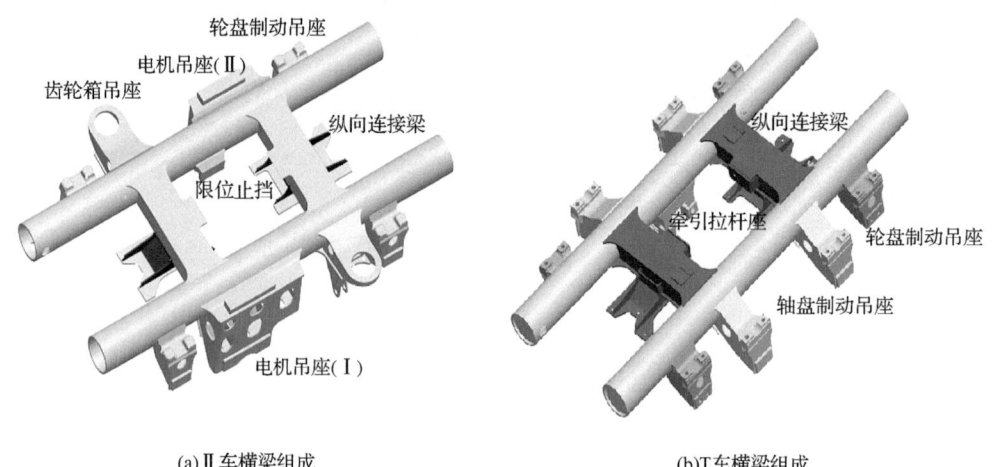

(a) Ⅱ车横梁组成　　　　　　　　　　(b) T车横梁组成

图2-15　动车横梁组成

构架横梁采用直径为203mm、厚度为12mm的耐候钢无缝钢管，两横梁作为两空气弹簧的附加空气室，分别与两侧的空气弹簧支承梁连通，因此在横梁的端部开设通孔和排水孔，使横梁内腔充当空气弹簧附加气室的作用。

为了方便电机吊座与横梁的焊接作业和降低自重，在电机吊座的安装板上开设有圆形或长方形孔，与电机吊座相对的另一侧设齿轮箱吊座。齿轮箱吊座下盖板上设安全挡座，如图2-16所示。在安全挡座间安装挡销，在故障工况下起到对齿轮箱的安全防护作用。

空气弹簧支承梁沿纵向跨于两端横梁之间并与构架侧梁形成封闭腔体，成为空气弹簧的支承构件和附加空气室的一部分。梁体内有一个钢管型材制成的空气弹簧座导筒，用于空气弹簧与气室的连通和定位，导筒与相应的横梁相连通，保证两侧空气弹簧附加气室相互独立。空气弹簧支承梁结构如图2-17所示。

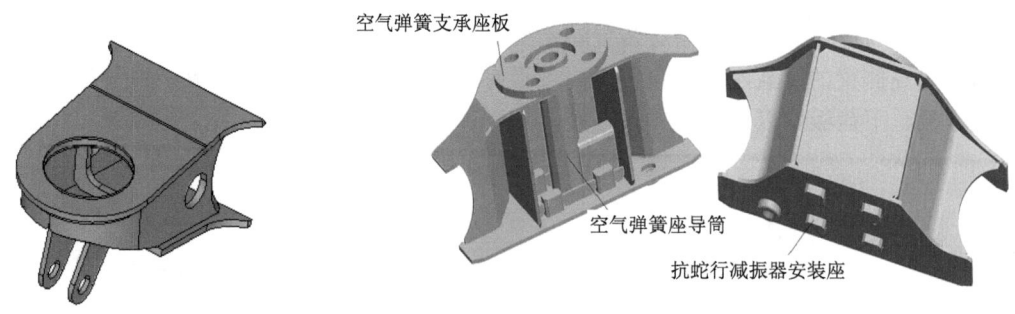

图2-16　齿轮箱吊座　　　　　　　　图2-17　空气弹簧支承梁

表2-2列出了目前主要转向架构架外形尺寸，从表中可分析各构架的结构设计特点。

表 2-2 转向架构架主要轮廓及断面尺寸 (单位：mm)

型号	固定轴距	构架形式	构架轮廓尺寸（长×宽×高）	侧梁						横梁	
				中心线间距离	中部断面尺寸（高×宽）	端部断面尺寸（高×宽）	上盖板厚度	下盖板厚度	腹板厚	中心线间距离	无缝钢管材(直径×壁厚)
CRH$_2$	2500	焊接 H 形	3062×2750×644	2000	200×325	197×334（筒体结构）	12	16	12	760	203×12
CRH$_5$	2700	焊接 H 形	3600×2438×659	2000	230×408	125×170	12	12	12	1340	168.3×14.2
CRH380A	2500	焊接 H 形		1990	320×172	195×320（筒体结构）	8	12	8	760	192×11
CRH3A	2500	焊接 H 形		2077	260×168	172×315（筒体结构）	14	12	10	550	168×17.5
CRH$_6$	2500	焊接 H 形		2030	331×191		9	12	9	600	205×13
北京地铁1号线	2200	焊接 H 形		1930	275×170		10	12	10	450	165×13

2.6 车端连接装置系统方案的构思

车端连接装置主要包括车钩缓冲装置、风挡、车端阻尼装置、车端电气连接装置等，一些货车和动车组使用牵引杆装置。车钩缓冲装置包括车钩和缓冲器，是列车最基本也是最重要的部件之一，用来连接各车辆使之彼此保持一定的距离，并且传递与缓和运行过程中及调车过程中产生的纵向力及冲击力。

2.6.1 基本组成和要求

1. 车钩缓冲装置组成和要求

车辆连接装置的作用是连接机车车辆并缓和列车的冲击力。最初的车辆连接装置只是一副简单的挂钩，并无缓冲装置可言，至今仍能从欧洲铁路的链子钩上发现它的影子。为减轻车辆冲击，开始采用带缓冲装置的连接装置。随着车辆连接装置性能的不断提高，形式也不断变化。至今，已形成了形式齐全，能适应各种机车车辆需要的车辆连接装置。

车钩缓冲装置由车钩、缓冲器、钩尾框、从板等零部件组成。图 2-18 所示是车钩缓冲装置的一种典型结构形式。在钩尾框连成一个整体，从而使车辆具有连挂、牵引和缓冲 3 种功能。

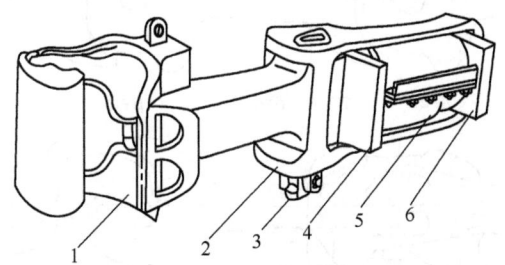

图 2-18 车钩缓冲装置

1-车钩；2-钩尾框；3-钩尾销；4-前从板；5-缓冲器；6-后从板

在车钩缓冲装置中,车钩的作用是用来实现机车和车辆或车辆与车辆之间的连挂和传递牵引力及冲击力,并使车辆之间保持一定的距离。缓冲器是用来缓和车辆间的冲撞,吸收冲击动能,减小车辆相互冲击时所产生的动力作用。

车辆连接装置的基本要求如下。

(1) 应有足够的强度承受列车的牵引力及冲击力。

(2) 车辆连接及分解操作应简单、可靠,应考虑到操作人员的安全问题。

(3) 能缓解加、减速时列车车辆间产生的冲击力,以保障乘客有良好的舒适性及货物安全。

2. 车钩缓冲装置在车辆上的安装尺寸要求

为了保证车辆连挂安全可靠和车钩缓冲装置安全的互换性,我国机车车辆有关规程规定:车钩缓冲器装车后,其车钩钩舌的水平中心线距钢轨面在空车状态下的高度,客车为880mm,货车为(880±10)mm;两相邻车辆的车钩水平中心线最大高度差不得大于75mm;牵引梁前、后从板座之间距离为625mm,牵引梁两腹板内侧距为350mm(部分早期生产的货车为330mm),客车用1号车钩及一体式铸钢从板座时为406mm。另外,考虑到在受到特大冲击力时,缓冲器完全被压死,使部分冲击力直接由底架端梁传递到车底架,规定了车钩钩肩冲击面距冲击座之间的距离:早期采用2号车钩时为116mm;采用13号车钩时为76mm。

2.6.2 车钩装置设计

1. 车钩钩型结构设计

按用途分类,车钩可分为机、客、货车通用的普通车钩、卧车及高速货车用刚性车钩、高铁及动车用密接式车钩3大类。

1) 普通车钩

普通车钩如2号及15号车钩等,均由钩体、钩舌、钩锁、钩舌推铁、钩舌销、锁提销等零件组成。根据钩身长度及钩尾销孔的不同,有多种不同的类型。主要有短颈车钩、尾部为双圆销孔、横扁销孔、垂直扁销孔和垂直圆销孔5种钩型,每种钩型又有上、下两种作用方式。普通车钩的连接轮廓是由美国AAR的10号轮廓经尺寸换算而得。车钩连接的纵向间隙和水平转角如图2-19所示。图2-20是一种普通车钩的典型代表结构形式。

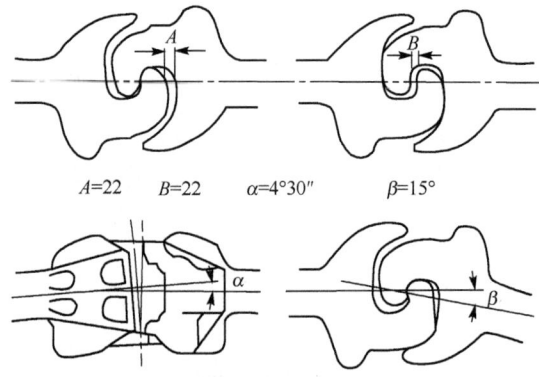

图 2-19 普通车钩的纵向间隙和水平转角

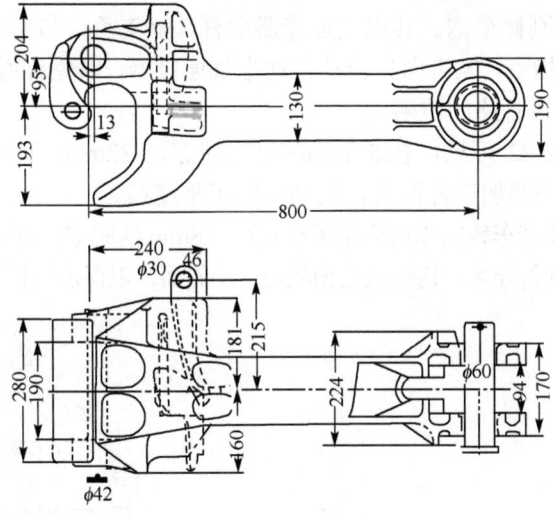

图 2-20 普通型车钩

2) 刚性车钩

刚性车钩是在普通车钩的基础上,去除车钩的纵向间隙并增加联锁结构而成的,其基本钩型至今仍未变。有刚性车钩和小型刚性车钩两种形式,每种形式都有上、下两种作用方式。在长期的发展过程中,两种形式的刚性车钩又演变出多种刚性车钩。

小型刚性车钩最初是为单车调车研制的,目的是减轻车钩连接装置的重量。与普通刚性车钩相比,可减轻重量。刚性车钩的主体结构与普通车钩相同,故两者的强度也相同。为减轻列车的纵向冲击,刚性车钩需用纵向间隙小的车钩。同时,为简化操作,要求实现列车风管的自动连接,开发了带风管连接器的刚性车钩(图 2-21),该类型车钩的连接轮廓如图 2-22 所示。

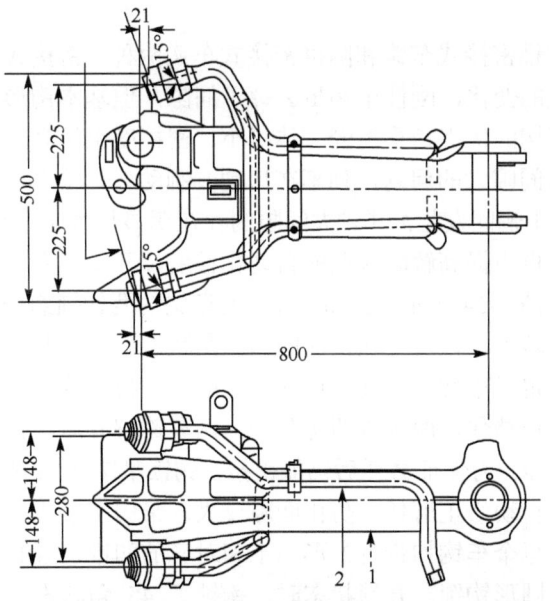

图 2-21 带风管连接器的刚性车钩（单位：mm）

为进一步提高机车的操作灵活性,在带风管连接器的刚性车钩的基础上,又开发了带风管及电气两种连接器的刚性车钩。其电气连接器后有风缸支承,与不带电气自动连接器的车钩连接时,根据机车的指令,风缸向后拉动自动电气连接器,以免普通车钩碰坏电气连接器。此外,还设有自动关闭风管路的电磁阀。

比较图 2-19 和图 2-22 可见,普通车钩的纵向间隙是 22mm,而刚性车钩的纵向间隙理论值为 0,这对于铸造类非加工件而言,很难实现正常连接。

为保证可靠连接,新造车钩的纵向通常留有 0.3~1.8mm 的间隙;为增加可靠性,在钩锁与钩腔的垂直接触面上增设倾斜导板,钩锁铁也相应设一小斜面,以保证钩锁到位,如图 2-23 所示。

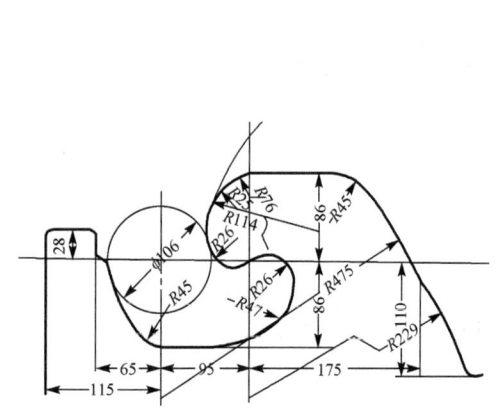
图 2-22 刚性车钩的连接轮廓(单位:mm)

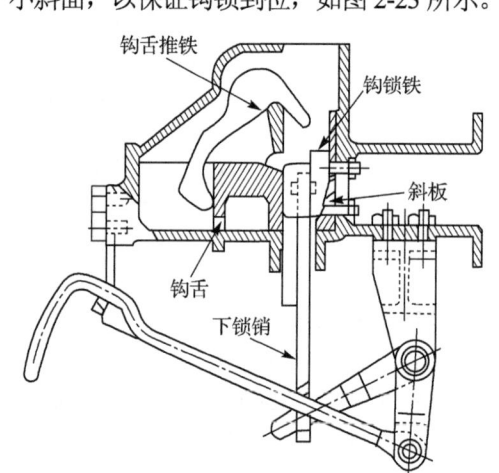
图 2-23 刚性车钩钩锁作用情况

刚性车钩的连接轮廓取自 AAR 的 H 形车钩轮廓。普通车钩和刚性车钩在车上的安装中心线高度基本一致,由美国 AAR 的尺寸换算得 880mm。

3)密接式车钩

密接式车钩分为方锥密接式车钩和圆锥密接式车钩两种。密接式车钩与刚性车钩的根本不同是在结构上有了质的变化,刚性车钩虽去掉了间隙,但基本钩形仍属普通车钩类。与刚性车钩相比,密接式车钩的优点是重量轻、体积小,密接度也稍高。

普通车钩存在纵向间隙大的问题,列车在启动、制动、车轮直径不一致、车辆重量不同等因素影响下,都将使车辆间发生冲击,大间隙的存在明显加大了车辆冲击波的振幅。因此,为保证客车的舒适性,也为提高解编作业的自动化程度,开发了密接式车钩。

柴田密接式车钩如图 2-24 所示。由图可见,两车钩的两钩锁组成一个整圆,在弹簧的拉动下,钩锁可向反方向转动,恢复至连接前的 45°角状态。由于此时钩锁的一部分彼此进入另一车钩的内腔,故锁定了车钩,实现了连挂。分解时,拉动手柄,钩锁转至水平位置后,将手柄上的凸起用止挡杆挡住,两车钩即可分开。两车钩解开后,弹簧拉动钩锁旋转,成为开锁状态,以备下次连挂。为保证磨耗后仍能密接,钩锁呈图 2-24 所示的特殊形状,为偏心不规则半圆柱结构,可自动修正磨耗,防止间隙过大。柴田密接式车钩与普通车钩和刚性车钩在本质上是不同的。每个车钩均带有方形凸锥和对应的凹锥,既起承载作用,又起对中导向作用。凸锥内置一半圆形钩锁,开锁状态时,钩锁呈 45°角状态。两车钩连接时,随着凸锥的推进,半圆形钩锁逐渐向水平方向旋转,至车钩两端面贴合后,钩锁呈水平状态。柴田密接式车钩的轮廓尺寸如图 2-25 所示。

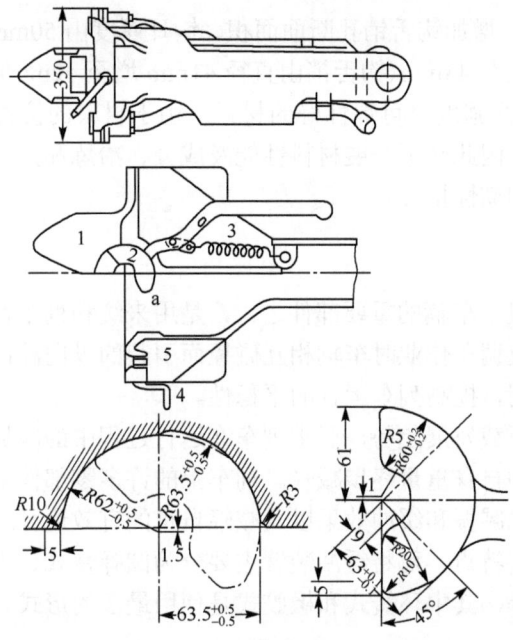

图 2-24 密接式车钩及作用原理（单位：mm）

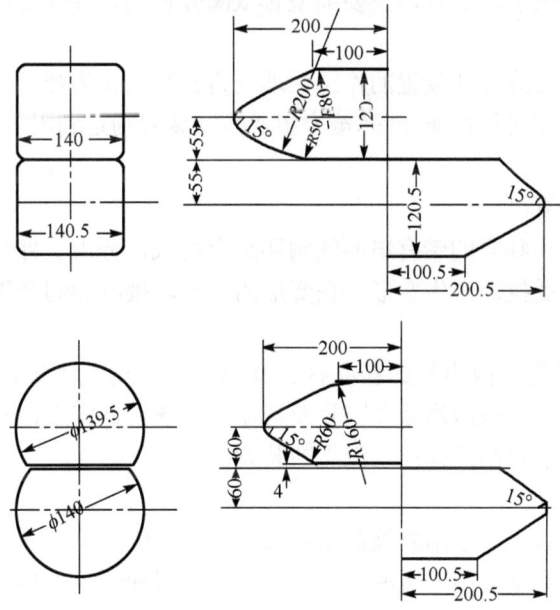

图 2-25 两种密接式车钩的连接轮廓（单位：mm）

2. 车钩强度设计

提高车钩强度设计，主要采取以下改进措施。

(1) 对应力集中区进行改进与加强。如在钩耳两侧增设立筋、增大钩耳根部的圆弧、缩小钩舌尺寸、增大有关部位的圆角等。

(2) 增大关键部位的尺寸。如将两钩耳孔内侧距由 180mm 增至 190mm（钩舌销孔外侧距由179mm增至189mm)、增加钩舌销孔断面面积、钩耳厚度由50mm增至55mm、钩耳孔及钩舌销孔直径由42mm增至43mm(钩舌销由直径41mm增至42mm)。

(3)改进材质。采用高强度且可焊性好的材料。由于材料的抗拉强度提高后,会对其塑性和韧性造成不利影响,因此必须开展材料性能及成分、冶炼和热处理工艺的综合研究,合理确定材料强度、塑性和韧性指标。

2.6.3 缓冲装置

车钩缓冲器是铁路机车车辆的重要部件之一,是用来缓和列车在运行中由于机车牵引力的变化或在启动、制动及调车作业时车辆相互碰撞而引起的纵向冲击和振动,减轻对车体结构和装载货物的破坏作用,提高列车运行的平稳性。

铁路列车的高速和重载发展趋势,要求列车在运行过程中的减振性能、缓冲效果大幅度提高,同样也要求列车的自身重量逐步减轻。列车上的许多零部件采用高分子材料及复合材料来制作是铁路列车增加减振和缓冲效果以及减轻自重的有效途径之一。

根据作用原理和结构特点,可将缓冲装置主要分为圆弹簧式、方弹簧式、环簧式、橡胶式、液压式、复合材料等,其中环簧式和橡胶式是使用最多的形式。

1. 缓冲装置的形式

1)圆弹簧型缓冲装置

圆弹簧是运用最早的缓冲装置,主要类型有双圈弹簧式、环弹簧和卷弹簧组合式、圆弹簧摩擦式等。

环弹簧和卷弹簧组合式缓冲装置的作用原理是将圆弹簧作为弹性元件,利用环弹簧与卷弹簧及卷弹簧内部的摩擦实现耗能。圆弹簧摩擦式缓冲装置则是利用压头与箱体间(中间夹有摩擦片)的摩擦来耗能。

2)环弹簧型缓冲装置

环弹簧缓冲装置是由独立的带有斜面的圆环组合而成,分内、外两种环。工作时,内环受压缩产生变形,外环受拉伸产生变形。在变形的同时,接触面间产生摩擦而耗能。

3)液压类缓冲装置

液压类缓冲装置是近年内出现的新品种。其原理是利用液压油在通过节流孔时产生阻尼,从而耗能和减振。由于液压油存在密封及寿命等问题,近年来,又出现了利用黏度较大的黏弹性材料代替液压油研制的弹性胶泥缓冲装置。

4)橡胶缓冲装置

橡胶缓冲装置也是近年来逐渐发展起来的缓冲装置,因其具有结构简单、成本低、可靠性高等优点,现已成为广泛使用的缓冲装置之一。橡胶缓冲装置由独立的、呈片状的橡胶片组合而成,橡胶片由钢板与橡胶硫化在一起形成。

2. 缓冲器设计遵循的原则

(1)TB 1335—1978《铁道车辆强度设计及试验鉴定规范》中规定:客车缓冲器行程在全压缩时,阻抗力为60t,容量不小于1500kg·m;货车缓冲器在全压缩行程时,阻抗力为200t,容量不得小于3500kg·m。TB/T 1961—2006《机车车辆缓冲器》中对客车缓冲器的要求为:额定阻抗力为800kN,最大阻抗力为1000kN,最大行程为73mm,额定行程小于73mm,正式容量大于20kJ,能量吸收率大于80%。

(2) 缓冲器在列车运行时吸收的能量不得小于缓冲器容量的 20%，最好大于 25%。

(3) 缓冲器必须具有一定的初压缩量，防止列车在运行中产生松弛现象。

2.6.4 风挡结构设计要求

由于客车在高速下运行，客车厢体内外极易形成负压，大部分冷空气及灰尘通过车辆连接处进入车厢，造成客车热量损失和车内空气质量浑浊，直接影响到列车的运用质量。因此，车辆两端连接处装有一可弯折的柔性通道，称为风挡装置。为了适应车辆运行中振动和安全通过曲线和道岔的需要，风挡装置应具有良好的纵向伸缩性和垂向、横向的柔性，它的作用是防止风沙、雨水侵入车内和运行时便于旅客和乘务人员安全地在两车辆间通行。

1. 风挡分类

目前我国使用的风挡装置有 3 种形式：铁风挡装置、橡胶风挡装置和折叠风挡装置，如图 2-26 所示。

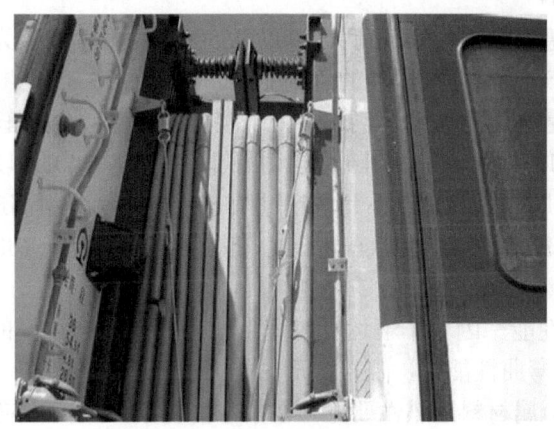

图 2-26 折叠风挡装置

1) 铁风挡装置

铁风挡装置由面板、风挡、风挡弹簧、缓冲杆和圆弹簧组成。车辆连挂后，借弹簧的弹力，使两风挡面板紧密贴合，在列车通过曲线时，面板左右滑动，不会产生间隙，从而保证安全。

铁风挡装置具有结构简单，工艺要求低，经久耐用等优点。同时也存在气密性差，隔音、隔热效果差，产生噪声大等缺点，特别是风挡连挂后，带有错动间隙的摩擦面边缘均裸露在车内，容易挤伤手脚，对旅客造成人身伤害。因此，该型风挡已无法满足现代客车的要求，正逐步地被橡胶风挡或折叠风挡取代。

2) 橡胶风挡装置

橡胶风挡组成如下：橡胶胶囊，左、右立橡胶，防晒板，横、立橡胶垫，渡板及缓冲装置等。与铁风挡相比，橡胶风挡有如下优点：①比铁风挡噪声小；②具有特殊形状的弹性橡胶囊和橡胶密封垫，可以防止雨水、尘土进入车厢内部；③具有良好的纵向伸缩性和横向、垂向柔性，以适应车辆通过曲线和减小振动，提高乘坐的舒适性。橡胶风挡在 25 型客车、准高速客车、双层客车等车辆上得到广泛应用。但气密性不能满足客车以较高速度运行时的要求。因此 25K 型客车采用了折棚式风挡,该型风挡不仅外形美观,气密性也较好。但这种风挡的刚度阻尼很小,几乎不能对车体件相对运动产生约束。

3) 折叠风挡

折叠风挡(又称密接式风挡)由连接架、拉杆、折棚、挂钩、通道、踏板、板簧、锁盒 8 个组件组成,主要用在 25K 型客车上。其主要零部件都采用了不锈钢和高强度铝合金材料,具有耐腐蚀、不受气候影响的特点。棚布原材料的主要性能指标已经接近西欧发达国家同类产品的技术标准。折叠风挡具有良好的气密性,风、雨、雪、沙尘等不能侵入。同时防噪声效果大大提高,使乘客乘坐舒适性大大提高。过道美观并采用内饰板及新结构渡板,避免乘客挤伤手脚现象的发生,可圆滑地过渡列车走行时发生的两车之间的错动。该型风挡使用寿命长达 15 年,并且不需进行预防性维修,只需在日常检查时进行外观检查(目测)。若发现故障,更换零部件即可。如棚布撕裂,按损坏部分大小剪一块棚布,用胶将其粘好,24h 后即可正常使用。

2. 风挡的设计要求

(1) 足够的强度。德国规定气动载荷为 3900~5500Pa,日本规定为 7500Pa,需要满足气动载荷下的强度要求,适应车外气压波的急剧变化。

(2) 空气阻力应尽量小。要做到车辆连接处平整光滑,以减少列车运行的空气阻力。

(3) 风挡的隔声性和密封性要好。德国规定风挡的隔声至少在 40dB 以上。当列车以 250km/h 速度通过隧道时,车内风挡处的噪声不允许超过 75dB(A)。动车组高速运行时,在进出隧道过程中会在车内引起气压的波动,要求车内压力变化最大值不大于 1000Pa,压力变化率不大于 200Pa/s。

(4) 较高的抗弯曲性能。因为车辆运行时速度较高,数个自由度的运动使得风挡始终处于变形之中,车辆的抗弯曲性能好,阻挡变形的能力也相应提高。

(5) 风挡所用的非金属材料阻燃性要好。在紧急情况下,风挡还应能自动分解开。

为了保证高铁列车的密封性能,普遍采用密封式风挡,并将车体下部封住以减小列车运行阻力。因此,密接式车钩缓冲装置必须能实现自动连挂和分解,并具备手动连挂分解功能,以便在自动功能失灵的特殊情况下使用。

习 题

1. 简述车体结构设计的主要原则和要求。
2. 分析如何构思设计客车车体结构形式。
3. 列车的轻量化技术有哪些?
4. 转向架总体设计的主要原则和要求是什么?转向架总体设计的步骤过程是什么?
5. 分析如何构思设计客车转向架构架形式。
6. 分析如何构思设计高速列车流线型外形。
7. 司机室人机工程体现在设计的哪些方面?
8. 分析司机室操作界面设计的特点。
9. 从结构设计角度上分析车钩的间隙对车钩间运动的影响。
10. 简述风挡结构设计的主要要求。

第 3 章　轨道车辆主要零部件的设计计算

组成轨道车辆的零部件种类很多，每种零部件的设计都有其特定的方法，也有很多共性。通过理解几种主要零部件的设计计算，争取举一反三，能对轨道车辆其他零部件的设计进一步认识和理解。

3.1　钢弹簧参数的设计计算

轨道车辆弹簧装置可以缓和由于线路不平顺等原因引起的车辆的振动和冲击，提高车辆运行的舒适性和平稳性，同时也使车辆各零部件寿命得到延长。

3.1.1　钢弹簧结构及设计计算

1. 螺旋弹簧结构及主要参数

在轨道车辆中，通常采用簧条截面为圆形的圆柱压缩螺旋弹簧，故又称圆簧，如图 3-1 所示。弹簧材质主要采用硅锰钢，也有车辆采用碳钢或铬锰钢。

制造弹簧时分为冷卷与热卷。热卷弹簧主要用于大型弹簧的卷制，加热后容易扭曲成形，回弹性较小，成型后需淬火后回火处理；冷卷弹簧直接用弹簧钢丝卷绕，回弹性较大，卷绕工具需考虑回弹补偿量，卷成后直接回火处理。车辆转向架上采用的簧条直径一般都较粗，故多为热卷。另外，制造时还要将簧条每端约有 3/4 圈的长度制成斜面，使弹簧卷成后，两端成平面，以保证弹簧平稳站立，并尽量减少偏载。两端的 3/4 圈作为支持平面，是弹簧辅助部分，起传递载荷作用，称为弹簧支持圈。

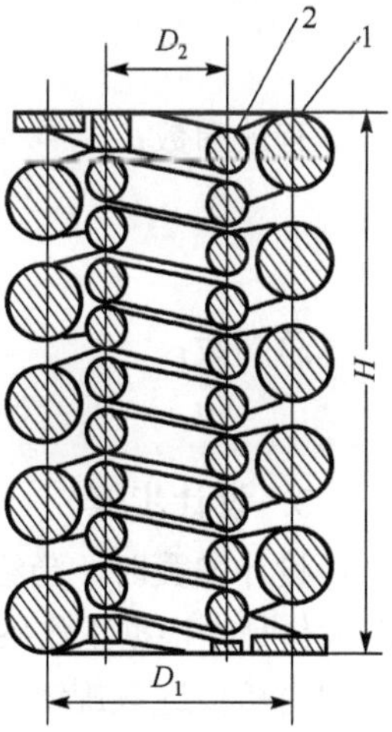

螺旋圆弹簧的主要参数有：簧条直径 d，弹簧平均直径 D，有效圈数 n，总圈数 N，弹簧全压缩高度 H_{min}，弹簧自由高度 H_0，弹簧指数 $m = D/d$，垂向静挠度 f_v 和垂向刚度 k_v 等。

2. 单卷圆弹簧的特性计算

圆弹簧的特性是指弹簧承受的载荷 P 与变形（挠度 f）之间的关系。由材料力学可推导出弹簧承受的载荷 P 与变形（挠度 f）之间的关系：

$$P = kf$$

图 3-1　双卷螺旋弹簧
1—外层簧；2—内层簧

即力与挠度成正比，这里

刚度：

$$k = \frac{Gd}{8nm^3} = \frac{Gd^4}{8nD^3} \tag{3-1}$$

挠度：

$$f = \frac{P}{k} = \frac{8nPD^3}{Gd^4} \qquad (3\text{-}2)$$

强度(应力):

$$\tau_{\max} = \frac{8P_{\max}D}{\pi d^4} \times \alpha \leqslant [\tau] = 750(\text{MPa}) \qquad (3\text{-}3)$$

稳定性校核:

$$H_0 \leqslant 3.5D \qquad (3\text{-}4)$$

式中,G 为弹簧的剪切弹性模数,一般弹簧钢 $G=80\text{GPa}$;$P_{\max}$ 为作用于弹簧上的最大垂向载荷;m 为弹簧指数,又称旋挠比,其值为 $m=D/d$;n 为有效圈数(或称工作圈数);α 为应力修正系数,是考虑簧条的弯曲和剪应力的非均匀分布等因素而对应力进行的修正,其值为

$$\alpha = \frac{4m-1}{4m-4} + \frac{0.615}{m}$$

可进一步导出计算簧条直径、有效圈数、总圈数的公式。

簧条直径:

$$d = \sqrt{\frac{8P_{\max}m\alpha}{\pi \cdot [\tau]}} \qquad (3\text{-}5)$$

有效圈数:

$$n = \frac{Gd}{8km^3} \qquad (3\text{-}6)$$

总圈数:

$$N = n + 1.5 \qquad (3\text{-}7)$$

3. 设计步骤

设计弹簧时,当给出弹簧的工作条件、工作载荷 P 和对应的变形量 f 时,其设计计算步骤大体是先根据工作条件确定弹簧的载荷类型,选择材料,查取许用切应力 $[\tau]$,然后在 5~8 范围内初步选取旋绕比 m,由簧条直径公式计算其直径 d,并圆整为标准值。再由式 $D=md$ 计算出弹簧中径 D。在此基础上,根据有效圈数公式计算有效圈数 n。

最好复查并校核弹簧特性,其中包含弹簧刚度、变形量、工作载荷和试验载荷等数值是否符合设计要求。按此步骤一般需选取几个 m 值同时计算,比较其结果,选取最优方案。

3.1.2 双卷圆弹簧的特性计算

单卷圆簧的尺寸有时受到安装处所的空间限制或者其簧条太粗,不便安装。转向架的弹簧装置中,为提高载重,减小弹簧占用空间,时常采用双卷弹簧。单卷弹簧参数 D、d、n,与之等效的双卷弹簧的内、外卷的参数为 D_2、d_2、n_2 和 D_1、d_1、n_1。使用双卷弹簧替代单卷弹簧要求。

(1)内外卷弹簧的螺旋方向要一个左旋,一个右旋,防止卡簧或簧组转动。

(2) 弹簧指数相等，即

$$\frac{D}{d} = \frac{D_1}{d_1} = \frac{D_2}{d_2} = m \tag{3-8}$$

$$C = C_1 = C_2 \tag{3-9}$$

(3) 应力相等，充分利用材料强度，即

$$\tau = \tau_1 = \tau_2 \tag{3-10}$$

设单卷弹簧的载荷为 P，双卷弹簧外卷和内卷的载荷分别为 P_1 和 P_2，则有

$$P = P_1 + P_2 \tag{3-11}$$

而且

$$P = \frac{\pi d^3 \tau}{8DC}, \quad P_1 = \frac{\pi d_1^3 \tau_1}{8D_1 C_1}, \quad P_2 = \frac{\pi d_2^3 \tau_2}{8D_2 C_2}$$

所以，可得 $\dfrac{d^3}{D} = \dfrac{d_1^3}{D_1} + \dfrac{d_2^3}{D_2}$，由于 $\dfrac{D}{d} = \dfrac{D_1}{d_1} = \dfrac{D_2}{d_2} = m$，可得

$$d^2 = d_1^2 + d_2^2 \tag{3-12}$$

(4) 各卷弹簧挠度相等，以保证性能一致，即

$$f = f_1 + f_2 \tag{3-13}$$

由于 $f = \dfrac{8 P_v m^3 n}{Gd}$ 和 $\dfrac{D}{d} = \dfrac{D_1}{d_1} = \dfrac{D_2}{d_2} = m$，整理可得

$$f = \frac{8 D^3 n}{Gd^4} P_j, \quad j = 1, 2 \tag{3-14}$$

将 $P = \dfrac{\pi d^3 \tau}{8DC}$ 代入式(3-14)，经整理后可得

$$nD = n_1 D_1 = n_2 D_2$$

此外，为了不使双卷螺旋弹簧内外卷互相接触而产生磨损，在内外卷弹簧之间应保持一定的间隙 δ。几何关系参照图 3-2，根据几何关系 $\dfrac{d_1}{2} + \delta + \dfrac{d_2}{2} = \dfrac{D_1}{2} - \dfrac{D_2}{2}$，可得内、外卷簧的径向间隙 S 的大小一般为 3～5mm。

所以 $d_1 = \dfrac{d}{\sqrt{1+\alpha^2}} + \dfrac{2\alpha\beta}{1+\alpha^2}$，$d_2 = \dfrac{\alpha d}{\sqrt{1+\alpha^2}} - \dfrac{2\beta}{1+\alpha^2}$。

实际上，由于受簧条直径规格等条件的限制，只能近似地满足表 3-1 的 3 个条件，因而需要对有关参数进行修正。修正时要保持内、外卷弹簧的当量刚度和挠度值与原单卷弹簧的参数值一致。在设计中，为了使计算工作简便，还可应用表 3-1 所列的简单计算方法。表内所列出的各数，是利用换算的单卷弹簧设计双卷弹簧时的数据，内、外卷簧和内卷簧之间的间隙为 3mm。

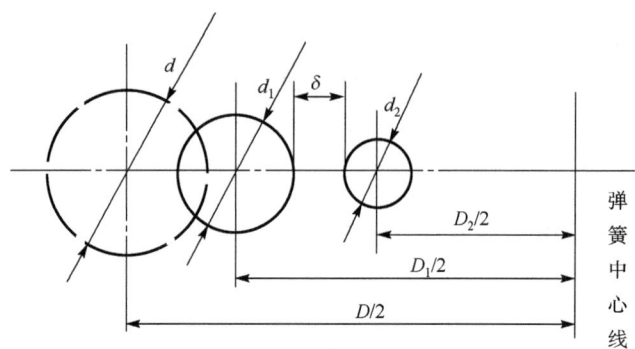

图 3-2 几何关系示意图

表 3-1 双卷螺旋弹簧数据 （单位：mm）

m	d_1	d_2	D_1	D_2	P_1	P_2
3.5	$0.875d+0.6$	$0.486d-1.0$	$0.875D+0.2$	$0.486D-3.5$	$0.765\left(1+\dfrac{1.4}{d}\right)P$	$0.235\left(1-\dfrac{4.5}{d}\right)P$
4.0	$0.875d+0.5$	$0.514d-0.9$	$0.875D+0.2$	$0.514D-3.5$	$0.734\left(1+\dfrac{1.2}{d}\right)P$	$0.264\left(1-\dfrac{3.4}{d}\right)P$

车辆弹簧的计算往往非常烦琐，为能在许可条件下，尽量降低弹簧刚度、增加弹簧静挠度，需要经过反复修正。设计时有两种方法使用较多。一种方法可将内、外卷所承受的载荷按 1∶2 的比例进行分配；对于三卷组合弹簧的内、中、外三卷所承受的载荷按 1∶2∶4 的比例进行分配。然后分别进行各单卷参数、簧卷间隙和组合当量刚度等值的设计计算，并适当给以修正，满足设计要求。另一种方法是依据设计任务书提出的具体要求(如自重、载重、挠度、刚度等值)，参照已有车辆双卷弹簧的参数值(估计取值，如内、外卷的平均直径、簧条直径、刚度等值)，直接分别计算内、外卷弹簧的刚度、挠度、应力及稳定性校核，并经过反复修正，取得符合设计要求的弹簧参数、簧参间隙和组合当量刚度等值。

3.1.3 两级弹簧的特性计算

随着货车载重增加，空、重车簧上质量相差悬殊，若还采用一级刚度弹簧，有可能使空车弹簧静挠度过小，自振频率过高，其振动性能不良。对于空、重车质量差别很大的货车而言，空车时第一级弹簧承载，弹簧刚度小，静挠度较大，改善车辆运行品质，轮重减载率小，有利于防止脱轨发生；重车时第二级弹簧承载，弹簧刚度大，避免弹簧挠度过大影响车钩高度。可兼顾货车的空、重车特性。一般只有在空、重车质量差别很大时，才使用两级刚度螺旋弹簧组，按其结构形式分为 3 种，如图 3-3 所示。图 3-3(b) 的形式，空车时为外卷簧承载，重车时为内、外卷簧并联承载，这种两级弹簧结构简单，使用最多，称为不等高两级刚度弹簧组。

不等高两级刚度螺旋弹簧组参数的有关计算公式如下。

1. 空、重车载荷比 e

$$e=\frac{P_k}{P_{zh}}<1 \tag{3-15}$$

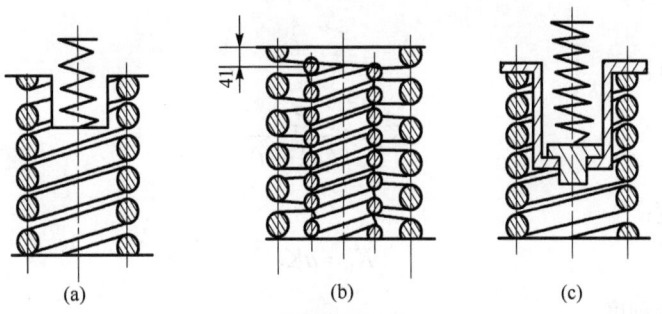

图 3-3 两级刚度弹簧形式

2. 外卷弹簧与内卷弹簧的刚度比 a 及内卷弹簧条直径 d_2

当设计任务书的要求中明确提出当量静挠度 f_d 和空车静挠度 f_k 的数值时

$$a = \frac{ef_d}{f_k - ef_d} \tag{3-16}$$

$$d_2 = \sqrt{\frac{8(1-e)(1+K_{vd})P_{zh}m_2C_2}{\pi(1+a)[\tau]}} \tag{3-17}$$

如果要求改善空车振动性能,则

$$a = \frac{8(1-e)(1+K_{vd})P_{zh}m_2C_2}{\pi[\tau]d_2^2} - e \tag{3-18}$$

此时要参照有关两级弹簧组参数等资料,选择适宜的 d_2 值,再代入式中计算刚度比 a。

3. 外卷弹簧与内卷弹簧的最大载荷比 η

$$\eta = \frac{P_{1\max}}{P_{2\max}} = \frac{a+e}{1-e} \tag{3-19}$$

4. 外卷弹簧条直径 d_1

(1) 若 $m_1 = m_2$, $C_1 = C_2$,则

$$d_1 = d_2\sqrt{\frac{a+e}{1-e}}$$

(2) 若 $m_1 \neq m_2$,则

$$d_1 = d_2\sqrt{\frac{(a+e)m_1C_1}{(1-e)m_2C_2}}$$

5. 内外卷弹簧的间隙 2δ

$$\delta = \frac{d_1 - d_2}{2} \tag{3-20}$$

有时为调整内、外卷弹簧的有关参数,使之符合设计任务书的要求,可适当加大其值,2δ 可取 10~15mm。

6. 刚度

内卷弹簧刚度：

$$K_2 = \frac{P_{zh}}{f_d(1+a)} \tag{3-21}$$

外卷弹簧刚度：

$$K_1 = aK_2 \tag{3-22}$$

弹簧组第一级刚度：

$$K_A = K_2 \tag{3-23}$$

弹簧组第二级刚度：

$$K_B = K_1 + K_2 \tag{3-24}$$

7. 挠度

外卷弹簧最大挠度：

$$f_{1\max} = \left(1 + \frac{e}{a}\right)(1 + K_{vd})f_d \tag{3-25}$$

内卷弹簧最大挠度：

$$f_{2\max} = (1-e)(1+K_{vd})f_d \tag{3-26}$$

重车时外卷弹簧静挠度：

$$f_1 = f_A + f_2 \tag{3-27}$$

重车时内卷弹簧静挠度：

$$f_2 = \frac{P_{zh} - P_A}{K_B} \tag{3-28}$$

重车时弹簧组静挠度：

$$f_{zh} = f_1 \tag{3-29}$$

重车时弹簧组当量静挠度：

$$f_d = \frac{P_{zh}}{K_B} \tag{3-30}$$

8. 内、外卷弹簧高度差，也是转折点处弹簧组静挠度

$$f_A = \frac{P_A}{K_A} = (1 + K_{vd})f_v = H_{01} - H_{02} \tag{3-31}$$

3.1.4 螺旋弹簧径向（横向）特性计算

设计时需要进行螺旋弹簧的横向刚度、横向弹性、稳定性及应力的计算。计算时可将弹簧看作一个弹性圆柱体（或称等效直梁），运用弹性力学的知识，求得有关计算公式。

1. 径向刚度计算

同时承受轴向(垂向)力 P 和径向(横向)力 Q 的螺旋弹簧的一般计算，如图 3-4 所示。计算分为两种情况。

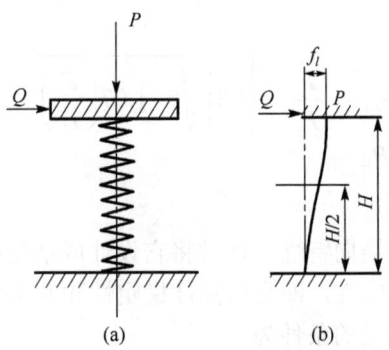

图 3-4 螺旋弹簧横向刚度计算

(1)弹簧的两个端面与支承体的接触面之间为刚性接触，并假定在 P 和 Q 作用下，弹簧的上、下支承面在运动过程中保持平行，则有挠度比公式

$$\frac{f_l}{f_v} = \frac{Q}{P}\left[0.295\left(\frac{H}{D}\right)^2 + 0.384\right]i$$

刚度公式为

$$K_l = \frac{K_v}{\left[0.295\left(\frac{H}{D}\right)^2 + 0.384\right]i} \tag{3-32}$$

式中，f_v 为弹簧在 P 作用下的垂向挠度；f_l 为弹簧在 Q 作用下的横向挠度；K_v、K_l 为分别为弹簧的垂向刚度和横向刚度；D 为弹簧平均直径；H 为弹簧的计算高度，是指弹簧在垂向载荷 P 作用下，弹簧上、下支承面之间的高度和簧条直径之差，其值为 $H = H' - d$；i 为垂向载荷 P 对弹簧横向变形的影响系数，其近似值为

$$i = \frac{1}{1 - \dfrac{P}{P_{cr}}}$$

其中，P_{cr} 为考虑横向变形后的临界压缩载荷值。P_{cr} 可用下式计算：

$$\frac{P}{P_{cr}} = \left\{1.3\left[\sqrt{1 + 4.29\left(\frac{D}{H}\right)^2} - 1\right]\right\}^{-1}\frac{f_v}{H}$$

(2)弹簧的两个端面与支承体的接触面之间为弹性接触(如设有橡胶垫)，并假定在 P 和 Q 作用下，弹簧的上、下支承面能相对转动，则有挠度比公式

$$\frac{f_l}{f_v} = \frac{Q}{P}\left[1.18\left(\frac{H}{D}\right)^2 + 0.384\right]i' \tag{3-33}$$

刚度公式

$$K_l = \frac{K_v}{\left[1.18\left(\frac{H}{D}\right)^2 + 0.384\right]i'} \tag{3-34}$$

式中

$$i' = \frac{1}{1 - \frac{P'}{P_{cr}}}, \quad \frac{P'}{P_{cr}} = \left\{1.3\left[\sqrt{1 + 1.07\left(\frac{D}{H}\right)^2} - 1\right]\right\}^{-1}\frac{f_v}{H}$$

2. 径向稳定性计算

为能充分利用螺旋弹簧的横向特性，通常将它设计成细而高，称为高原弹簧。但必须注意保证弹簧具有必要的径向稳定性，即径向弹性稳定性和倾覆稳定性两个方面。

保证径向弹性稳定性应满足的条件为

$$\frac{K_l}{K_v} \geq 1.2 \frac{f_v}{H}$$

保证倾覆稳定性应满足的条件为

$$f_l \leq \frac{PD}{K_l H + P} \quad \text{和} \quad Q \leq \frac{PDK_l}{K_l H + P}$$

式中所用符号意义同前。

3. 应力计算

螺旋圆弹簧的最大剪应力发生在端部簧圈的内侧，计算公式为

$$\tau_{\max} = \tau\left[1 + \frac{f_l}{D}\left(1 + \frac{K_l H}{K_v f_v}\right)\right] \leq [\tau] \tag{3-35}$$

式中，τ 为仅作用轴向力 P 时，螺旋弹簧的剪切应力。

由式(3-35)可知，剪切应力 $\tau_{\max}$ 随着横向挠度 f_l 的增大而呈线性关系增加。一般横向挠曲产生比较大的附加应力，所以，要把弹簧的横向挠度限制在应力状态允许的范围内，以保证弹簧具有足够的强度。允许的横向挠度 f_l 可由下式确定

$$f_l = D\left(\frac{[\tau]}{\tau} - 1\right)\left(1 + \frac{K_l H}{K_v f_v}\right)^{-1} \tag{3-36}$$

式中，$[\tau]$ 为许用应力。其余符号意义同前。

同时承受轴向力 P 和径向力 Q 的双卷弹簧，外卷比内卷承受的横向载荷大。所以，为使内、外卷接近等强度，初步计算垂向力载荷作用下的剪应力 τ 时，可适当增大内卷剪应力或减少外卷剪应力。

3.2 橡胶弹簧的设计计算

随着列车运行速度的不断提高，为了减少走行部分的振动、磨耗以及噪声的发生与传递，在车体与摇枕、摇枕与构架、轴箱与构架、弹簧的支承面等零部件金属直接接触部位，将广泛采用橡胶衬垫、衬套、止挡和橡胶弹簧等元件。

橡胶弹簧属于黏弹性材料，利用橡胶的弹性变形实现缓冲与减振，其力学特性比较复杂。一般情况下，橡胶弹簧只作为压簧和扭弹簧，不作为拉簧，因拉伸时，橡胶弹簧对局部缺陷和表面拉伤非常敏感。通常它的性能是不稳定的，所以要精确计算它的弹性特性相当困难。为在设计计算时有所遵循，需要进行必要的初步估算。

3.2.1 橡胶弹簧的性能参数

(1) 硬度(通常用肖氏硬度 HS 表示)为主要性能参数。

(2) 剪切模数 G(静态 G 和动态 G_d)、弹性模数 E(静态 E 和动态 E_d)和表现剪切模数 G_a 等参数主要取决于硬度 HS。

静剪切模数 G 是橡胶元件设计中最基本的参数之一。它与橡胶的硬度及成分有关，其中最主要的决定因素是橡胶的硬度。对于硬度相同而成分不同的橡胶，其 G 之差不超过 10%。静剪切模数 G 与肖氏硬度 HS 的关系，可表示为 $G = 0.119 e^{0.034 \text{HS}}$ (MPa)。

而静弹性模数 E 是橡胶弹簧设计中的重要参数，它与橡胶的品种、硬度、工作温度、形状尺寸、变形特点以及与金属支承面固结状态等许多因素有关，试验表明：

拉伸变形时：

$$E \approx 3G$$

压缩变形时：

$$E \approx i$$

式中，i 为几何形状和硬度影响系数，可用以下近似公式计算。

垫圈：

$$i = 3 + kS^2$$

衬套：

$$i = 4 + 0.56 kS^2$$

矩形块：

$$i = \frac{1}{1+\frac{b_1}{b_2}} \left[4 + 2\frac{b_1}{b_2} + 0.56\left(1 + \frac{b_1}{b_2}\right)^2 kS^2 \right]$$

式中，k 为系数，$k = 10.7 \sim 0.098 \text{HS}$；$b_1$、$b_2$ 为矩形块的宽度和长度；S 为形状系数。

这里，形状系数 $S = A_L / A_F$，即 S 为橡胶元件的承载面积 A_L 与自由面积 A_F 之比。例如，对于直径为 D、高度为 H 的圆柱体，$S = D/(4H)$；对于长度为 A、宽度为 B 的矩形块，$S = AB/[2(A+B)H]$。

剪切变形时：

$$G_a = jG$$

式中，j 为弯曲变形影响系数，其值为

$$j = 1/[1 + H^2/(12 i \rho^2)]$$

式中，ρ 为截面回转半径；H 为橡胶元件高度；i 为几何形状和硬度影响系数，与前面所述相同。

当橡胶弹簧圆柱体的 H/D 或矩形块的 H/A(或 H/B)的值小于 0.5 时,可略去弯曲变形的影响。对于较薄的橡胶衬套也可以同样处理,这时近似取:

$$G_a = G$$

(3)动静比 $d = E_d/E$,也与硬度 HS 有关。橡胶弹簧承受动载荷时的弹性模数称为动弹性模数。其值不仅取决于橡胶硬度,还与温度、变形速度和幅值以及平均应力或平均应变等因素有关。在初步估算时,可利用图 3-5 查取。如采用试验方法确定动弹性模数时,试验条件应尽可能符合其运用工况。

(4)硬度修正系数 t_E,温度↑→硬度(t_E)↓;温度↓→硬度(t_E)↑(温度达 240℃时,橡胶完全失去弹性,见图 3-6)。

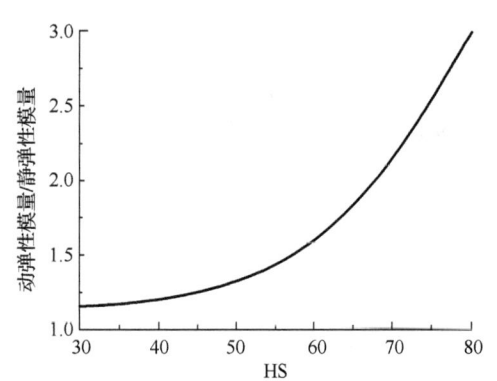

图 3-5 橡胶元件动、静弹性模数比和硬度关系曲线

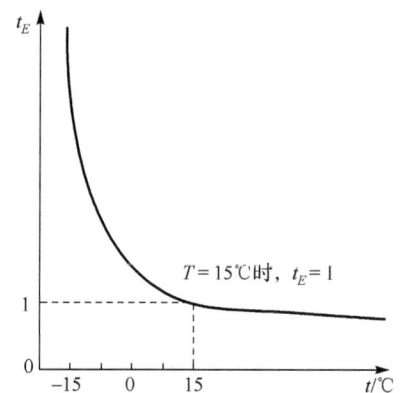

图 3-6 硬度修正系数与温度的关系计算

橡胶弹簧的弹性刚度(变形)与其初始形状有关。对于一般弹簧,载荷(力)P 与刚度挠度(橡胶弹簧变形量)之间符合胡克定理,即

$$k = P/\Delta h$$

而对于橡胶弹簧,有

$$P = \sigma A_L$$

式中,σ 为应力;A_L 为承载面积。且橡胶元件在简单拉伸和压缩变形时,其应力与应变之间的关系式为

$$\sigma = \frac{E}{3}[(1+\varepsilon) - (1+\varepsilon)^{-2}]$$

式中,$\varepsilon = \Delta h/h$(h 为橡胶弹簧厚度)。

该公式在拉伸应变小于20%和压缩应变小于50%这个重要的工程应用范围内有足够的精确度。从橡胶弹簧承受疲劳强度考虑,一般应变量均控制在 $\varepsilon < 15\%$,此时可近似地取:

$$\sigma \approx E\varepsilon$$

于是

$$P = E\varepsilon A_L = EA_L \Delta h/h$$

故

$$k = E\Delta h/h$$

橡胶弹簧剪切应力 τ 和剪切应变 γ 的关系式为

$$\tau = G_a\gamma = jG\gamma$$

式中，$\gamma = \dfrac{\delta_l}{h} = \tan\theta$。其中，$\delta_l$ 为剪切变形量；h 为弹簧高度。

试验表明，在 $\gamma < 1$ 时，τ 与 γ 呈线性关系。

3.2.2 橡胶弹簧刚度计算

(1) 中孔圆柱形橡胶弹簧的刚度计算，见图 3-7。

承载面积：
$$A_L = \pi(r_2^2 - r_1^2)$$

自由扩张面积：
$$A_F = 2\pi h(r_1 + r_2)$$

面积比：
$$S = A_L / A_F = (r_2 - r_1) / (2h)$$

垂向形状修正系数：
$$u = 1.2(1 + 1.65S^2)$$

横向形状修正系数：
$$j_x = j_y = 1 / [1 + (h/r_2)^{2/9}]$$

垂向刚度：
$$k_z = \mu E A_L / h \ (受压)$$

横向刚度：
$$k_x = k_y = j_x G A_L / h \ (受剪)$$

(2) 实心圆柱形橡胶弹簧的刚度 k 计算，只需令 $r_1 = 0$ 代入上述各式即可得出。

(3) 矩形橡胶弹簧的刚度 k 计算，见图 3-8。

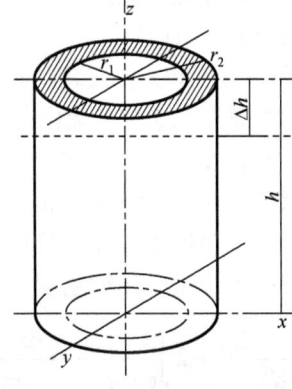
图 3-7 中孔圆柱形橡胶弹簧

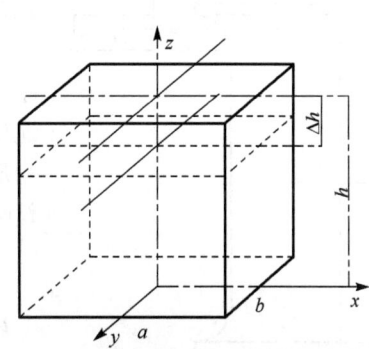
图 3-8 矩形橡胶弹簧

承载面积：
$$A_L = ab$$

自由扩张面积：
$$A_F = 2h(a+b)$$

面积比：
$$S = A_L / A_F = ab / (a+b) / (2h)$$

垂向形状修正系数：
$$u = 1 + 2.2S^2$$

纵向形状修正系数：
$$j_x = 1 / [1 + 0.29(h/a)^2]$$

横向形状修正系数：
$$j_y = 1 / [1 + 0.29(h/b)^2]$$

垂向刚度：
$$k_z = uEA_L / h \ （受压）$$

纵向刚度：
$$k_x = j_x GA_L / h \ （受剪）$$

横向刚度：
$$k_y = j_y GA_L / h \ （受剪）$$

(4) 橡胶弹簧应力校验。

压应力：
$$\sigma P / A_L \leq [\sigma]$$

剪应力：
$$\tau = Q / A_L \leq [\tau]$$

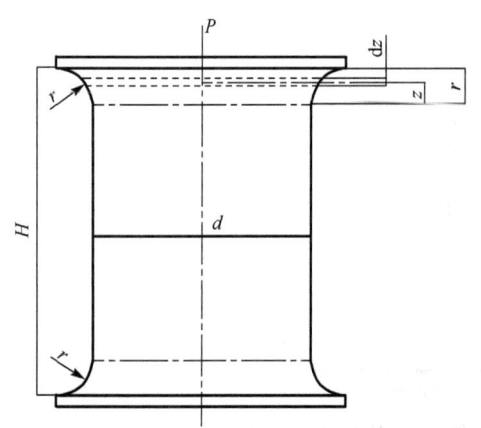

图 3-9　带圆角的圆柱形橡胶弹簧

(5) 端部与金属板硫化在一起，且带有圆角的直柱形橡胶弹簧刚度 k 计算。

为了加快传热速度和方便安装，有时也为了增大刚度，通常将橡胶端部与金属板硫化在一起。而为了避免应力集中，往往在橡胶与金属的硫化部分做成圆角形过渡，如图 3-9 所示。而该圆角半径 r 对橡胶弹簧刚度是有影响的。其刚度计算公式如下：

① 圆柱形橡胶弹簧。压缩刚度为

$$k' = E\pi \left[\frac{4(H-2r)}{d^2} + 2\int_0^r \frac{\mathrm{d}z}{\left(\frac{d}{2} + r - \sqrt{r^2 - z^2}\right)^2} \right]^{-1}$$

当 $r \ll d$ 时:

$$k' = E\frac{\pi d^2}{4}\left[H - (8-2\pi)\frac{r^2}{d}\right]^{-1}$$

当 $r = 0$ 时:

$$k = E\frac{\pi d^2}{4H}$$

② 矩形橡胶弹簧。若矩形截面的长边为 a,短边为 b,则压缩刚度为

$$k' = E\left[\frac{H-2r}{ab} + 2\int_0^r \frac{\mathrm{d}z}{(a+r-\sqrt{r^2-z^2})(b+r-\sqrt{r^2-z^2})}\right]^{-1}$$

当 $r \ll a,b$ 时:

$$k' = Eab\left[H - (2-\pi/2)\frac{a+b}{ab}r^2\right]^{-1}$$

当 $r = 0$ 时:

$$k = E\frac{ab}{4H}$$

(6) 衬套式橡胶弹簧。

① 承受轴向剪切或轴向扭转的橡胶衬套,如图 3-10 所示。

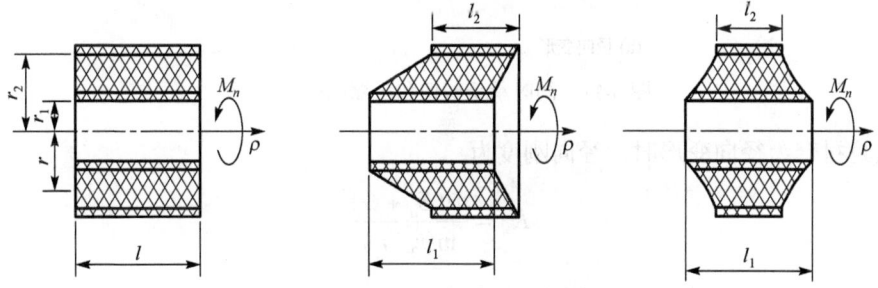

图 3-10 轴向剪切或轴向扭转的橡胶衬套

当衬套的长度不变时,轴向剪切刚度为

$$K_j = \frac{2\pi l G}{\ln(r_2/r_1)}$$

轴向扭转刚度为

$$K_n = 4\pi l G\left(\frac{1}{r_1^2} - \frac{1}{r_2^2}\right)^{-1}$$

当衬套的长度随半径线性改变时,轴向剪切刚度为

$$K_j = \frac{2\pi G(l_1 r_2 - l_2 r_1)}{(r_2 - r_1)\ln\left(\frac{l_1 r_2}{l_2 r_1}\right)}$$

轴向扭转刚度为

$$K_n = \frac{4\pi G(l_1 r_2 - l_2 r_1)}{(r_2 - r_1)}\left(\frac{1}{r_1^2} - \frac{1}{r_2^2}\right)^{-1}$$

当衬套切应力和半径无关,并为常数时,轴向剪切刚度为

$$K_j = \frac{2\pi G l_2 r_2}{r_2 - r_1}$$

轴向扭转刚度为

$$K_n = \frac{2\pi G l_2 r_2^2}{\ln(r_2 / r_1)}$$

② 同时承受压缩和剪切的橡胶衬套,如图 3-11 所示。

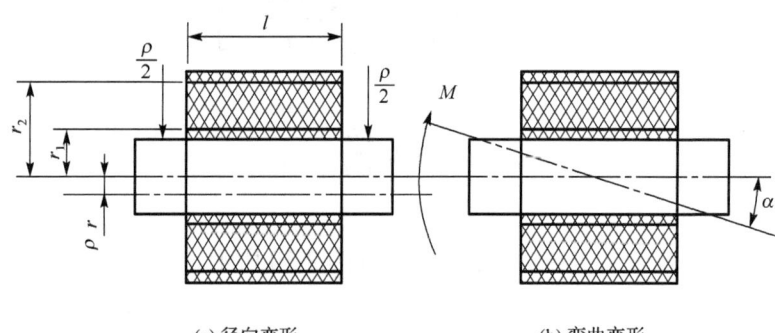

(a) 径向变形　　　　　　(b) 弯曲变形

图 3-11　同时承受剪切和压缩的橡胶衬套

当橡胶衬套为径向变形时,径向刚度为

$$K_n = \frac{\pi l(E_a + G)}{\ln(r_2 / r_1)} \tag{3-37}$$

当橡胶衬套为弯曲变形时,弯曲刚度为

$$K_w = \frac{\pi l^3(E_a + G)}{12\ln(r_2 / r_1)} \tag{3-38}$$

式(3-37)和式(3-38)中, $E_a = iG$, $i = 4 + 0.56kS^2$, $S = \dfrac{l}{2(r_2 - r_1)}$。

(7) 橡胶弹簧的动刚度计算。橡胶弹簧的动刚度,主要依据试验测定。在设计时,可用下式进行初步估算

$$K_d = m_d K_{st}$$

式中,K_{st} 为静载荷作用橡胶弹簧的静刚度;m_d 为系数。

(8) 橡胶弹簧的相似法则。用理论来计算形状比较复杂的橡胶弹簧的弹性特性是非常困难的。实际中,一般是利用几何形状相似且与实际的橡胶材质和弹性模量相同的模型,通过

试验手段来确实。设 $P_m = f(\varepsilon)$ 为模型测得的特性曲线，K_m 为其刚度，则线性尺寸比模型大 n 倍的实物的特性曲线和刚度分别为

$$P = n^2 f(\varepsilon) = n^2 P_m$$
$$K = nK_m$$

3.3 空气弹簧的设计计算

空气弹簧是在柔性的橡胶气囊中充入有一定压力的空气，利用空气的可压缩性实现弹性作用的非金属弹簧。高速列车运行时为了保持良好的平稳性，应尽力降低车辆的自振频率，所以应在高速转向架的设计中，采用空气弹簧以降低自振频率。在相同的刚度和阻尼条件下，车辆模型研究结果表明：垂向运行性能，空气弹簧在高频率范围内隔振性能优于钢弹簧；横向运行性能，空气弹簧模型加速度响应与钢弹簧模型较接近。空气弹簧具有良好的柔软弹性特性，这是钢弹簧难以达到的，所以空气弹簧是高速列车转向架可选择的理想悬挂减振系统。

3.3.1 空气弹簧结构和设计原则

空气弹簧系统一般由上盖、橡胶气囊、下座、紧急弹簧及高度调整阀等组成，车体通过摇枕或直接坐落在空气弹簧上。下座通过紧急弹簧坐落在转向架构架上，橡胶囊形成的空气室通过节流孔与附加空气室相连，附加空气室通过高度调整阀连接到列车供风管，通过补充空气弹簧及附加空气室的压力空气来实现车体承载面高度不随载荷变化。紧急弹簧一般由橡胶堆组成，其目的主要是保证空气弹簧意外失效时列车运行的安全性。图 3-12 为空气弹簧基本结构图。

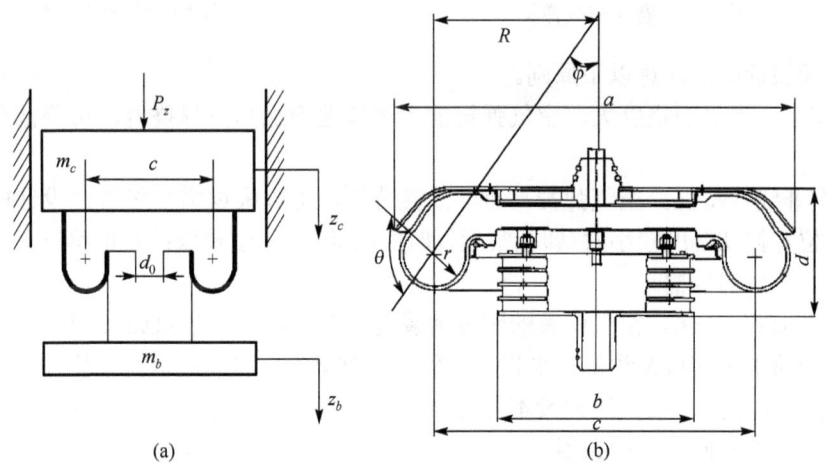

图 3-12 空气弹簧结构示意图

空气弹簧气囊外形及刚度、附加气室容积和流孔直径是影响空气弹簧性能的主要因素。附加气室容积能在降低垂向自振频率的同时，提高相对阻尼系数，但超出一定范围，增加附加气室容积效果甚微。在一定范围内，节流孔的直径对空气弹簧的刚度和阻尼系数有较大的影响。为保证车辆运行的平稳性，一般要求车体的垂向自振频率在 1Hz 左右，相对阻尼系数

不低于 0.11。为达到此目的，在设计客车转向架时应尽可能优化节流孔直径及附加气室容积，以使其达到最佳匹配。

当车体或转向架受到激扰时，橡胶气囊和附加空气室间的气体形成压力差，压力空气将通过节流孔流动形成交换，以试图保持二者间的压力平衡。压力空气流过节流孔时，将受到局部阻力作用而产生阻尼，以衰减车体与转向架间的振动。空气弹簧的刚度取决于橡胶气囊本身的刚度、空气压力、附加空气室及橡胶气囊的容积。

空气弹簧分为如下两类。

(1) 囊式空气弹簧。它的优点是寿命长，制造工艺简单，缺点是刚度大，振动频率高，需要另加较大的附加空气室，才可以得到比较柔软的特性，如图 3-13 所示。

(2) 膜式空气弹簧。其优点是刚度小，振动频率低，特性曲线的形状容易控制。缺点是橡胶囊的工作情况复杂，寿命较低。膜式空气弹簧又可分为自由膜式和约束膜式。

根据以上各种空气弹簧的特点，在现代机车车辆上，自由膜式空气弹簧应用最广泛（图 3-14）。

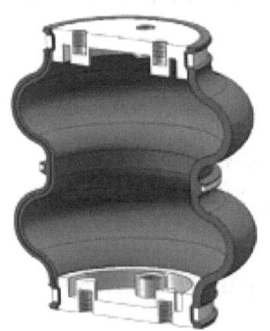 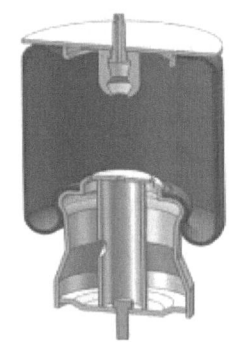

图 3-13　囊式空气弹簧　　　　　　　图 3-14　自由膜式空气弹簧

空气弹簧设计时应注意以下原则。

(1) 刚度小，当量静挠度大。空气弹簧能大幅度地增加当量静挠度，可降低车辆的自振频率。

(2) 具有非线性特性。空气弹簧具有非线性特性，可以根据需要将特性设计成理想的形状。在平衡位置振动幅度较小时（即正常运行时的振动），刚度较低；若位移过大，刚度显著增加，可限制车体的振幅。

(3) 刚度随载荷变化。空气弹簧的刚度随载荷而变化，可以通过改变空气内压力加以调整，在任何载荷下车体自振频率几乎相等，使空、重车不同状态的运行平稳性几乎相同。

(4) 产生适宜阻尼。在空气弹簧本体与附加空气室之间设有适宜的节流孔，可以产生适宜的阻尼，以代替垂向液压减振器。

(5) 可充分利用其横向弹性。同一空气弹簧可以同时承受三维方向的载荷，利用空气弹簧的横向弹性特性，可以代替传统转向架的摇动台装置，从而简化结构，减轻自重。

(6) 高度可调节。空气弹簧和高度控制阀并用时，可使车体在不同静载荷下，保持地板面距轨面的高度基本不变。

(7) 吸收高频振动、隔音性能好。

(8)空气弹簧的缺点是空气弹簧的附件(如高度控制阀、差压阀)较多,成本较高,增加了维护与检修的工作量。

3.3.2 空气弹簧的刚度计算

在空气弹簧的设计计算中,有效面积 A 是其主要参数,如图 3-15 所示, $A = \pi R^2$,因此弹簧上所受的载荷 F 为

$$F = Ap = \pi R^2 p \quad (3-39)$$

式中, p 为空气弹簧的内压力。

1) 空气弹簧的轴向刚度

空气弹簧轴向刚度 k 的一般近似计算式为

$$k = m(p + p_n)\frac{A^2}{v} + apA \quad (3-40)$$

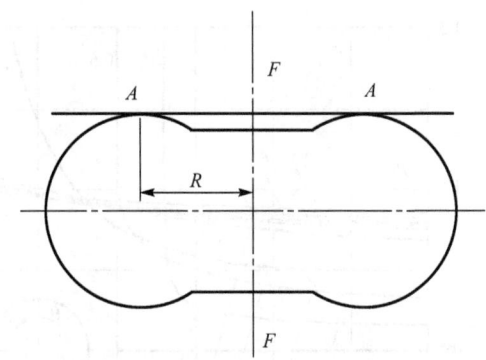

图 3-15 弹簧载荷的有效面积

式中, m 为多变指数,其值的大小取决于空气变化过程的流动速度。对于等温过程,即热交换充分,温度能保持不变时, $m = 1$;对于绝热过程, $m = 1.4$ 。一般实际情况时, $1 < m < 1.4$; p 为空气弹簧的内压力(表压力)(MPa); p_n 为大气压力,计算时取 $p_n = 0.098$ MPa; A 为空气弹簧的有效面积(mm²),等于空气弹簧本身橡胶囊容积和附加空气室容积之和; a 为空气弹簧轴向变形的形状系数。自由膜式空气弹簧的形状系数为

$$a = \frac{1}{R} \cdot \frac{\sin\theta\cos\theta + \theta(\sin^2\theta - \cos^2\varphi)}{\sin\theta(\sin\theta - \theta\cos\theta)} \quad (3-41)$$

2) 空气弹簧的径向刚度

空气弹簧的径向刚度不仅与其几何形状有关,还和空气囊的结构及其材质有很大关系,而橡胶—帘线层本身的影响,需要通过试验来确定。

根据自由膜式空气弹簧在径向载荷作用下的变形情况,径向刚度 k_T 可用下式计算

$$k_T = \pi b p R^2 + k_{r0}$$

式中, b 为径向刚度的形状系数,自由膜式空气弹簧的形状系数 b 为

$$b = \frac{1}{2R} \cdot \frac{\sin\theta\cos\theta + \theta(\sin^2\theta - \sin^2\varphi)}{\sin\theta(\sin\theta - \theta\cos\theta)} \quad (3-42)$$

k_{r0} 为橡胶囊本身的径向刚度。

3.3.3 空气弹簧的强度计算

空气弹簧的强度计算主要是橡胶囊的计算(确定它在承载状态下的几何形状、载荷、内压力和应变等因素间的相互关系),其精确计算烦琐。为了简化,假设空气弹簧在变形前后,橡胶膜的自由变形部分的径向断面仍保持为圆弧,径向载荷全部由帘线承担,内外橡胶层只起密封作用。空气弹簧在变形前形状的几何参数为 R、r 和 θ,橡胶囊的临界内压力 p_{cr} 的计算式为

$$p_{cr} = \frac{m_\rho N_{ct}}{r} \left(\frac{i}{\cos^2 \psi} + \frac{j}{\sin^2 \psi} \cdot \frac{E_r}{E_\varphi} \right)^{-1} \tag{3-43}$$

式中，m 为橡胶囊的帘线层数；ρ 为橡胶囊的帘线密度；N_{ct} 为根帘线的抗拉强度；ψ 为帘线与橡胶囊经线的夹角；i、j 为计算系数，由 R、r 和 θ 从图 3-16 和图 3-17 中查取；E_r、E_φ 为橡胶囊经线方向和纬线方向的膜厚与弹性模量之积（膜单位宽度的弹性模量）。

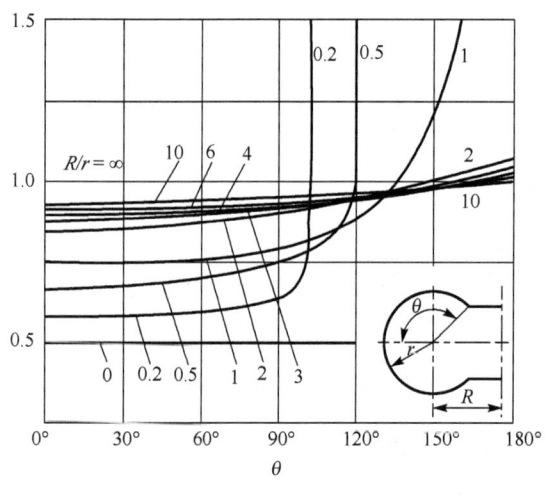

图 3-16 临界内压力的计算系数 i

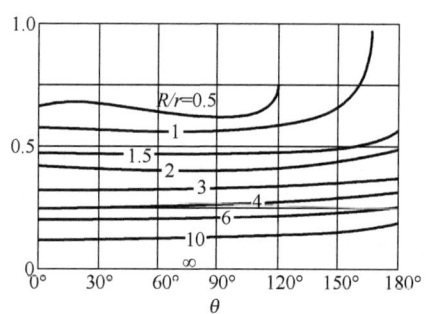

图 3-17 临界内压力的计算系数 j

3.4 液压式减振器的设计计算

减振器的作用是减小振动，其作用力总是与运动的方向相反，起着阻止振动的作用。

3.4.1 减振器结构和参数设计要点

(1) 阻尼特性的选择。根据减振器的安装部位和被衰减振动的性质来确定其阻尼特性：通常对一系和二系悬挂（垂向和横向）选用对称的线性阻尼特性；对抗蛇行减振器和车体间的纵向减振器选用摩擦型阻尼特性。

(2) 端部弹性连接结构的选型。根据减振器两端相对运动的形式和受力大小选择端部连接结构的形式和规格。

(3) 活塞行程及外部尺寸的确定。根据减振器所在的部位，考虑最不利的运动工况，对其两端作运动学分析从而确定活塞的最大行程，再根据所选用减振器的吊牌、型号及其固定结构尺寸来确定减振器的安装长度，其直径则从系列尺寸中选取。根据这些尺寸可进行减振器空间位置的布置。

(4) 阻尼率（系数）的设计计算。悬挂系统设计中有两项参数最重要：一个是弹簧的静挠度值，另一个是阻尼率值。弹簧静挠度值应设计得尽可能大，以降低振动系统的自振频率。而阻尼率值过大或过小都不利，它有一个优化值或优化范围，此值与系统的其他参数有关，阻尼优选值需要通过转向架悬挂系统的振动理论分析来获得。设计任务在于：根据此优选值并计及悬挂系统的其他参数计算出所需的阻尼率,并连同上述内容,以完成减振器的参数设计。

液压减振器主要利用液体黏滞阻力所做的负功来吸收振动能量。其优点在于它的阻力是振动速度的函数,振动衰减与幅值大小有关,振动大时,衰减量也大,反之亦然。这种自动调节减振性能,正符合铁路车辆的需求。因此,为了改善动车组的振动性能,广泛采用性能良好的液压减振器。液压减振器根据作用的不同,可分为垂向减振器、横向减振器和抗蛇行减振器,其减振特性也有不同。

3.4.2 液压减振器的设计计算

液压减振器通常由活塞部分、进油阀部分、缸端密封部分、上下连接部分和油液等组成。其工作原理如下:液压减振器的活塞把油缸分成上下两个部分,当车体或转向架振动时,使活塞杆随之运动,与油缸之间产生上下方向的相对位移。活塞上下两部分油液的压差迫使油液流经设置在活塞部分的节流孔产生阻力,起减振作用。

液压减振器按照液流方向可以分为油液单流向减振器和双向往复流动减振器,它们的基本动作都是拉伸和压缩,当活塞杆相对于缸筒做拉伸和压缩运动时,内部的油液通过节流孔,在流动的过程中产生阻力,耗散能量。

1. 工作原理

液压减振器利用液体的黏滞阻力做负功来吸收振动能量。当活塞杆向下运动时,油缸内的液压油将从下腔经节流孔串入上腔,由于液体具有黏性,于是在此串动过程中,节流孔对液体有阻碍作用,就产生了阻力。但与此同时,由于活塞杆本身要占有一定容积,在液压油上腔和下腔之间串动过程中,液压油的体积必须有额外的容积提供补偿,因此油缸外圈设置了起容积补偿作用的隔层。

2. 特性

阻尼力 F 主要取决于阻尼系数(节流孔的大小)q 和相对运动速度 v,如图 3-18 所示。即

$$F = qv$$

圆弹簧和液压减振器通常并联在一起共同工作。在机车车辆上通常可以将整车模型简化为车轮荷重系统来进行研究。最简单的车轮荷重系统如图 3-19 所示。

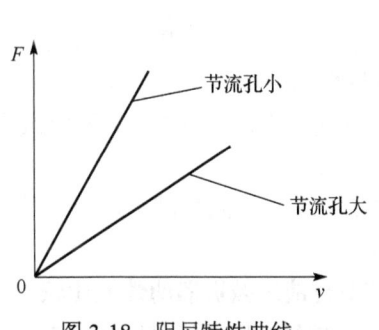

图 3-18 阻尼特性曲线

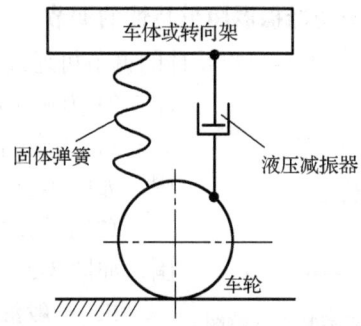

图 3-19 圆弹簧和液压减振器共同工作时的示意图

圆弹簧和液压减振器共同工作的特性由圆弹簧的特性和液压减振器的特性合成而得,如图 3-20 所示。

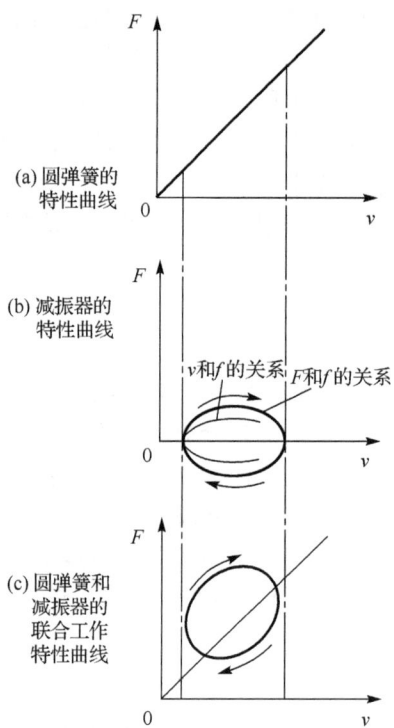

图 3-20　圆弹簧和液压减振器共同工作时的特性

3. 液压减振器的结构

普通液压减振器由活塞、缸筒、活塞阀、进油阀和各种密封圈等组成，在由储油缸和下端头焊接成的减振器外缸筒内装有缸筒、缸底和进油阀。缸筒中有活塞，活塞槽中装有密封胀圈。在活塞中装有由心阀、套阀等组成的活塞阀。带有缸底和进油阀及缸端的缸筒，由螺盖借储油缸端部螺纹压紧在储油缸内。具有梯形断面的密封圈装在缸端中央并为螺盖所压缩。密封圈之下有托垫，托垫由置于缸端上的锥形密封弹簧支持着。弹簧经常压紧在托垫及密封圈，并由于斜面的作用，使密封圈紧抱于活塞杆上。密封圈与活塞杆接触的面为具有锯齿形的刮油环。密封圈由耐油、耐磨的橡胶制成。缸端的 V 形缝隙处装有耐油的橡胶油封圈，以防泄漏。

4. 液压减振器阻尼特性的调节

液压减振器阻尼特性的调节可通过改变心阀上的节流孔的大小及弹簧预压缩量来实现。

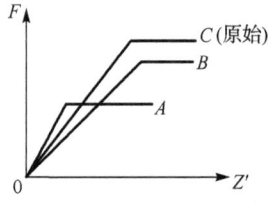

图 3-21　阻尼特性调整图

图 3-21 为液压减振器的阻尼特性调整图。

（1）阀座端面加垫片使节流孔变小，阻尼增大，同时减小工作范围，如图 3-21 的 A 曲线所示。

（2）心阀顶面加垫片使节流孔变大，阻尼减小，同时增大工作范围，如图 3-21 的 B 曲线所示。

5. 一般液压减振器与抗蛇行液压减振器的性能比较

与一般液压减振器相比，抗蛇行液压减振器只是节流孔的结构有所不同，这就造成其节流孔特性发生变化，即抗蛇行液压减振器的卸荷 v_0 远远小于一般液压减振器（图 3-22 和图 3-23）。这样，就有可能同时满足有效抑制蛇形失稳和有利于通过曲线的要求,即当车体相对于转向架,蛇形运动增大时(通常对应于机车车辆在直道上高速运行时),其相对运动速度 v 很容易超过 v_0,使减振器阻尼力 $F=F_{max}$(饱和阻力),产生强大的阻尼作用。

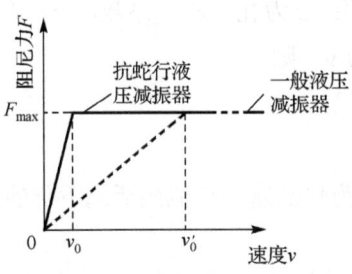

图 3-22 阻力与振动速度的关系

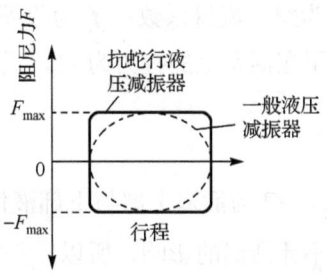

图 3-23 阻力与行程的关系

而当车辆通过曲线时(此时车辆运行速度较低),车体相对于转向架的回转速度 v 较小,且 $v<v_0$,此时减振器阻尼力 F 明显下降,在车体与转向架之间产生的阻力矩较小,使车辆容易通过曲线。

另外,抗蛇行液压减振器一定是纵向安装在车体与转向架之间,所以也常被称为纵向减振器。

6. 液压减振器阻力特性的计算与分析

当减振器拉伸时,阻力的计算简图如图 3-24 所示。计算中做如下假设。

(1)活塞杆相对于压力缸的运动速度很低,在时间间隔 Δt 内,活塞的速度保持不变,则液体的运动为稳定流。

(2)活塞与压力缸之间几乎没有间隙,通过活塞四周的泄漏不计。

(3)当活塞相对于缸筒做相对运动时,机械摩擦力不计。

(4)液体中不含有空气,不可压缩。

对截流面 2-2 和 $f\text{-}f$ 列出伯努利方程

$$\frac{p_2}{\gamma}+\frac{av_2^2}{2g}+H_2=\frac{p_1}{\gamma}+\frac{av_f^2}{2g}+\xi\frac{v_f^2}{2g} \quad (3\text{-}44)$$

式中,p_2 为液面 2-2 处的压力;v_2 为液面 2-2 处的液体相对于节流孔 f_2 的流速;p_1、v_f 为截面 $f\text{-}f$ 的压力和流速;a 为流速不均匀系数;ξ 为局部能量损失的阻力系数;γ 为单位体积的液体质量;H_2 为活塞上部的液体高度。

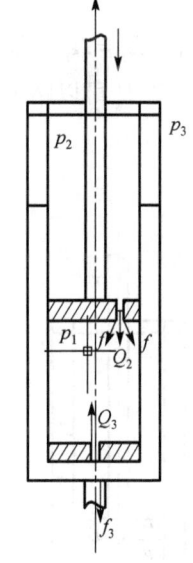

图 3-24 阻力计算简图

式(3-44)中,等号前面的第 2 项和第 3 项与其他各项相比较,可以略去,则得

$$(a+\xi)\frac{v_f^2}{2g}=\frac{p_2}{\gamma}-\frac{p_1}{\gamma}$$

所以

$$v_f=\sqrt{\frac{1}{a+\xi}}\sqrt{\frac{2g}{\gamma}(p_2-p_1)} \quad (3\text{-}45)$$

经过节流孔 f_2 的流量 Q_2 可表示为

$$Q_2 = v_f f_c = v_f f_2 \varepsilon = u_2 f_1 \sqrt{\frac{2g}{\gamma}(p_2 - p_1)} \qquad (3\text{-}46)$$

式中，u_2 为空口流量系数；f_c 为收缩后的孔口截面积；ε 为孔口收缩系数，$\varepsilon = f_c / f_2$。

若作用在活塞上的拉力为 F_e，活塞运动的速度为 v，则

$$F_e = p_2 \Omega_2 - p_1 \Omega_1$$

$$Q = v \Omega_2$$

式中，Ω_2、Ω_1 为活塞上部与下部液体的截面积；Q 为自活塞上部流到活塞下部的总流量。

由于不计泄漏的影响，所以

$$Q = Q_2$$

$$v = \frac{1}{\Omega_2} u_2 f_2 \sqrt{\frac{2g}{\gamma}(p_2 - p_1)} \qquad (3\text{-}47)$$

得

$$p_2 = \frac{F_e + p_1 \Omega_1}{\Omega_2}$$

以 p_2 代入式(3-47)得

$$v = \frac{1}{\Omega_2} u_2 f_2 \sqrt{\frac{2g}{\gamma \Omega_2}(F_e + p_1 \Omega_1 - p_1 \Omega_2)} = \frac{1}{\Omega_2} u_2 f_2 \sqrt{\frac{2g}{r \Omega_2}(F_e + p_1 \Omega_3)} \qquad (3\text{-}48)$$

式中，$\Omega_3 = \Omega_1 - \Omega_2$，实际上就是活塞杆的截面积。$p_1$ 在拉伸时是不大的，所以式(3-48)中 $p_1 \Omega_3$ 相对于 F_e 可以略去不计，这样，拉伸阻力可以近似地表示为

$$F_e = \frac{\Omega_2 \gamma}{2g v_2^2 f_2^2} v^2 \qquad (3\text{-}49)$$

式(3-49)表示拉伸阻力与运动速度的平方成正比，与节流孔面积的平方成反比。

压缩时的计算简图如图 3-25 所示。当活塞在压力 F_e 的作用下向下移动时，液体将自活塞下部经节流孔 f_2 流向活塞上部，同时有一部分多余的液体经下阀孔 f_3 流入储油缸。与拉伸时的情况相仿，由伯努利方程可得经节流孔 f_2、f_3 的流量公式为

$$\begin{cases} Q_2 = u_2 f_2 \sqrt{\dfrac{2g}{\gamma}(p_2 - p_1)} \\ Q_3 = u_3 f_3 \sqrt{\dfrac{2g}{\gamma}(p_2 - p_1)} \end{cases}$$

若作用在减振器上的压缩阻力为 F_c 时，活塞运动速度为 v，则

$$F_c = p_1 \Omega_1 - p_2 \Omega_2$$

$$Q_2 = v \Omega_2$$

$$Q_3 = v \Omega_3$$

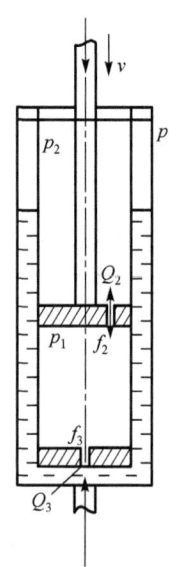

图 3-25 压缩阻力的计算简图

得

$$p_2 = (p_1\Omega_1 - F_c)/\Omega_2 \tag{3-50}$$

$$p_1 = \frac{v^2\Omega_3^2\gamma}{v_3^2 f_3^2}\frac{\gamma}{2g} + p_3 \tag{3-51}$$

代入式 $F_c = p_1\Omega_1 - p_2\Omega_2$ 中得

$$F_c = \frac{\Omega_2^3\gamma}{2Gv_2^2 f_2^2} + \frac{v^2\Omega_3^3\gamma}{2gv_3^2 f_3^2} + p_3\Omega_3 \tag{3-52}$$

与拉伸时相同，$p_3\Omega_3$ 也可以略去，所以压缩阻力的计算公式为

$$F_c = \frac{\Omega_2^3\gamma}{2Gv_2^2 f_2^2} + \frac{v^2\Omega_3^3\gamma}{2gv_3^2 f_3^2} \tag{3-53}$$

比较式(3-52)和式(3-53)可以看到，如果拉伸和压缩时的节流孔 f_3 是相同的，那么式(3-53)可以表示为

$$F_c = F_e + \frac{v^2\Omega_3^3\gamma}{2gv_3^2 f_3^2} \tag{3-54}$$

这就是说压缩阻力要大于拉伸阻力，拉伸和压缩方向的阻力是不对称的。对于双向流动的减振器，如果要使拉伸和压缩方向的阻力特性对称，就必须分别设置拉伸和压缩节流阀，使拉伸和压缩时的节流孔 f_2 不同。

油液单向流动减振器的计算简图如图 3-26 所示，当减振器拉伸时，活塞上的单向阀关闭，油液经节流孔 f 流入储油缸，底阀上的单向阀打开，储油缸的油液补入活塞下部油腔。与前面的分析相似，经过节流孔 f 的流量 Q_e 为

$$Q_e = v\Omega_2 \tag{3-55}$$

式中，v 为活塞运动速度；Ω_2 为活塞上部的油液截面面积。

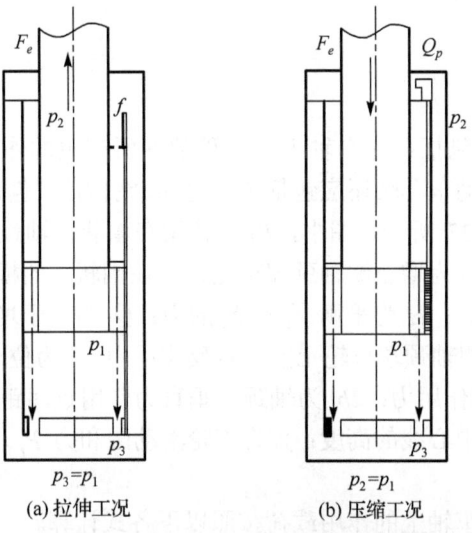

图 3-26　油液单向流动减振器

拉伸阻力与油液双向流动减振器相似,但 f_2 改为 f,即

$$F_e = \frac{\Omega_2^3 \gamma}{2g v_2^2 f^2} v^2 \tag{3-56}$$

当减振器压缩时,活塞上的单向阀开启,底阀上的单向阀关闭,$p_1 = p_2$,此时经过节流孔的流量 Q_c 为

$$Q_c = v(\Omega_1 - \Omega_2) \tag{3-57}$$

式中,Ω_1 为活塞下部油液的截面面积,有 $\Omega_3 = \Omega_1 - \Omega_2$,其中 Ω_3 为活塞杆的截面面积。

压缩阻力为

$$F_c = \frac{\Omega_3^3 \gamma}{2g v_2^2 f^2} v^2 \tag{3-58}$$

由式 $F_e = \frac{\Omega_2^3 \gamma}{2g v_2^2 f^2} v^2$ 和 $F_c = \frac{\Omega_3^3 \gamma}{2g v_2^2 f^2} v^2$ 可见,当 $\Omega_3 = \Omega_2$ 时,$F_e = F_c$。也就是说,如果活塞杆的截面面积等于 1/2 压力缸的截面面积,则阻力具有对称性。实际上,几乎所有的单向流动减振器都具有拉压对称性。

3.5 轮轴结构强度的设计计算

在组成机车车辆的所有零部件中,轮轴是工作条件最恶劣的部件之一,轮轴承担着车辆全部的重量,且在高速轨道上运行时还承受着车辆与线路间相互作用的全部载荷与冲击,轮轴的受力情况很复杂,它直接关系到车辆运行的安全性和可靠性。

3.5.1 车轴的设计与计算

1. 车轴的简化计算

1)车轴上的作用载荷

拖车车轴的载荷主要包括:在车轴上的各种部件所产生的作用力和制动力和制动力矩(包括弯矩和扭矩),对于动车车轴还应包括牵引力和牵引力矩(包括弯矩和扭矩)。

车轴受力状况如图 3-27 所示。图中,P_1 为作用在增载侧轴颈上的垂直力;P_2 为作用在减载侧轴颈上的垂直力;Y_1 为增载侧轴颈端车轮作用在钢轨上的横向力;Y_2 为减载侧轴颈端车轮作用在钢轨上的横向力;H 为平衡 Y_1 和 Y_2 的力;Q_1 为位于增载侧轴颈端车轮上的垂直反作用力;Q_2 为位于减载侧轴颈端车轮上的垂直反作用力;F_i 为位于两车轮间的簧下部分(制动盘、齿轮等)部件施加的作用力;$2b_1$ 为轴颈上垂直力作用点间距离;$2b$ 为车轮滚动圆间距离;h_1 为车体重心距车轴中心线的高度;y_i 为车轮滚动圆和力 F_i 之间的横向距离;r 为车轮滚动圆名义半径。

在静态载荷作用下,车轴上的作用载荷按照以下各式计算。

第 3 章 轨道车辆主要零部件的设计计算

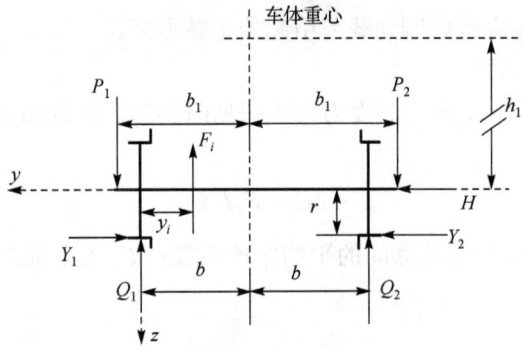

图 3-27 车轴受力状况示意图

$$\begin{cases} P_{1,2} = (0.625 \pm 0.0875 h_1 / b_1) m_1 g \\ Y_1 = 0.35 m_1 g \\ Y_2 = 0.175 m_1 g \\ H = Y_1 - Y_2 = 0.175 m_1 g \end{cases} \quad (3\text{-}59)$$

$$\begin{cases} Q_1 = \dfrac{1}{2b}[P_1(b_1+b) - P_2(b_1-b) + (Y_1-Y_2)r - F_i(2b-y_i)] \\ Q_2 = \dfrac{1}{2b}[P_2(b_1+b) - P_1(b_1-b) - (Y_1-Y_2)r - F_i y_i] \end{cases} \quad (3\text{-}60)$$

2) 车轴上弯曲力矩的计算

(1) 正常运行工况引起的弯矩。

在正常运行工况下,由作用于车轴的载荷,可推导得出作用于车轴的力矩 M_x、M_y 和 M_z,如图 3-28 所示,它们分别是由作用于车轮和制动盘的垂向力、切向力和纵向(水平)力产生的。

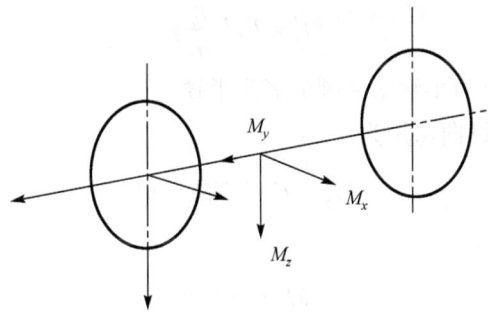

图 3-28 车轴弯矩示意图

在轴颈中心到车轮之间的弯矩为

$$M_x = P_1 y \quad (3\text{-}61)$$

式中,y 为轴颈中心到车轮之间的任一位置。

在两车轮之间的弯矩为

$$M_x = P_1 y - Q_1(y - b_1 + b) + Y_1 r - F_i(y - b_1 + b - y_i) \quad (3\text{-}62)$$

注意这时作用力 F_i 在所考虑横断面的左侧。

除上述作用载荷外还应考虑制动载荷引起的车轴力矩。

（2）制动载荷引起的弯矩。

考虑车轴上装有两个制动盘，其受力弯矩图见图 3-29。在制动盘与轴承垂向加载平面之间，车轴的垂向弯矩为

$$M'_x = F_f \Gamma y \tag{3-63}$$

式中，Γ 为车轮制动闸片和制动盘间的平均摩擦系数；F_f 为车轴上制动盘与制动闸片的接触面作用力。

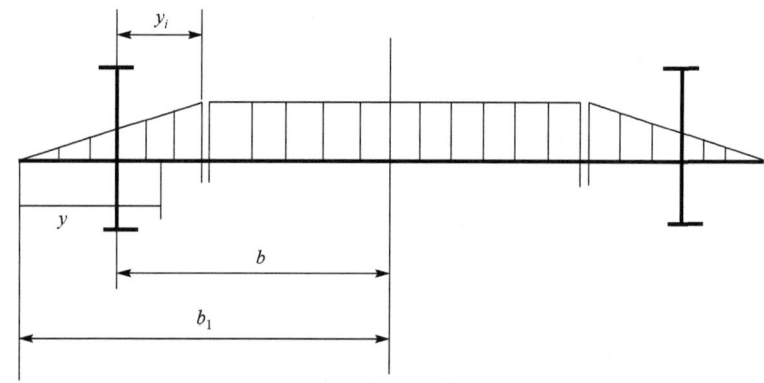

图 3-29　两个制动盘车轴在制动载荷下的受力状况示意图

在两制动盘之间，车轴垂向弯矩为

$$M'_x = F_f \Gamma (b_1 - b + y_i) \tag{3-64}$$

在制动盘与轴承垂向加载平面之间，沿纵向弯矩为

$$M'_z = F_f \Gamma \frac{r_b}{r} y \tag{3-65}$$

式中，r_b 为制动盘半径；r 为车轮滚动圆的名义半径。

在两制动盘之间，沿纵向弯矩为

$$M'_z = F_f \Gamma \frac{r_b}{r} (b_1 - b) \tag{3-66}$$

在两制动盘之间的扭矩为

$$M'_y = 0.3 P r \tag{3-67}$$

$$P = \frac{m_1 + m_2}{2} \tag{3-68}$$

式中，m_1 为每个轮对轴颈上的质量（包括轴承和轴箱质量）；m_2 为轮对质量和轮对滚动面间的质量（制动盘、齿轮等）。m_1 的计算公式为

$$m_1 = 使用质量 + 1.2 \times 有效载荷$$

式中，使用质量指没有乘客、水箱满、砂箱满、燃油箱满等的车辆质量。

有效载荷指包括手提行李估计为 80kg 的一名乘客的质量；一个座位 1 名乘客；每平方米的走廊和门廊 2 名乘客；每个服务员车厢 2 名乘客；行李车厢每平方米 300kg。

3) 车轴应力的合成计算

车轴的合成应力是作用于车轴合成力矩结果的体现。在车轴的任一横断面上，作用的合成力矩 MR 为

$$MR = \sqrt{MX^2 + MZ^2 + MY^2} \tag{3-69}$$

式中

$$\begin{aligned} MX &= M_x + M'_x \\ MZ &= M'_z \\ MY &= M'_y \end{aligned} \tag{3-70}$$

车轴的应力可由弯矩-应力公式求出，即

$$\sigma_i = \frac{M_i}{W_i} \tag{3-71}$$

式中，σ_i 为车轴某一断面的应力值；M_i 为车轴某一断面弯矩值；W_i 为与 M_i 所在截面对应的抗弯模数，$W_i = \frac{\pi}{32} d_i^3$；其中 d_i 是该截面在运用中的最小直径。

法向应力

$$\sigma_n = \frac{32MF}{\pi d^3} \tag{3-72}$$

式中

$$MF = \sqrt{MX^2 + MZ^2}$$

切向应力

$$\sigma_t = \frac{16MY}{\pi d^3} \tag{3-73}$$

通过合成法向和切向应力可得出两个方向上的最大和最小主应力 σ_1 和 σ_2，有

$$\sigma_1 = \frac{\sigma_n + \sqrt{\sigma_n^2 + 4\sigma_t^2}}{2}, \quad \sigma_2 = \frac{\sigma_n - \sqrt{\sigma_n^2 + 4\sigma_t^2}}{2} \tag{3-74}$$

4) 车轴断面直径的简化计算

由于法向应力的绝对值要远大于切向应力（一般大 10~20 倍），所以车轴断面的直径可通过最大应力幅（$\sigma_1 - \sigma_2$）获取，从而求得车轴断面的最小许用直径：

$$\sigma_1 - \sigma_2 = \sqrt{\sigma_n^2 + 4\sigma_t^2} = \frac{32MR}{\pi d^3} \leq [\sigma] \tag{3-75}$$

式中，$[\sigma]$ 为许用应力（MPa）。

以上的计算是针对实心车轴，对空心车轴有如下结论。

对于外表面：

$$\sigma_1 - \sigma_2 = \frac{32MRd}{\pi(d^4 - d'^4)} \tag{3-76}$$

对于内孔：

$$\sigma_1 - \sigma_2 = \frac{32MRd'}{\pi(d^4 - d'^4)} \tag{3-77}$$

式中，d 和 d' 分别表示空心车轴的外径和内径。

5)欧洲车轴疲劳强度的计算方法

根据 EN 13104《铁路应用-轮对和转向架-动轴-设计方法》，车轴的疲劳极限可以根据车轴各部分旋转弯曲的疲劳极限以及钢的等级和驱动扭矩传动方法的设计而确定。

(1)对于实心轴：非过盈配合 200MPa；过盈配合 120MPa。

(2)对于空心轴：非过盈配合 200MPa；除轴颈外的过盈配合 110MPa；轴颈上的过盈配合 94MPa；孔表面 80N/mm²。

只有当车轴采取了良好的保养措施，并确保车轴具有终生抗腐蚀保护的功效时，才可以用上述值。如果对提供抗腐蚀保护有疑问，那么极限应力要除以一个安全系数，这个安全系数一般由设计师和使用单位共同确定。

2. 日本车轴的简化计算方法（永岛-中村的疲劳安全系数法）

1)计算载荷

假定在车体重心上作用有垂直载荷 P 和侧向力 H。若轴重为 P_i，则有

$$\begin{cases} P = (1+K_d)P_i \\ H = K_h P_i \end{cases} \tag{3-78}$$

式中，K_d、K_h 为垂直和侧向力动荷系数，一般分别取 0.7 和 0.5。

对于装有电机传动齿轮的动力轴，除考虑两种载荷外，还要考虑驱动装置作用在车轴上的载荷。而这种载荷必然产生扭矩，从而引起车轴的扭转应力。

2)计算简图

车轴的计算简图如图 3-30 所示。图中各符号的意义如下。

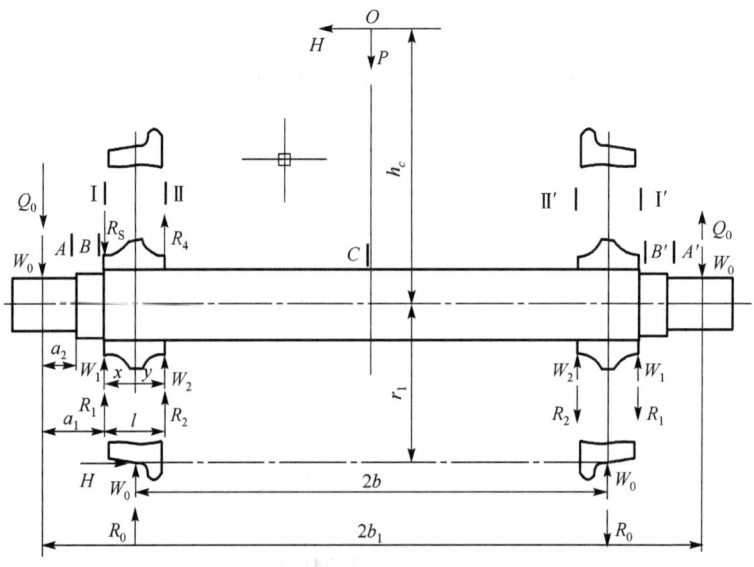

图 3-30 车轴计算简图

$2b$ 为两车轮滚动圆之间的距离；$2b_1$ 为轴颈中心线之间的距离；a_1 为轴颈中心至轴颈后

肩的距离；a_2 为轴颈中心至轮毂外缘的距离；l 为轮毂长度；x、y 为滚动圆至轮毂外缘及内缘的距离；h_c 为车体重心至轮轴中心线的高度；r_0 为车轮名义半径。

垂直载荷 P 作用到轴颈中心上的载荷等于车轮的支反力，即

$$W_0 = \frac{P}{2} = \frac{1}{2}(1+K_d)P_i \tag{3-79}$$

侧向力引起左、右轴颈中心的增、减载 Q_0，同时引起左、右车轮的垂直增、减支反力 R_0，其值各为

$$Q_0 = \frac{Hh_c}{2b_1} = \frac{K_h h_c}{2b_1}P_i \tag{3-80}$$

$$R_0 = \frac{h_c+r_0}{2b}H = \frac{h_c+r_0}{2b}K_h P_i$$

车轮支反力按与坐标 x、y 方向分解为 W_1、W_2、R_1、R_2，作为车轴的支反力作用在截面 Ⅰ、Ⅱ、Ⅰ′、Ⅱ′ 处轮毂端面上。即

$$W_1 = \frac{y}{l}W_0, \quad W_2 = \frac{x}{l}W_0 \tag{3-81}$$

$$R_1 = \frac{y}{l}R_0, \quad R_2 = \frac{x}{l}R_0 \tag{3-82}$$

在侧向力 H 作用下，处于曲线外侧的左轮缘的水平反力值也等于 H。它使左轮毂端面 Ⅰ 和 Ⅱ 上产生一个力偶矩，其值为

$$R_3 = \frac{r_0}{l}H = \frac{K_h r_0}{l}P_i, \quad R_4 = -R_3 \tag{3-83}$$

如果是动轴，还要考虑牵引电机经牵引电机齿轮传动装置作用在车轴上的载荷。这种载荷随牵引电机悬挂方式的不同而异。

3) 弯矩和弯曲应力的计算

按图 3-30 计算如下截面的弯矩和弯曲应力：轴颈后肩处截面 A，防尘板座处截面 B，轮毂外缘处截面 Ⅰ，轮毂外缘处截面 Ⅱ 和车轴中央处截面 C。对于动轴，除计算上述截面的弯矩、扭矩、弯曲应力和扭转应力外，还要计算齿轮座部位某些截面的应力。

弯曲应力 σ_b 和扭转应力 τ 的计算公式为

$$\begin{cases} \sigma_b = M/W_b \\ \tau = \dfrac{T}{W} \end{cases} \tag{3-84}$$

式中，M、T 为计算截面的弯矩和扭矩(N·mm)；W_b、W 为计算截面的抗弯和抗扭模数。

$$W_b = \frac{\pi d^3}{32}, \quad W = \frac{\pi d^3}{16} \tag{3-85}$$

式中，d 为计算截面运用时的最小直径(mm)。

4) 计算疲劳安全系数 n

$$n = \frac{1}{\sqrt{\left(\dfrac{\sigma_b}{\sigma_{wb}}\right)^2 + \left(\dfrac{\tau}{\tau_b}\right)^2}} \tag{3-86}$$

式中，σ_{wb} 为仅受交变弯曲应力作用时的弯曲疲劳极限即 σ_{-1}(MPa)；τ_b 为仅受扭转应力作用时的扭转弹性极限(MPa)。具体数值可参见相关资料。

所计算的疲劳安全系数 n 应大于 1.0 以上，此时可保证车轴的寿命达 20 年(或走行 100 万千米以上)。

3.5.2 车轴强度计算示例

CRH$_2$ 动车组非动力车轴按照 JIS-E 4501 和 JIS-E 4502 标准进行设计和制造。为了提高车轴的疲劳可靠性，采用高频淬火热处理和滚压强化工艺。为了保证强度的同时减轻质量，轮对的车轴采用空心车轴，孔径为 60mm，轴颈直径为 130mm。其他参数为：m_1=12400kg，h_1=1055mm，b=1000mm，s=747mm，R=430mm，y_1=393mm，y_2=1093mm。

为了研究 CRH$_2$ 动车组运行的安全性和可靠性，下面按照欧洲的 EN 1304 和日本 JIS-E 4501 标准，对该车轴进行疲劳强度分析。

1. 基于欧洲标准的强度分析

恒幅疲劳载荷作为设计和计算载荷来考察动车组车轴的服役寿命，同时，这些载荷是车轴服役期变幅载荷的等效强化载荷。车轴所承受的各种载荷均产生于动车组的运行或制动。

CRH$_2$ 动车组拖车车轴的结构如图 3-31 所示。为了计算和说明方便，在车轴上划分了 11 个截面，进行了编号。各截面尺寸变化处的应力集中系数见表 3-2。考虑各截面的应力集中系数，CRH$_2$ 动车组拖车车轴各截面弯矩和应力计算结果见表 3-3。

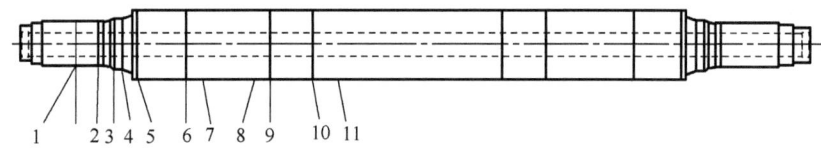

图 3-31 CRH$_2$ 动车组拖车车轴的结构和计算截面

表 3-2 各截面尺寸变化处的应力集中系数

截面号	y/mm	d/mm	D/mm	r/mm	k
1 轴颈	67.0	129.6	130.0	40.0	1.0003
2 轴颈	82.8	129.6	138.6	40.0	1.0057
3 防尘座	105.6	138.6	152.0	60.0	1.0029
4 防尘座	140.3	152.0	162.2	42.0	1.0073
5 轮座	165.0	162.2	190.0	10.0	1.1626
6 轮座	329.0	196.0	192.0	0.0	1.0000
7 轴身	344.4	192.0	240.0	60.0	1.0208
8 轴身	550.5	192.0	243.0	200.0	1.0000

续表

截面号	y/mm	d/mm	D/mm	r/mm	k
9 轴盘座	585.0	198.0	192.0	0.0	1.0000
10 轴盘座	715.0	198.0	192.0	0.0	1.0000
11 轴身	749.5	192.0	243.0	200.0	1.0000

表 3-3 CRH_2 动车组拖车车轴各截面弯矩和应力计算结果

截面号	M_x/(kN·mm)	M_y/(kN·mm)	M_z/(kN·mm)	M_R/(kN·mm)	σ_{sur}/MPa	σ_{bore}/MPa
1 轴颈	6567.2	0.0	589.2	6593.6	32.3	15.0
2 轴颈身	8115.9	0.0	728.2	8148.5	40.2	18.6
3 防尘座	10350.7	0.0	928.7	10392.3	41.3	17.9
4 防尘座	13751.9	0.0	1233.9	13807.1	41.3	16.3
5 轮座	16172.9	0.0	1451.1	16237.9	45.9	17.0
6 轮座	42918.2	18705.0	2229.5	46870.2	64.0	19.6
7 轴身	42873.7	18705.0	2229.5	46829.5	69.5	21.7
8 轴身	42278.4	18705.0	2229.5	46285.1	67.3	21.7
9 轴盘座	42178.8	18705.0	2229.5	46194.1	61.1	18.5
10 轴盘座	41425.3	18705.0	2229.5	45507.1	60.2	18.2
11 轴身	41132.4	18705.0	2229.5	45240.7	65.7	20.5

由表 3-3 可知，CRH_2 动车组拖车车轴各截面弯矩和应力计算结果：①无装配区，最大应力为 69.5MPa，出现在车轴截面 7，即车轴左侧轮座右侧圆弧过渡处，该应力值低于无装配区疲劳许用应力(154MPa)；②装配区，轮座和轴盘座等有装配区的应力最大值分别是 64MPa 和 61.1MPa，均低于有装配区疲劳许用应力(85MPa)；③轴颈处的应力为 32.3MPa，低于轴颈处疲劳许用应力(72MPa)；④车轴内表面的最大应力为 21.7MPa，出现在截面 7 和 8 处，即车轴左侧轮座和轴盘座左、右侧圆弧过渡处，该应力值低于车轴内表面许用应力(62MPa)，故 CRH_2 动车组拖车车轴的疲劳强度满足要求。

2. 基于 JIS 标准的强度分析

在我国，动车组实际运行线路既有改造线路又有高速线路，所以在速度选取时，考虑实际运行线路的影响，取速度分别为 200km/h 和 160km/h 计算。按照日本 JIS-E 4501—2001《铁道车辆车轴强度设计方法》，根据 CRH_2 动车组拖车车轴疲劳强度计算参数，计算所得载荷值和应力分别见表 3-4 和表 3-5。

表 3-4 CRH_2 动车组拖车车轴载荷计算结果

v/(km/h)	α_v	α_L	W/kN	P/kN	Q_0/kN	R_0/kN
200	0.540	0.20	121.5	24.3	12.8	24.2
160	0.432	0.23	121.5	28.2	14.9	28.0

表 3-5 CRH_2 动车组拖车车轴载荷计算结果

v/(km/h)	M_1/(kN·mm)	M_2/(kN·mm)	M_3/(kN·mm)	σ_{sur}/MPa	σ_{bore}/MPa	n_{sur}	n_{bore}
200	15402.7	8137.4	12775.4	49.8	15.3	2.95	9.64
160	15402.7	6653.9	14819.4	50.4	15.4	2.91	9.54

CRH_2 动车组拖车车轴材料 S38C，采用高频淬火热处理和滚压工艺，根据 JIS-E 4502 取车轴的疲劳许用应力为 147MPa，可见，按照日本标准，该车轴满足设计要求。

3. 欧洲标准 EN 13104 和日本 JIS-E 4501—2001 对比分析

按照欧洲标准 EN 13104 和日本 JIS-E 4501—2001《铁道车辆车轴强度设计方法》，计算出来的 CRH_2 动车组拖车车轴应力情况有很大的不同。

(1) 在这两个标准中，车轴计算的部位选择不同。欧洲标准 EN 13104 把空心车轴划分为轴颈、各种座（包括轮座、制动盘座等）、轴身和车轮内表面 4 个部分，考虑到安全可靠的需要，各个部分的许用应力和安全系数设定都不同。而日本 JIS-E 4501—2001《铁道车辆车轴强度设计方法》仅考虑车轴轮座部位的疲劳强度计算，其余部位没有要求。

(2) 在这两个标准中，车轴计算载荷的确定和弯矩的合成不同。欧洲标准 EN 13104 中，载荷确定与轴重、簧下质量、车辆重心高度、轴颈上垂向力作用点间距等有关，弯矩计算与载荷、制动方式等相关，弯矩的合成采用同类弯矩求和、各种类型弯矩平方和相加再开方的方法，应力计算与叠加弯矩、车轴各截面的几何应力集中系数等相关。而日本 JIS-E 4501—2001《铁道车辆车轴强度设计》方法中，载荷的确定与轴重、簧下质量、车辆运行线路等级、车辆运行速度、车辆重心高度等相关，弯矩计算与载荷、车辆运行线路等级、车辆运行速度等相关，弯矩的合成采用相加求和的方法，应力的计算与合成弯矩、车轴的应用等相关。

(3) 在这两个标准中，车轴的热处理不同，许用应力的大小相差大。这两个车轴设计标准中，对材料的化学成分要求相差不大，但是在热处理方面，欧洲标准 EN 13104 中对车轴的热处理多是退火处理，而日本 JIS-E 4501—2001《铁道车辆车轴强度设计方法》中，对车轴的热处理要求较低的是正火或正火回火，要求较高的是淬火回火、特定部位高频淬火，因此，在日本标准中，车轴的许用应力值较大。

(4) 车轴计算结果有较大差异。根据两个标准得到的计算结果可知，在轮座部位，采用欧洲标准 EN 13104 计算得到的应力值比采用日本标准的大 14MPa 左右。

3.6 轴箱结构强度的设计计算

3.6.1 轴箱装置载荷工况及评价指标

轴箱安装在车轴两端轴颈上，其作用是将轮对和构架联系在一起。轴箱装置通常由轴箱体、轴箱压盖、轴箱前盖、轴箱后盖、轴承、橡胶弹性定位节点等部件组成。

现有标准文件和计算规程中对于轴箱载荷工况最有针对性的指导文献为 UIC 615-4、UIC 515-5—1994 和 EN 12802—1998。根据标准和相关研究文献，将基本载荷工况分为 3 类，分别为超常载荷、模拟运营载荷及特殊运营载荷。

1. 超常载荷

超常载荷为车辆自新造直至退役整个运行时期内出现次数较少，但有发生可能性的极限载荷。轴箱在此类载荷的作用下不应破坏失效，不可发生永久性变形，较大的变形位移也是不允许的。其中，垂向载荷为

$$F_{zab\max} = \frac{1.4(P - m_w)}{2} g \tag{3-87}$$

式中，P 为车辆的轴重(kg)；m_w 为轮对质量(kg)；g 为重力加速度，取 $9.81 m/s^2$；1.4 为增载系数，UIC 615-4 指出，若运行条件特别恶劣，可提升至 2。

横向载荷为

$$F_{yw\max} = 0.5\left(10^4 + \frac{P}{3}g\right) \quad (3\text{-}88)$$

式中，10^4 为标准规定值，单位为 N。

纵向菱形载荷为

$$F_{x1,2,l\max} = \pm(4F_{zab} + 2m_w g) \quad (3\text{-}89)$$

纵向冲击载荷为

$$F_{x1,2\max} = \pm 5 m_w g \quad (3\text{-}90)$$

减振器载荷为

$$F_{d\max,ab} = \pm 1.5 F_d \quad (3\text{-}91)$$

式中，F_d 为减振器在规定的速度下产生的力，该力的大小在使用过程中会使得结构产生疲劳失效。

牵引、制动载荷为

$$F_{\text{trac},ab\max} = \pm \frac{1.3 F_{\text{trac,motor}\max}}{2} \quad (3\text{-}92)$$

$$F_{\text{brake},ab\max} = \pm \frac{1.3 F_{\text{brake,axle}\max}}{2} \quad (3\text{-}93)$$

式中，$F_{\text{trac, motor max}}$ 为每个牵引电机在运行过程中所能提供的最大牵引力；$F_{\text{brake, ab max}}$ 为每根车轴在运行过程中所能提供的最大制动力。

脱轨工况载荷为

$$F_{\text{drail}} = (P - m_w)g \quad (3\text{-}94)$$

超常载荷工况用以计算评定轴箱的静强度，根据 UIC 和 EN 标准中关于构架的评定工况组合以及轴箱自身的受力情况编制轴箱体静强度计算工况组合方法如表 3-6 所示。

表 3-6 轴箱体静强度计算工况组合

	F_z	F_y	F_x	F_{damp}	F_{trac}	$F_{\text{brake},ab}$
LC01	$-F_{zba\max}$	—	—	—	—	—
LC02	$-F_{zba\max}$	$+F_{yw\max}$	—	—	—	—
LC03	$-F_{zba\max}$	$-F_{yw\max}$	—	—	—	—
LC04	$-F_{zba\max}$	—	$\pm F_{x1,2,l\max}$	—	—	—
LC05	$-F_{zba\max}$	—	$\mp F_{x1,2,l\max}$	—	—	—
LC06	$-F_{zba\max}$	—	$+F_{x1,2,\max}$	—	—	—
LC07	$-F_{zba\max}$	—	$-F_{x1,2,\max}$	—	—	—
LC08	$-F_{zba\max}$	—	—	$+F_{d,ab\max}$	—	—
LC09	$-F_{zba\max}$	—	—	$-F_{d,ab\max}$	—	—
LC10	$-F_{zba\max}$	—	—	—	$+F_{\text{trac},ab\max}$	—
LC11	$-F_{zba\max}$	—	—	—	$-F_{\text{trac},ab\max}$	—
LC12	$-F_{zba\max}$	—	—	—	—	$+F_{\text{brake},ab\max}$

续表

	F_z	F_y	F_x	F_{damp}	F_{trac}	$F_{\text{brake},ab}$
LC13	$-F_{zba\max}$	—	—	—	—	$-F_{\text{brake},ab}$
LC14	$-F_{\text{drail}}$	—	—	—	—	—
LC15	$-F_{zba\max}$	$+F_{yw\max}$	$+F_{x\max}$	—	—	—
LC16	$-F_{zba\max}$	$+F_{yw\max}$	$-F_{x\max}$	—	—	—
LC17	$-F_{zba\max}$	$-F_{yw\max}$	$-F_{x\max}$	—	—	—
LC18	$-F_{zba\max}$	$-F_{yw\max}$	$+F_{x\max}$	—	—	—

上述为轴箱体静强度评估的工况组合，只要在所有工况下轴箱体最大等效应力不超过结构材料的屈服极限即可认为轴箱静强度符合设计要求。

2. 模拟运营载荷

模拟运营载荷用以模拟车辆在运行过程中可能出现的主要运行载荷，主要为作用在结构上的横向力、垂向力等载荷。在此类载荷作用之下，轴箱体结构不应产生疲劳裂纹。其中，垂向载荷为

$$F_{zab} = \frac{P - m_w}{2} g \tag{3-95}$$

横向载荷为

$$F_{yw} = \frac{Pg}{8} \tag{3-96}$$

纵向菱形载荷为

$$F_{x1,2,l} = \pm 0.1 Pg \tag{3-97}$$

减振器载荷为

$$F_{d,ab} = \pm Fd \tag{3-98}$$

牵引制动载荷为

$$F_{\text{trac},ab} = \pm \frac{1.1 F_{\text{trac,motormax}}}{2} \tag{3-99}$$

$$F_{\text{brake},ab} = \pm \frac{1.1 F_{\text{brake,axlemax}}}{2} \tag{3-100}$$

3. 特殊运营载荷

特殊运营载荷也可称为附加载荷，主要用以模拟与结构相连的其他组件对结构产生的载荷，对于轴箱，主要是一系减振器阻尼力对轴箱结构的作用。

相关标准规定结构在模拟运营载荷下全寿命周期内不能产生疲劳裂纹，故而可使用模拟运营载荷作为疲劳强度评估的载荷，制定疲劳强度评定载荷工况如表 3-7 所示。

表 3-7 轴箱体疲劳强度计算工况组合

	F_z	F_y	F_x	F_{damp}	F_{trac}	F_{brake}
LC01	$-F_{zba}$	—	—	—	—	—
LC02	$-(1+\alpha+\beta)F_{zba}$	—	—	—	—	—

续表

	F_z	F_y	F_x	F_{damp}	F_{trac}	F_{brake}
LC03	$-(1+\alpha+\beta)F_{zba}$	$+F_{yw}$	—	—	—	—
LC04	$-(1-\alpha-\beta)F_{zba}$	—	—	—	—	—
LC05	$-(1-\alpha-\beta)F_{zba}$	$-F_{yw}$	—	—	—	—
LC06	$-F_{zba}$	—	$\pm F_{x1,2,l}$	—	—	—
LC07	$-F_{zba}$	—	$\mp F_{x1,2,l}$	—	—	—
LC08	$-F_{zba}$	—	—	$+F_{d,ab}$	—	—
LC09	$-F_{zba}$	—	—	$-F_{d,ab}$	—	—
LC10	$-F_{zba}$	—	—	—	$+F_{trac,ab}$	—
LC11	$-F_{zba}$	—	—	—	$-F_{trac,ab}$	—
LC12	$-F_{zba}$	—	—	—	—	$+F_{brake}$
LC13	$-F_{zba}$	—	—	—	—	$-F_{brake}$

垂向载荷在组合工况中出现了系数 α 和 β，分别为侧滚和浮沉运动对于垂向力的动态增减载作用，$\alpha=0.1$，$\beta=0.2$。在诸多标准和文献中将两系数的正负号进行了全排列，分别进行计算，但考虑两者符号相同时为极限工作形式，故而只取两系数同号作为疲劳强度计算工况中的组成部分。

根据表 3-7 中的工况组合求得各工况下的应力结果，利用多轴应力转化为单轴应力的工程方法进行应力转化，而后取所有节点平均应力和应力幅到 Goodman 包络曲线图中评定疲劳强度。

4. 轴箱体螺纹紧固件预紧力处理方法

轴箱上的螺纹紧固件会对轴箱体本身的受力产生影响，一般借由公称直径 d 和力矩系数 k_t 将紧固力矩 T 转化为沿螺纹方向的紧固力进行加载计算。

$$F' = T/(k_t d) \tag{3-101}$$

式中，k_t 为平均可取为 0.2。

3.6.2 轴箱结构强度有限元计算实例

采用 ANSYS 软件计算 CW350(D) 型动车转向架轴箱结构强度。参考 UIC 615-4 确定计算载荷和强度评估方法，对其进行静强度和疲劳强度评估。

1. 有限元离散模型

CW350(D) 型动车转向架轴箱为整体铸钢件，材质为球墨铸铁。采用实体单元(Solid92)建立有限元模型，共离散为 150326 个单元，246389 个节点，有限元离散模型如图 3-32 所示。

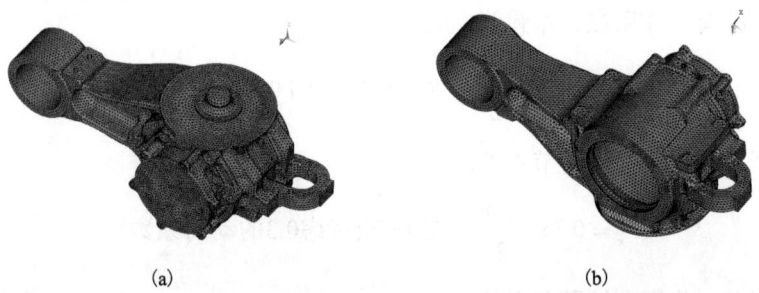

(a)　　　　　　　　　　(b)

图 3-32　轴箱结构有限元模型

2. 计算载荷与边界条件

1) 超常载荷

作用在轴箱上的载荷有如下 4 类。

(1) 垂向静载荷，作用在一系簧座处：

$$F_{z1} = 0.5 \times 轴重$$

(2) 垂向动载荷，作用在一系簧座处：

$$F_{z2} = 0.5 \times 轴重(考虑1.0的动荷系数)$$

(3) 垂向总载荷，作用在一系簧座处：

$$F_z = F_{z1} + F_{z2} = 2 \times 0.5 \times 轴重 = 17 \times 9.8 = 166.6(\text{kN})$$

(4) 纵向载荷，作用在转臂节点处。

由构架纵向冲击载荷

$$F_{x\max} = 5g \cdot 转向架质量 = 5g \times 8600 = 421.4(\text{kN})$$

得出转臂节点处的纵向载荷为

$$F_x = F_{\text{impact}}/4 = 105.4(\text{kN})$$

横向载荷，作用在转臂节点处：

$$F_{y\max} = 2 \times \left[10^4 + \frac{(M_V + C_1)g}{3n_b n_e} \right] = 135.5(\text{kN})$$

由构架横向超常载荷，得出转臂节点处的横向载荷(考虑一侧受载)为

$$F_y = F_{y\max}/2 = 67.8\text{kN}$$

一系垂向减振器载荷，作用在安装座处：

$$F_{qz} = 13.7 \times 1.2 = 16.4\text{kN}(考虑1.2倍的安全系数)$$

注：此处轴重取 17t。

2) 超常载荷组合工况

将上述 4 种单独超常载荷叠加，得到轴箱上的超常载荷组合工况。

3) 运营载荷

作用在轴箱上的载荷有如下 4 类。

(1) 垂向动载荷，作用在一系弹簧座处：

$$F_z = 1.0 \times \frac{轴重}{2} = 83.3\text{kN}(考虑1.0的动荷系数)$$

(2) 纵向载荷，作用在转臂节点处：

$$F_x = 0.3 \times \frac{轴重}{2} = 25.0\text{kN}(考虑0.3的动荷系数)$$

(3) 横向载荷，作用在转臂节点处：

$$F_y = 0.3 \times \frac{轴重}{2} = 25.0\text{kN} \ (考虑 0.3 的动荷系数)$$

(4) 一系垂向减振器载荷，作用在安装座处：

$$F_{qz} = 13.7\text{kN}$$

4) 运营载荷组合工况

将上述 4 种单独运营载荷叠加，得到轴箱上的运营载荷组合工况。

5) 约束条件

在轴心线上施加三向约束，即 $U_x = U_y = U_z = 0$。

3. 材料参数

表 3-8 给出了该转向架轴箱用材 EN-GJS-400-18-LT 的机械性能及其用于静、动强度评估的许用应力。

表 3-8　EN-GJS-400-18-LT 的机械性能和许用应力表

性能分类 材料种类	EN-GJS-400-18-LT
抗拉强度 S_b	400
屈服强度 S_s	220
超常载荷许用应力/MPa	220
运用载荷许用应力/MPa	145 (1)
疲劳许用应力/MPa	70 (2)

注：(1) 许用应力安全系数取 1.5；

(2) 参照 AAR 标准中 B 级铸钢取值，疲劳降低系数 k_f 取 2.0 (中等缺陷 k_f=1.5～2.0)。

4. 轴箱静强度与疲劳强度评估方法

(1) 静强度评估方法。在超常载荷各单独载荷及组合载荷工况下，结构各处的应力均应小于相应材料的许用应力。

(2) 疲劳强度评估方法。在模拟运营载荷作用下，各工况交变载荷的组合所产生的应力幅值应小于材料的疲劳许用应力。

5. 轴箱应力计算结果

1) 超常载荷下应力的计算结果

在轴箱模型上施加超常载荷，计算该载荷及其组合工况下的轴箱结构应力。图 3-33 给出了应力计算结果云图。可见，在超常载荷组合工况下，轴箱上的最大应力出现在轴箱中部铸造圆角，为 173.2MPa。

2) 模拟运营载荷下应力的计算结果

在结构模型上分别施加垂向动载荷、纵向载荷、横向载荷以及减振器载荷，即可得到整个轴箱转臂的动应力幅值，见图 3-34。可见，在运营载荷组合工况下，轴箱上的最大应力出现在轴箱中部铸造圆角，幅值为 60.0MPa。

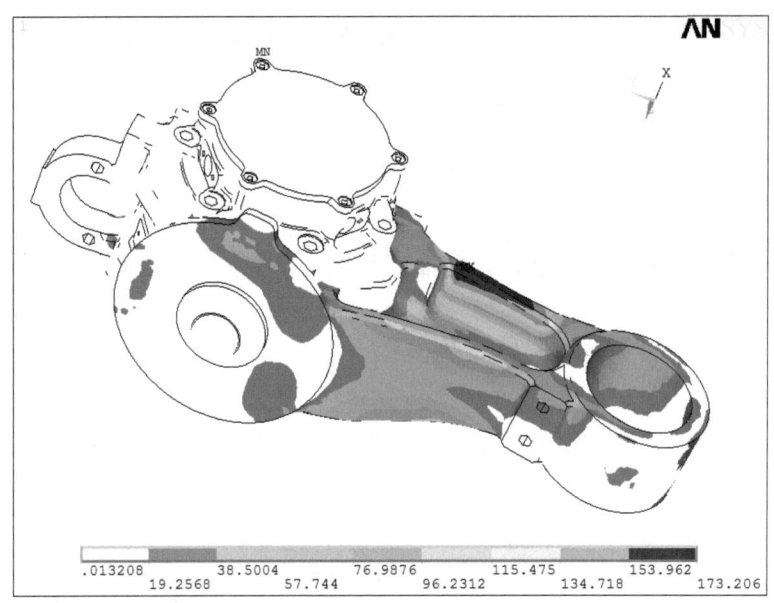

(a)

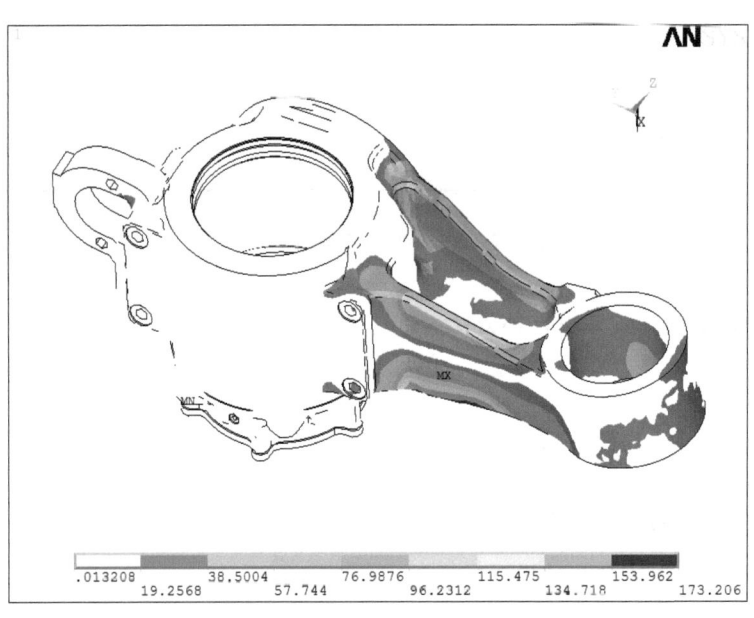

(b)

图 3-33　超常载荷组合载荷工况：轴箱整体应力云图

6. 轴箱静强度与疲劳强度评估

1) 静强度评估结果

在超常载荷组合工况下，轴箱上的最大应力出现在轴箱中部铸造圆角，为 173.2MPa，该应力小于超常载荷下轴箱用材球墨铸铁 EN-GJS-400-18-LT 的许用应力(220MPa)，因此该轴箱静强度满足要求。

第 3 章 轨道车辆主要零部件的设计计算

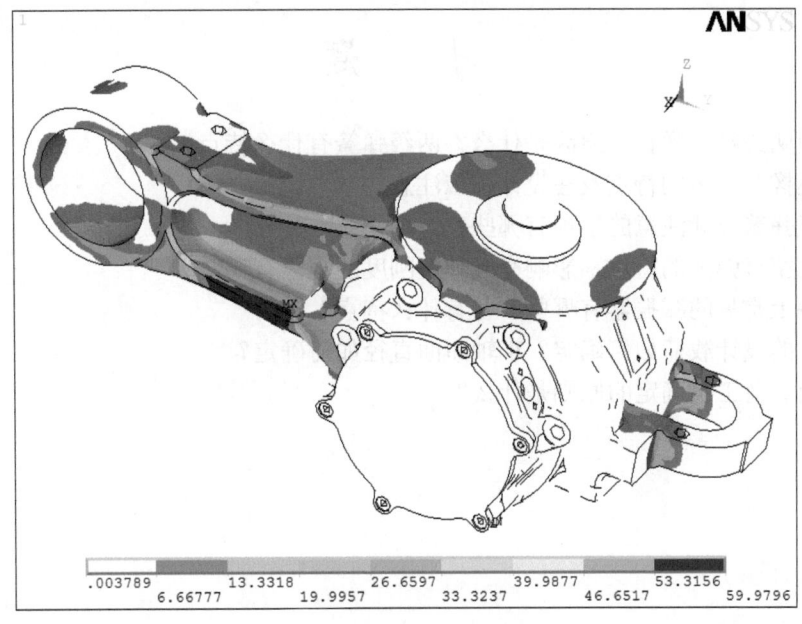

图 3-34 运营载荷组合载荷工况：轴箱整体动应力幅值云图

2) 疲劳强度评估结果

在运营载荷组合工况下，轴箱上的最大应力也出现在轴箱中部铸造圆角，幅值为 60.0MPa，该应力小于轴箱用材球墨铸铁 EN-GJS-400-18-LT 的许用疲劳应力 (70MPa)，轴箱疲劳强度满足要求。

习 题

1. 采用两级刚度弹簧的原因是什么？两级弹簧有什么特点？
2. 简述橡胶弹簧的特点及在设计中应注意的事项。
3. 空气弹簧设计注意的事项有哪些？
4. 简述空气弹簧的特点。影响空气弹簧刚度的因素有哪些？
5. 车辆上常见的减振器有哪些？各有什么特点？
6. 轮轴的设计载荷如何确定？车轴断面直径如何确定？
7. 轴箱载荷工况确定的原则是什么？

第4章 轨道车辆运动学及运行性能的计算

车辆在线路上运行时,它与轨道之间的联系通过轮轨接触关系来实现。因此,轮轨关系在车辆/轨道系统中起一种纽带作用,它将车辆和轨道联系起来,使二者具有相互作用、相互影响的关系。轮轨关系在一定程度上决定了铁道车辆的运行性能。

本章主要介绍车辆重心位置和重量均衡的计算、车辆运动学及动力性能的计算。车辆的重心高度也直接影响其运行的平稳性和稳定性。车体偏重会引起转向架弹簧受力不均,车体发生倾斜,车辆动力性能变坏,因此设计车辆时,特别是设计客车时,保证车辆前后和左右的重量均衡是十分必要的。为进一步揭示车辆系统的振动特征如蛇形运动以及车辆运行安全性等问题,必须综合考虑车辆系统的横向和垂向振动特性,因此本章也简要介绍车辆系统横向和垂向振动的计算分析。

4.1 车辆重心位置及重量均衡计算

车辆重量的分布将对车辆的重量评价指标产生决定性的影响,而安装在车体上诸多机器的配置决定了车辆重量的分布。因此,机器的配置是车辆重量评价指标的决定性因素,是轨道车辆设计时的重要参考依据。

车辆重心位置及纵向、横向的重力均衡将直接影响到车辆的整体性能及运营安全;车辆重心位置偏移,会导致车辆轮重的不平衡;左右平衡差较大时,倾覆界限性能降低;前后纵向的平衡差较大时,容易导致加速时空转、制动时滑行;重心高度较高,则由于通过曲线时的离心力作用,车体会向外侧倾斜,或是在曲线停车时向内侧的倾斜较大,导致车体不稳定。因此,在车辆设计过程中,重心及重量均衡计算是设备配置的重要参考依据。

4.1.1 车辆重心位置计算

车辆垂直静载荷、离心惯性力和制动惯性力的合力等作用在车辆重心上,车辆的重心高度也直接影响其运行的平稳性和稳定性,因此确定车辆的重心位置是十分必要的。

对于大多数对称的车辆结构,车辆重心应处在车体纵、横二垂直对称面的交线上,因此确定重心位置,只需计算其距轨面的垂直高度,即确定车辆的重心高。

对于一般车辆,其结构是对称的,装载的货物也认为是对称的,重心高的计算公式如下(参看图 4-1):

$$h = \frac{\Sigma(T_i h_i) + G h_0}{T + G} \tag{4-1}$$

式中,h 为重载车辆重心距轨面高(m);h_i 为车辆各部件重心距轨面高(m);h_0 为所装货物重心距轨面高(m);T_i 为车辆各部件的质量(t);T 为车辆自重(t);G 为所装货物的质量(计算转向架重心时,无此值)(t)。

如果车辆的部件很多,可以用以下的列表方法进行计算(表4-1)。

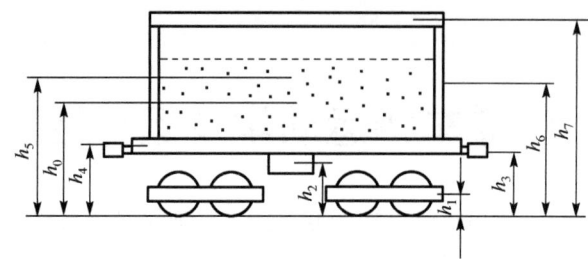

图 4-1 车辆重心计算高度简图

表 4-1 车辆重心计算表

顺序	部件名称	每辆车件数	部件质量/t	重心距轨面高/m	重量矩/(t·m)
1	转向架	2	T_1	h_1	$T_1 h_1$
2	制动装置	1	T_2	h_2	$T_2 h_2$
3	牵引缓冲装置	2	T_3	h_3	$T_3 h_3$
4	底架	1	T_4	h_4	$T_4 h_4$
5	侧墙	2	T_5	h_5	$T_5 h_5$
6	端墙	2	T_6	h_6	$T_6 h_6$
7	车顶	1	T_7	h_7	$T_7 h_7$
8	车辆自重 货物重量		$\Sigma T_i = T$ G	h_0	$\Sigma T_i h_i$ $G h_0$
	总计		$T+G$	h	$\Sigma T_i h_i + G h_0$

如果是非对称的车辆结构，重心的位置偏于车辆的一侧或一端，则还应确定车辆重心在水平面的位置，其计算方法和上述类似。

4.1.2 车体重量均衡计算

车体偏重会引起转向架弹簧受力不均，车体发生倾斜，车辆动力性能变坏，因此设计车辆时，特别是设计客车时，一定要注意车辆前后和左右的重量均衡。

车辆偏重主要是车内设备(采暖锅炉、卧铺、间壁、车内水箱、餐车炉灶等)和车下悬挂设备(制动装置、车电和空调装置的车下部件、车下水箱等)的分布不均，以及货物装载不当引起的。在车辆总体设计时，要对车辆重量大的设备进行合理布置，并作重量均衡的概略计算。

计算的方法是：以车体纵、横两个中心线为参考轴(x 轴和 y 轴)，把引起重量不均衡的那些部件、内部设备和悬挂物的重量对参考轴取矩，看是否能得到约略的平衡，即 $\Sigma T_i x_i$ 和 $\Sigma T_i y_i$ 是否接近于零(x_i、y_i 为第 i 个部件重心的坐标，具有正负号)，若不平衡，则应对一些设备的位置作适当的调整，以达到接近平衡。

在进行位置调整时，应注意尽量缩短气、水管路和电气导线的长度，要防止车下设备和转向架发生相碰(当车辆运行于最小曲线半径的路线上时)。

对于一些车辆(如餐车)，当其重量不易做到均衡时，车体 4 个方位的弹簧装置可以采用不同的自由高度，以保持车体的水平状态。

例如，某型车辆的重量均衡计算示例如表 4-2 所示，各设备沿 x 方向的布置基本是均衡的，沿 y 方向有一些偏重($\Sigma T_i y_i = -392.15 \text{kg} \cdot \text{m}$)，但不太大，如果把其中的部件 3 号(变压器）重心位置的 y 坐标由 $-0.21\mathrm{m}$ 改为 $-0.10\mathrm{m}$，则其 $\sum T_i y_i = -18.15\mathrm{kg \cdot m}$，这就基本均衡了，改变了的数据加括号表示于表格中。

表 4-2 车辆重量均衡计算表

件号	部件名称	部件重量 T_i / kg	部件重心位置		$T_i x_i$	$T_i y_i$
			x_i / m	y_i / m		
1	空调接触器箱	50	−6.50	−0.74	−325	−37
2	蓄电池箱	400	−4.90	−0.56	−1960	−224
3	变压器	3400	−2.50	−0.21 (−0.10)	−8500	−714 (−340)
4	硅机组风机	250	0.45	−0.80	112.5	−200
5	供给风缸	85	2.86	−0.90	243.1	−76.5
6	调压开关组合箱	120	4.70	−0.55	564	−66
7	水箱	900	6.15	0	5535	0
8	集便箱	650	11.37	0.19	7390.5	123.5
9	空调接触器箱	50	4.89	0.74	244.5	37
10	制动电气箱	60	3.70	0.69	222	41.4
11	制动空气箱	130	2.00	0.69	260	89.7
12	硅机组	500	0.45	0.25	225	125
13	变压器二次保护箱	100	−1.00	0.40	−100	40
14	风机	150	−3.45	0.40	−517.5	60
15	换流电抗器	300	−4.90	0.60	−1470	180
16	充电装置箱	305	−6.30	0.75	−1921.5	228.75
	累加求和				2.6	−392.15 (18.15)

4.2 轮对及转向架蛇形运动学计算分析

车辆沿着直线轨道运行时，车体和转向架在横向水平平面内的运动轨迹也不是直线而是某一波状曲线，它们一面既做横摆运动，一面又做摇头运动。车辆的这种运动即为横向运动，这是由车轮踏面具有斜度和轮轨间存在着复杂的动力作用而引起的。

先从观察单个自由轮对的运动开始。轮对沿钢轨顶面的运动可以分为两种情况来研究：第一种简单的情况是车轮沿钢轨顶面纯滚动而无滑动；第二种情况是车轮滚动时还伴随着踏面与轨顶面间的滑动，这称为蠕滑现象。这里作为初步了解车辆横向振动，仅讨论前一种情况。

由于车轮踏面具有斜率，轮缘与钢轨侧面有间隙，因此，压装于同一车轴上的左右两个车轮就会以不同的滚动直径与轨面接触和滚动。由于两轮的滚动行程不等而使轮对轴线偏移，这样又改变了车轮的滚动直径，使轮对又偏向另一侧。于是，轮对在前进的同时还做周期性的左右运动，轮轴中心的运动轨迹成为一条周期为 T 的波形曲线，这就称为轮对的蛇形运动。

简单分析轮对的蛇形运动时，可将轮对的运动当作绕某一半径为 R 的瞬时转动中心的转动来讨论。在图 4-2 中，车轮滚动圆半径为 r_0，踏面斜率为 λ，左右滚动圆的间距为 $2b$，角

度为 $\Delta\theta$，轮轴中心线 OO_1 转动$\Delta\varphi$，在无滑动情况下，左轮滚动的距离 $d_1 = \Delta\theta(r_0 + \lambda y)$，右轮滚动的距离 $d_2 = \Delta\theta(r_0 + \lambda y)$，于是有

$$\frac{d_1}{d_2} = -\frac{\Delta\theta(r_0 + \lambda y)}{\Delta\theta(r_0 - \lambda y)} \tag{4-2}$$

$$\frac{d_1}{d_2} = -\frac{\Delta\theta(R + b)}{\Delta\theta(R - b)} \tag{4-3}$$

代换为

$$R = \frac{br_0}{\lambda y}$$

另由曲率关系有

$$\frac{1}{R} = \frac{\ddot{y}}{(1+y^2)^{\frac{3}{2}}}$$

可足够精确地取为

$$\frac{1}{R} = -\ddot{y}$$

即轮对横向偏移量 y 的二次倒数等于轮轴中心运行轨迹的曲率，上式中的负号表示曲线的弯曲方向和位移 y 方向相反。若令 $p_h^2 = \lambda/(br_0)$，则根据上述关系可得

$$\ddot{y} + p_h^2 y = 0 \tag{4-4}$$

此即为描述轮轴中心作几何蛇形运行的微分方程式。

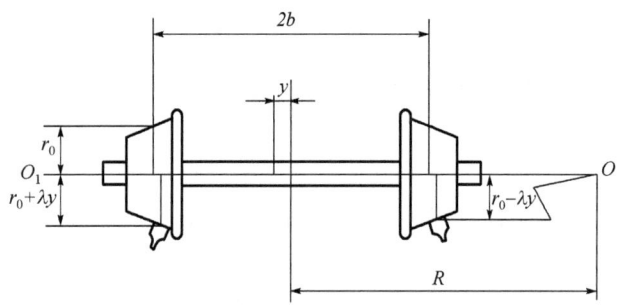

图 4-2 轮对绕瞬时中心转动

在图 4-3 中，令 L_w 为单轮对蛇形运动波长，y_0 为轮对横向最大偏移量，并取初始条件为 $x=0$ 时，$y=0$；$x = \frac{1}{4}L_w$ 时，$y = y_0 \sin p_h x$。

因 $x = Vt$，并令 $\omega = p_h V$，则上述的解可写成

$$y = y_0 \sin\omega t \tag{4-5}$$

此处，ω 为轮对蛇形运动的原频率，则蛇形运动的频率为

$$f = \frac{\omega}{\pi} = \frac{1}{2\pi}\sqrt{\frac{\lambda}{br_0}}V \tag{4-6}$$

蛇形运动的周期为 T，因 $p_h VT = 2\pi$，则轮对蛇形运动的波长为

$$L_w = VT = \frac{2\pi}{p_h} = 2\pi\sqrt{\frac{br_0}{\lambda}} \tag{4-7}$$

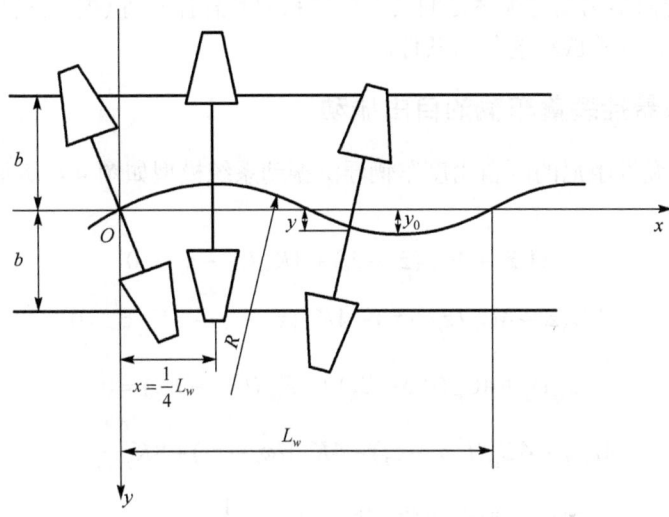

图 4-3　轮对的蛇形运动轨迹

以上是单个自由轮对的蛇形运动规律。对于两轴转向架，设两根轮轴互相平行且垂直于转向架的纵向轴线，两轮对刚性定位于构架，则由轮对引起整个转向架作整体蛇形运动，其波长为

$$L_t = L_w\sqrt{1+\left(\frac{l_1}{b}\right)^2} = 2\pi\sqrt{\frac{br_0}{\lambda}\left[1+\left(\frac{l_1}{b}\right)^2\right]} \tag{4-8}$$

式中，$2l_1$ 为转向架固定轴距。

由上可见，蛇行运动的规律与车轮踏面斜率、车轮半径和滚动圆间距等参数有关；其频率还与运行速度成正比；转向架的蛇行运动波长比单个自由轮对的要长，其频率则比单个自由轮对的低。

我国主型客车转向架轮对的 $r_0 = 0.915\text{m}$，$2b = 1.493\text{m}$，$\lambda = 1/20$，$2l_1 = 2.4\text{m}$，则 $L_w = 16.4\text{m}$，$L_t = 31\text{m}$。实测到的转向架的蛇行运动波长则介于 L_w 与 L_t 之间，视轮对轴箱定位刚度的大小而不同。轮对蛇行运动振幅 y_0 实际上也在运动中有所变化。

需要注意的是，对于结构性能不同的转向架，其轮对蛇行运动的频率和振幅变化曲线也是不同的。

以上是从纯滚动几何运动学来讨论蛇行运动的，这里没有考虑物体惯性力和轮轨接触力的作用。研究结果表明，车辆运行速度不很高时，实际蛇行运动频率与几何蛇行频率的变化规律基本相符。但运行速度比较高时蛇行运动就要复杂得多了，此时就必须考虑与动力作用的因素。

4.3 车辆垂向振动的计算分析

客车大多采用两系悬挂装置,即轮对与转向架构架之间设置第一系弹性悬挂装置(轴箱弹簧悬挂装置),转向架构架与车体之间设置第二系弹性悬挂装置(摇枕悬挂装置),使车辆具有良好的运行品质,改善旅客的舒适条件。

4.3.1 具有两系悬挂装置车辆的自由振动

二系悬挂具有黏性阻尼的两自由度车辆浮沉振动系统模型如图 4-4 所示,车辆垂向振动方程为

$$M_c \ddot{z}_c + 4C_{sz}(\dot{z}_c - \dot{z}_1) + 4K_{sz}(z_c - z_1) = 0$$

$$2M_b \ddot{z}_1 - 4C_{sz}(\dot{z}_c - \dot{z}_1) - 4K_{sz}(z_c - z_1) + 8K_{pz}z_1 = 0 \tag{4-9}$$

$$J_{cy} \ddot{\varphi}_c + 4C_{sz}(l^2\dot{\varphi} - l\dot{z}_2) + 4K_{sz}(l^2\varphi_c - lz_2) = 0$$

$$2M_b \ddot{z}_b - 4C_{sz}(l^2\dot{\varphi}_c - \dot{z}_2) - 4K_{sz}(l\varphi_c - z_2) + 8K_{pz}z_2 = 0 \tag{4-10}$$

式中,z_1 为前后转向架构架平均垂向位移,其值为 $z_1 = \dfrac{1}{2}(z_{b1} + z_{b2})$;$z_2$ 为后前二转向架构架垂向位移差之半,其值为 $z_2 = \dfrac{1}{2}(z_{b2} - z_{b1})$。

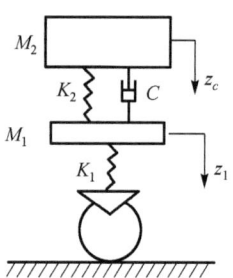

图 4-4 有阻尼的两自由度车辆浮沉自振系统

为求解式(4-9)中车体及转向架构架的垂向振动,可令

$$m_1 = \frac{4C_{sz}}{M_c}, \quad a_1 = \frac{4K_{sz}}{M_c}, \quad a_2 = \frac{-4K_{sz}}{M_c}, \quad m_2 = \frac{4C_{sz}}{2M_b}, \quad a_3 = \frac{-4K_{sz}}{2M_b}, \quad a_4 = \frac{4K_{sz} + 8K_{pz}}{2M_b}$$

式(4-9)可简化为

$$\ddot{z}_c + m_1\dot{z}_c + a_1 z_c - m_1\dot{z}_1 + a_2 z_1 = 0$$

$$\ddot{z}_1 - m_2\dot{z}_c + a_3 z_c + m_2\dot{z}_1 + a_4 z_1 = 0 \tag{4-11}$$

设其解为 $z_c = Be^{\lambda t}$,$z_1 = Ae^{\lambda t}$,其中,A、B、λ 为待定系数,则

$$(\lambda^2 + m_1\lambda + a_1)B + (-m_1\lambda + a_2)A = 0$$

$$(\lambda^2 + m_2\lambda + a_4)A + (-m_2\lambda + a_3)B = 0 \tag{4-12}$$

由于在振动过程中,A 和 B 不可能等于零,故只有下列行列式为零时式(4-11)才有意义。则

$$\begin{vmatrix} \lambda^2 + m_1\lambda + a_1 & -m_2\lambda + a_3 \\ -m_2\lambda + a_3 & \lambda^2 + m_2\lambda + a_4 \end{vmatrix} = 0$$

展开上式得

$$\lambda^4 + (m_1 + m_2)\lambda^3 + (a_1 + a_4)\lambda^2 + [m_1(a_3 + a_4) + m_2(a_1 + a_2)]\lambda + a_1a_4 - a_2a_3 = 0 \quad (4\text{-}13)$$

该方程为一元四次方程,一般无通用解析式,只能采用数值解。在阻尼不太大的条件下,解析式为两对共轭复根,即

$$\lambda_{1,2} = -n_1 \pm \mathrm{i}p_1$$
$$\lambda_{3,4} = -n_2 \pm \mathrm{i}p_2 \quad (4\text{-}14)$$

式中,n_1、n_2 表示阻尼大小,前面的负号表示振动是衰减的;p_1、p_2 表示有阻尼振动的频率。

由欧拉公式 $\mathrm{e}^{\mathrm{i}pt} = \cos pt + \mathrm{i}\sin pt$,则式(4-11)的解为

$$z_c = B_1\mathrm{e}^{-n_1 t}\sin(p_1 t + \beta_1) + B_2\mathrm{e}^{-n_2 t}\sin(p_2 t + \beta_2)$$
$$z_1 = A_1\mathrm{e}^{-n_1 t}\sin(p_1 t + \beta_1) + A_2\mathrm{e}^{-n_2 t}\sin(p_2 t + \beta_2)$$

式中,β_1、β_2 为相位角。

车体和转向架上均出现高频和低频波形互相叠加的振动,但低频和高频波形分别按 $\mathrm{e}^{-n_1 t}$ 和 $\mathrm{e}^{-n_2 t}$ 指数规律衰减的,如图 4-5 所示。

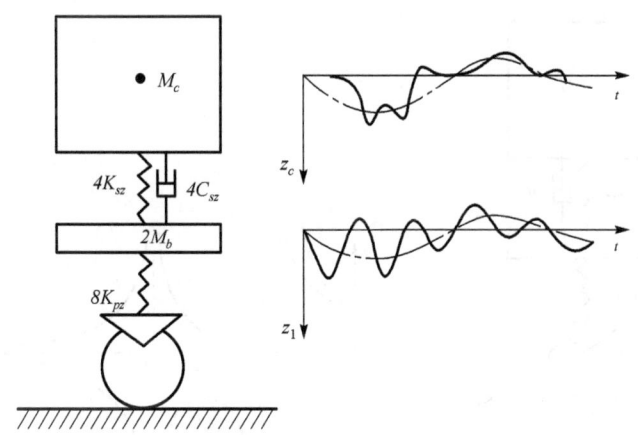

图 4-5 有阻尼的两系悬挂轮对簧上质量系统的自由振动模型

4.3.2 具有两系悬挂装置车辆的强迫振动

1. 无阻尼强迫振动

当两系悬挂车辆沿波状起伏的轨道上运行时(图 4-6),车辆产生强迫振动,这时车辆振动方程式中应包括轮对的上下激振运动。设线路的波形为 $z_t = a\sin\omega t$,则两系悬挂车辆的强迫振动方程为

$$M_c\ddot{z}_c + 4K_{sz}(z_c - z_1) = 0$$

$$2M_b\ddot{z}_1 - 4K_{sz}z_c + (4K_{sz} + 8K_{pz})z_1 = 8aK_{pz}\cos\frac{\beta_1}{2}\cos\frac{\beta_2}{2}\sin\left(\omega t - \frac{\beta_3}{2}\right) \tag{4-15}$$

$$J_{cy}\ddot{\varphi}_c + 4K_{sz}(\varphi_c l^2 - z_2 l) = 0$$

$$2M_b\ddot{z}_2 - 4K_{sz}\varphi_c l + (4K_{sz} + 8K_{pz})z_2 = -8aK_{pz}\cos\frac{\beta_1}{2}\sin\frac{\beta_2}{2}\cos\left(\omega t - \frac{\beta_3}{2}\right) \tag{4-16}$$

$$J_{by}\ddot{\varphi}_{b1} + 4K_{pz}\varphi_{b1}l^2 = -4K_{pz}al\sin\frac{\beta_1}{2}\cos\left(\omega t - \frac{\beta_1}{2}\right)$$

$$J_{by}\ddot{\varphi}_{b2} + 4K_{pz}\varphi_{b2}l^2 = -4K_{pz}al\sin\frac{\beta_1}{2}\cos\left(\omega t - \frac{\beta_1}{2} - \frac{\beta_3}{2}\right) \tag{4-17}$$

式中，z_1 为前后转向架构架平均垂向位移，其值为 $z_1 = \frac{z_{b1} + z_{b2}}{2}$；$z_2$ 为后前转向架构架垂向位移差之半，其值为 $z_1 = \frac{z_{b2} - z_{b1}}{2}$；$\beta_1$ 为第二轮对落后于第一轮对的相位角，其值为 $\beta_1 = \frac{4\pi l_1}{L_r}$；$\beta_2$ 为第三轮对落后于第一轮对的相位角，其值为 $\beta_2 = \frac{4\pi l}{L_r}$；$\beta_3$ 为第四轮对落后于第一轮对的相位角，其值为 $\beta_3 = \frac{4\pi(l + l_1)}{L_r}$。其中，$L_r$ 为轨道不平顺波长，l_1 为转向架轴距之半，l 为车辆定距之半。

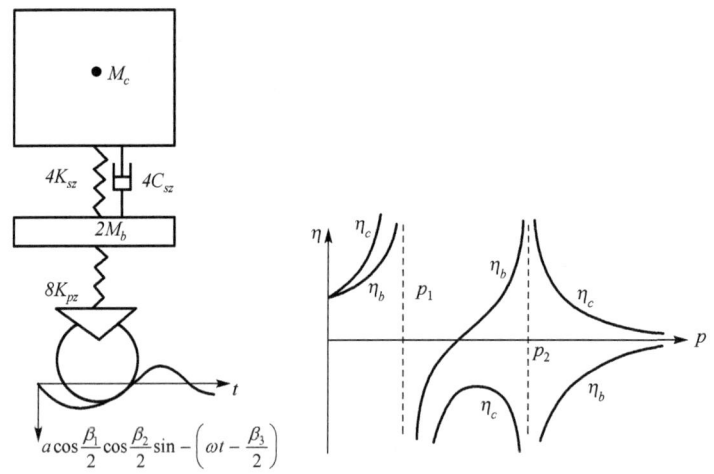

图 4-6 两系悬挂轮对簧上质量系统的强迫振动模型

可见，在车辆前后左右对称的条件下，两系悬挂车辆的垂向强迫振动方程可分成 4 组独立的方程，其中，式(4-15)为车体浮沉 z_c 与两转向架构架浮沉平均值 z_1 互相耦合在一起的强迫振动；式(4-16)为车体点头 φ_c 与两转向架构架浮沉差 z_2 耦合在一起的强迫振动；式(4-15)和式(4-16)具有相似的形式，均为两个自由度的强迫振动；式(4-17)为前后转向架点头强迫振动，是一个自由度的强迫振动。

式(4-15)的力学模型为一个两系悬挂的轮对簧上质量系统，其中线路激振波幅为 4 个轮对合成的线路浮沉激振波幅 $a\cos\dfrac{\beta_1}{2}\cos\dfrac{\beta_2}{2}$，式(4-15)还可以进一步简化为

$$\ddot{z}_c + a_1 z_c + a_2 z_1 = 0$$

$$\ddot{z}_1 + a_3 z_c + a_4 z_1 = q\sin\left(\omega t - \dfrac{\beta_3}{2}\right) \tag{4-18}$$

式中，$a_1 = \dfrac{4K_{sz}}{M_c}$；$a_2 = \dfrac{-4K_{sz}}{M_c}$；$a_3 = \dfrac{-4K_{sz}}{2M_b}$；$a_4 = \dfrac{4K_{sz}+8K_{pz}}{2M_c}$。

$$q = \dfrac{8aK_{pz}\cos\dfrac{\beta_1}{2}\cos\dfrac{\beta_2}{2}}{2M_b}$$

式中，$a\cos\dfrac{\beta_1}{2}\cos\dfrac{\beta_2}{2}$ 称为 4 个轮对合成的线路浮沉激振波幅，简称合成浮沉激振波幅，如图 4-6 所示。

式(4-18)的特解形式为

$$z_1 = A\sin\left(\omega t - \dfrac{\beta_3}{2}\right)$$

$$z_c = B\sin\left(\omega t - \dfrac{\beta_3}{2}\right)$$

式中，A、B 为待定的转向架构架和车体的强迫振动振幅。

1) 强迫振动的振幅

将所设的特解代入式(4-18)中，并消除每项都有的公因子 $\sin\left(\omega t - \dfrac{\beta_3}{2}\right)$ 后得

$$a_2 A + (a_1 - \omega^2)B = 0$$

$$(a_4 - \omega^2)A + a_3 B = q \tag{4-19}$$

解式(4-19)，得车体和转向架的浮沉振动振幅分别为

$$B = \dfrac{-a_2 q}{(a_1 - \omega^2)(a_4 - \omega^2) - a_2 a_3}$$

$$A = \dfrac{q(a_1 - \omega^2)}{(a_1 - \omega^2)(a_4 - \omega^2) - a_2 a_3} \tag{4-20}$$

由式(4-20)可以看出，车体和转向架构架浮沉强迫振动的振幅不仅与系统的参数有关，而且与强迫振动的频率 ω 有关。当 $\omega = p_1$ 或 $\omega = p_2$ 时，即强迫振动的频率与系统的自振频率相等时，式(4-20)中的分母为

$$(a_1 - \omega^2)(a_4 - \omega^2) - a_2 a_3 = 0$$

于是车体和转向架构架的振幅将无限增大。由此可知，两个自由度有两个共振的频率，每一次出现共振时，强迫振动频率与系统的一个自振频率相对应。

根据所得的车体强迫振动振幅 B 和转向架构架强迫振动的振幅 A 可以求出车体的振幅扩大倍率为

$$\eta_c = \frac{B}{a\cos\frac{\beta_1}{2}\cos\frac{\beta_2}{2}}$$

转向架构架的振幅扩大倍率为

$$\eta_b = \frac{A}{a\cos\frac{\beta_1}{2}\cos\frac{\beta_2}{2}}$$

图 4-6 示出了两系悬挂车辆浮沉强迫振动时车体与转向架振幅扩大倍频 η_c、η_b 和强迫振动频率之间的关系。

当 ω 由 0 到达 p_1 之前，车体和转向架构架的振幅都大于 4 个轮对合成的线路浮沉激振振幅 $a\cos\frac{\beta_1}{2}\cos\frac{\beta_2}{2}$，而且 η_c 和 η_b 均为正值，即车体和转向架构架的振动与合成的激振波形同相。当强迫振动频率 ω 接近系统较低的自振频率 p_1 时，η_c 和 η_b 都接近无穷大。当车辆速度超过第一个临界速度后，η_c 和 η_b 都变为负值，即车体和转向架构架的振动波形均与合成的激振波形反相，而车体与转向架构架的强迫振动仍同相。当车辆速度继续提高，即 ω 继续提高，η_b 经过零线后变成正值，而 η_c 到达某一极大值后又继续向下，于是转向架构架的强迫振动与合成激振波形由反相变为同相，而车体与合成激振波形继续保持反相，即车体与转向架构架的强迫振动反相。当强迫振动频率接近系统较高自振频率 p_2 时，车体与转向架构架的强迫振动的振幅又无限增大；当 ω 大于 p_2 时，车体与转向架构架的振幅均逐渐减小，最后渐近于零。

2）**强迫振动的振型**

由式（4-20）可以求得转向架构架与车体强迫振动振幅比为

$$\frac{A}{B} = \frac{a_1 - \omega^2}{-a_2}$$

对于任一共振条件，当 $\omega = p_1$ 或 $\omega = p_2$ 时，车辆强迫振动频率与系统某一自振频率一致而出现共振时，强迫振动的振型与该频率下的自振振型相同。

2. 有阻尼强迫振动

安装于二系悬挂中的减振器，不仅用于衰减车体和转向架的自由振动，也有效地限制两者在强迫振动中的振幅和加速度，防止上述在临界速度附近运行时的振动放大现象，以达到车辆平稳运行的目的。

如图 4-7 所示的系统具有黏性阻尼的减振器时，其振幅为

$$A = a\sqrt{\frac{K_1^2(K_2 - M_2\omega)^2 + (K_1 C\omega)^2}{\{M_1 M_2 \omega^4 - [(K_1 + K_2)M_2 + M_1 K_2]\omega^2 + K_1 K_2\}^2 + [K_1 C\omega - C(M_1 + M_2)\omega^3]^2}} \quad (4-21)$$

振幅比为

$$\frac{A}{B} = \sqrt{\frac{K_1^2(K_2 - M_2\omega)^2 + (K_1 C\omega)^2}{(K_1 K_2)^2 + (K_1 C\omega)^2}}$$

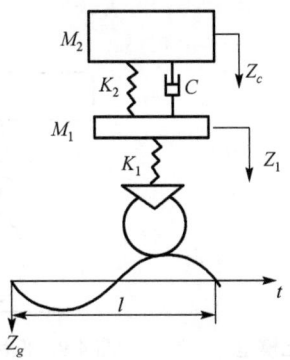

图 4-7 垂向强迫振动模型

车体与构架的强迫振动加速度 $B\omega^2$ 和 $A\omega^2$ 可按上述公式求得。

阻尼的大小对车体强迫振动加速度的影响很大。显然,过小的阻尼值将使曲线在两个共振区的峰值增大,这是不利的。但如果阻尼过大,虽然共振时特别是低频共振时的振幅被抑制,使其峰值消失;但在低频共振区后出现了新的加速度峰值,阻尼越大,峰值越高。这种现象的物理意义是:阻尼越大,则通过阻尼而传给车体的动作用力也越大,导致车体振动加速度增大;在极端情况下,当 C 值增加到无穷时,两个质量 M_1 和 M_2 彼此相互锁住,两者不能产生相对运动,阻尼也不能产生阻力功,这时的两自由度系统就成为一个由质量 $M_1 + M_2$ 和刚度 K_1 的弹簧组成的单自由度无阻尼系统,当 $\omega = \sqrt{\dfrac{K_1}{M_1 + M_2}}$ 时,达到了共振频率,振幅就趋于无穷大。

内系弹簧的静挠度比可在一定的范围内变更和选择,阻尼系数 C 选择的范围更广。两者选择和匹配得适当,可以得到最佳的或者是最满意的振动加速度响应。这种响应是指当车辆运行时在各种激振频率下都能保持车体低的振动加速度。

1) 对称结构的车辆点头振动方程

车辆对称结构时,车体的点头振动 ϕ 与构架 M_t 的反向浮沉振动 ϕ_0 是耦合在一起的,因而仍然可以列出一个两自由度的振动方程

$$\begin{cases} J_\phi \ddot{\phi} + 2K_{sz}L^2(\phi - \phi_0) = 0 \\ 2M_t L^2 \ddot{\phi}_0 + 2K_{pz}L^2\phi_0 - 2K_{sz}L^2(\phi - \phi_0) = 0 \end{cases} \tag{4-22}$$

仍以 $\begin{Bmatrix} \phi_0 \\ \phi \end{Bmatrix} = \begin{Bmatrix} A \\ B \end{Bmatrix} e^{\lambda t}$ 代入方程,解出特征值和特征向量,它们对应两个高低频振型。

2) 车辆振动的等效简化模型

由于车辆有阻尼浮沉振动时的振型与无阻尼时相近,利用车辆低频振动为车体构架同向运动而高频是反向振动的特点,可将两自由度有阻尼系统简化为两个单自由度阻尼系统。①在高频振型时,车体惯性力很大,车体近似不动,因而将系统简化为构架在一系、二系弹簧间振动的振型,见图 4-8。②而在低频同向振动中,可将构架质量、弹簧、阻尼按一定等效原则视为单个等效车体质量在等效阻尼与弹簧上低频振动的单自由度模型,见图 4-9。

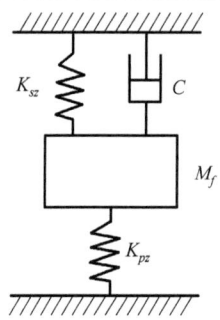
图 4-8 高频振动时系统简化模型

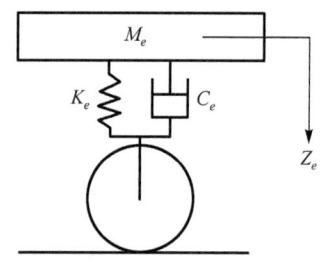
图 4-9 低频振动时系统简化模型

等效原则如下。①低频振动中，车体与构架分别按静挠度比例振动，故等效刚度将近似反映为串联刚度 K_c， $K_c = \dfrac{K_{pz}K_{sz}}{K_{pz}+K_{sz}}$。②等效质量 M_c：等效后的自振频率应与原来二自由度系统的低频自振相同，即静挠度相同。$\dfrac{M_c g}{K_c} = \left(\dfrac{M_1+M_2}{K_{pz}} + \dfrac{M_2}{K_{sz}}\right)g$，故 $M_c = M_2 + \dfrac{M_1}{1+\varphi}$，$\varphi = \dfrac{K_{pz}}{K_{sz}}$。③等效阻尼 C_e：等效阻尼做功与低振型中的阻尼做功相同，等效质量的振幅为 B，故等效阻尼功为 $\pi C_e p_{1e} B^2$，而原系统低频振型中阻尼功为 $\pi C p_{1e}(B-A)^2$，故 $C_e = C\left(\dfrac{B-A}{B}\right)^2 \approx C\left(\dfrac{f_{s2}}{f_{st}}\right)^2$。从中可知，单自由度低频振动系统中，阻尼比 D_e 取值为 0.2～0.3 的目标，将受到静挠度分配的影响，由于二系挠度分配的数值大，阻尼器设置在二系可以发挥更大的作用。

4.4 车辆横向自由振动的计算分析

车辆在线路上运行时，轮对在轨道横向不平顺的激扰下，车体就连同悬挂装置一起产生横向自由振动和强迫振动。

当车体重心位于纵向和横向的对称位置时，车体摇头振动可独立出现，但横摆和侧滚则是同时发生的。这是因为横摆振动时，车体重心的位移将引起侧滚振动；而侧滚振动时，车体的重心位移又将引起横摆振动，因此这两种振动总是耦合在一起的。

当车辆运行时，受到横向突变力的作用，车体就产生横向自由振动。由于车体横向自由振动的特性与悬挂装置的参数有关，所以需要推导出相关计算公式并查询对应数据以进行计算。

1. 二系悬挂车辆横向振动模型及原理

具有两系悬挂装置的客车，有些转向架的第二系悬挂中采用摇动台结构，如图 4-10 所示，摇动台的作用类似单摆，在横向力作用下，摇动台产生横向位移，当横向力消失后，在重力作用下摇动台即自动摆向平衡位置，故摇动台也是一种横向弹性装置。

对于有垂向吊杆的摇动台，在横向摆动量不大的情况下，每台转向架一侧摇动台吊杆换算横向刚度(不包括弹簧横向刚度)为

$$K_{s1} = \frac{M_c g}{4l_{s1}} \tag{4-23}$$

式中，M_c 为车体及摇枕质量；l_{s1} 为摇动台吊杆两销孔垂向中心距。

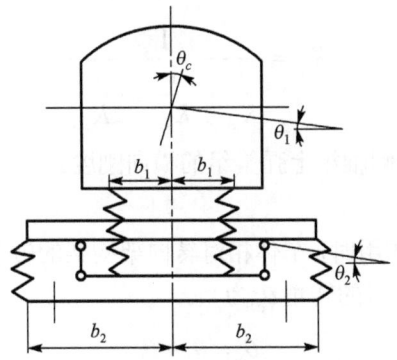

图 4-10 两系悬挂车辆的滚摆振动

由式(4-23)可见，吊杆长度越长，摇动台的换算刚度越小。目前客车转向架的摇动台都采用垂向吊杆，其长度为 500~600mm，故摇动台换算横向刚度均不大。

某些客车上采用倾斜安装的吊杆，每台转向架一侧的换算横向刚度为

$$K_{s1} = \frac{M_c g}{4l_{s1}\left[\cos\alpha - \left(\dfrac{h_c}{b_c}\sin\alpha\right)\right]} \tag{4-24}$$

式中，α 为在静止情况下吊杆中心线与垂线间的倾斜角；h_c 为车体重心至第二系弹簧支承面之间的距离；$2b_c$ 为摇动台左右吊杆下销中心横向跨距。

在一般转向架上，吊杆倾斜 α 的数值不大，所以分母括号内一般是一个略小于 1 的数值。由此可见，斜吊杆摇动台的换算横向刚度略大于垂向吊杆的换算横向刚度。

摇动台上除摇枕吊杆以外，起横向弹性作用的还有二系弹簧装置。设二系弹簧装置中每台转向架一侧的横向刚度为 K_{ss}，在横向力作用下，两种弹性元件起串联作用，因此第二系悬挂在每台转向架一侧的横向刚度为

$$K_{sy} = \frac{1}{\dfrac{1}{K_{s1}} + \dfrac{1}{K_{ss}}} \tag{4-25}$$

根据已知的一系和二系悬挂的垂向刚度和横向刚度，一系和二系悬挂的横向跨距和车体质心离第二系悬挂上支承面之间的垂向距离可以列出车体及转向架构架横向运动方程式。在车辆对纵垂面和横垂面对称的条件下可以得出车体和转向架横移与侧滚耦合在一起的 4 个自由度的滚摆振动方程式。解这种方程式由于无通用的解析式，一般只能用数值解。这里介绍一种简化方法，即认为转向架构架相对于车体而言是一个不大的质量，在分析中可以不计其惯性作用，于是可以把 4 个自由度系统简化为两个自由度系统。在简化时必须把两系悬挂的垂向刚度和横向刚度正确换算成当量一系悬挂刚度，尽可能减小由于简化造成的误差。

2. 当量悬挂刚度

1) 当量一系悬挂横向刚度

当量一系悬挂横向刚度相当于两系悬挂车辆的第一系弹簧的横向刚度和第二系弹簧横向刚度串联的结果，即

$$K_{cy} = \frac{1}{\dfrac{1}{K_{s1}} + \dfrac{1}{K_{ss}} + \dfrac{1}{2K_{py}}} \tag{4-26}$$

式中，K_{py} 为每台转向架上一侧轴箱上弹簧组的横向刚度。

2) 当量一系悬挂垂向刚度

当车体上有横向力矩 T_c 作用时，车体相对转向架构架的转角为 θ_c，转向架构架相对轮对的转角为 θ_1。于是车体相对轮对的转角 θ_c 为

$$\theta_c = \theta_2 + \theta_1 \tag{4-27}$$

当车体相对轮对偏转时，一系悬挂和二系悬挂的复原力矩均等于作用力矩 T_c 的值为

$$T_c = 4K_{sz}b_2^2\theta_2 = 8K_{pz}b_1^2\theta_1 \tag{4-28}$$

式中，$2b_1$、$2b_2$ 分别为第一系悬挂和第二系悬挂的横向跨距。

根据以上关系可以求出转角 θ_1、θ_2 为

$$\theta_1 = \frac{T_c}{8K_{pz}b_1^2}, \quad \theta_2 = \frac{T_c}{4K_{sz}b_2^2} \tag{4-29}$$

设每台转向架一侧的当量一系悬挂垂向刚度为 K_{ez}，其横向跨距为 $2b_2$，在横向力矩 T_c 作用下，车体相对轮对的转角为 θ_c，于是

$$T_c = 4K_{ez}b_2^2\theta_c, \quad \theta_c = \frac{T_c}{4K_{sz}b_2^2} \tag{4-30}$$

根据 $\theta_c = \theta_2 + \theta_1$ 的条件可以求得

$$K_{ez} = \frac{2K_{pz}K_{sz}}{2K_{pz} + K_{sz}\left(\dfrac{b_2}{b_1}\right)^2} \tag{4-31}$$

用一系悬挂当量垂向刚度 K_{ez} 和横向刚度 K_{ey} 代替原公式中的 K_z、K_y，即可求出简化两系悬挂车辆的横向自振频率和振型。

上列简化计算方法仅适用于研究自振频率较低的车辆横向运动，若要研究自振频率较高的车辆横向运动，则需要解出 4 个自由度的车辆滚摆振动。

4.5 列车几何通过曲线的计算分析

4.5.1 基本假定及计算简图

(1) 在直线区段，车体的中心线与线路中心线重合。在曲线区段，车辆的心盘点在线路的中心线上（即不考虑转向架偏移的影响）。

(2) 由定圆曲线过渡到直线或反向的定圆曲线，中间不夹缓和曲线。

(3) 车辆曲线通过时，车钩的偏转不受车辆结构的限制（即两相邻车辆的车钩在任何线路状态下始终保持一条直线）。

根据以上假定所得的 3 种曲线状态下的计算简图见图 4-11、图 4-13 和图 4-14。简图中 D 和 D' 为车辆的心盘点。H（图 4-13 或图 4-14）为定圆曲线与直线或反向定圆曲线的切点。O 点为车钩中心线与车体中心线的交点，即车辆曲线通过时车钩的回转中心。线段 b 表示 O 点至车钩连接中心线之间的距离。脚注 1 和 2 分别代表 1 号车和 2 号车。

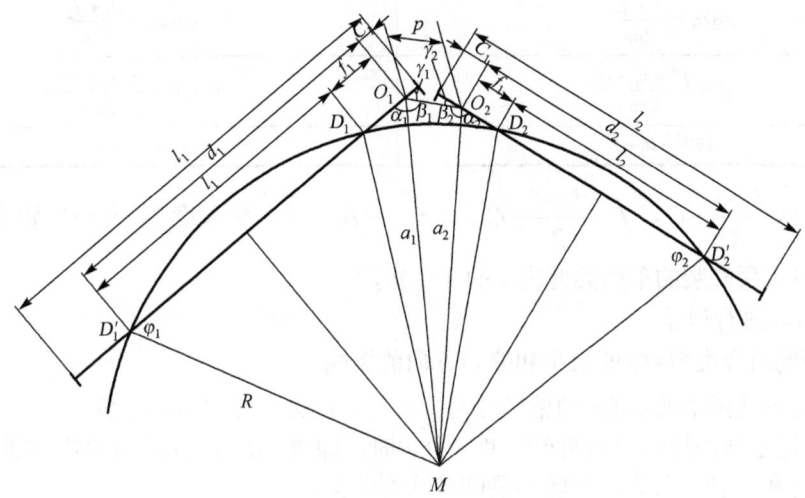

图 4-11 车辆通过"定圆"曲线示意图

4.5.2 "定圆"曲线通过的计算

根据简图 4-11，由车辆曲线通过计算的一般方法将求得的 γ 的公式列于表 4-3。

表 4-3 "定圆"曲线通过 γ 角公式表

$\cos\varphi_1 = \dfrac{l_1}{2R}$	$\cos\varphi_2 = \dfrac{l_2}{2R}$
$a_1 = \sqrt{R^2 + d_1^2 - 2Rd_1\cos\varphi_1}$	$a_2 = \sqrt{R^2 + d_2^2 - 2Rd_2\cos\varphi_2}$
$\cos\alpha_1 = \dfrac{d_1^2 + a_1^2 - R^2}{2d_1 a_1}$	$\cos\alpha_2 = \dfrac{d_2^2 + a_2^2 - R^2}{2d_2 a_2}$
$\cos\beta_1 = \dfrac{p^2 + a_1^2 - a_2^2}{2pa_1}$	$\cos\beta_2 = \dfrac{p^2 + a_2^2 - a_1^2}{2pa_2}$
$\gamma_1 = 180° - \alpha_1 - \beta_1$	$\gamma_2 = 180° - \alpha_2 - \beta_2$

根据表 4-3 来求 γ，由于公式复杂，不仅给计算带来麻烦，而且也无法就车辆结构参数对 γ 的影响进行讨论。但是，如果再引进一个表征牵引梁长度的参数 f（见简图 4-11），就可将计算 a 和 α 的公式大大简化。

$$f = d - l$$

于是

$$a = \sqrt{R^2 + d^2 - dl} = \sqrt{R^2 + df}$$

$$\cos\alpha = \frac{d^2 + a^2 - R^2}{2da} = \frac{d+f}{2a}$$

$\cos\beta$ 的计算公式仍保留原形。

于是表 4-3 便可简化为表 4-4 的形式。

表 4-4　"定圆"曲线通过 γ 角简化公式表

$a_1 = \sqrt{R^2 + d_1 f_1}$	$a_2 = \sqrt{R^2 + d_2 f_2}$
$\cos\alpha_1 = \dfrac{d_1 + f_1}{2a_1}$	$\cos\alpha_2 = \dfrac{d_2 + f_2}{2a_2}$
$\cos\beta_1 = \dfrac{p^2 + a_1^2 - a_2^2}{2pa_1}$	$\cos\beta_2 = \dfrac{p^2 + a_2^2 - a_1^2}{2pa_2}$
$\gamma_1 = 180° - \alpha_1 - \beta_1$	$\gamma_2 = 180° - \alpha_2 - \beta_2$

公式中 $d = \dfrac{L+1}{2} - C$、$f = \dfrac{L+1}{2} - C$、$p = b_1 + b_2$，是车辆长度 L、车辆定距 l、车钩回转中心的位置以及所安装的车钩类型决定的 3 个参数。

现对表 4-4 进行讨论。

1. 车辆的组合类型对 γ 的大小和偏转方向的影响

预先规定各简图中所示的 γ 的偏转方向为正，若向另一侧偏转则为负。

(1) 当通过定圆曲线的相邻两车辆型号给定时，即 R、d、f、p 均为常数，则在曲线的任意位置上，γ_1 和 γ_2 亦为常数，不随车辆的移动而改变。

(2) 由 $a \gg d$、$a \gg f$，得 $0 < \dfrac{d+f}{2a} \ll 1$、$0 < \cos\alpha \ll 1$。可见 α_1、α_2 都是一个很接近于 90°的角，但永远小于 90°。不过，β 角的情况就不一样了。

当相邻两车辆是同一型号时，由 $a_1 = a_2 = a$，有 $\cos\beta_1 = \cos\beta_2 = \dfrac{p}{2a}$，但又 $0 < \dfrac{p}{2a} \ll 1$ 成立，所示 $\beta_1 = \beta_2 = \beta$ 小于且接近于 90°。于是 $\gamma_1 = \gamma_2 = 180° - \alpha - \beta > 0$，即两车辆的车钩均向车体中心线的内侧偏转，其偏转角也相等。

当相邻两车辆不是同一型号时，由于 $d_1 \neq d_2$、$f_1 \neq f_2$，则 $a_1 \neq a_2$。假定 1 号车的底架、定距均比 2 号车的大（以下讨论均这样假定），即 $a_1 > a_2$。于是 $\cos\beta_1 > 0$，$\gamma_1 = 180° - \alpha_1 - \beta_1 > 0$，即 1 号车的车钩必向车体中心线内侧偏转。

但由 $\cos\beta_2 \leq 0$（$p^2 + a_2^2 - a_1^2 \leq 0$），亦即

$$d_1 f_1 - d_2 f_2 \geq p^2 \tag{4-32}$$

如果 $d_1 f_1 - d_2 f_2 = p^2$，此时 $\cos\beta_2 = 0$（$\beta_2 = 90°$），仍有 $\gamma_2 > 0$，亦即 2 号车的车钩也是车体中心线的内侧偏转。

因为 $p = b_1 + b_2$ 表示两钩回转中心之间的距离，其值显然不太大，所以，这时的 $d_1 f_1 - d_2 f_2$ 也不太大。换句话说，在相邻两车的底架长度和定距都相差不太大的情况下通过定圆曲线时，两车钩均向车体中心线的内侧偏转（图 4-11）。

如果 $d_1 f_1 - d_2 f_2 > p^2$，$\cos\beta_2 < 0$，此时 $\beta_2 > 90°$，而 $\gamma_2 = 180° - \alpha_2 - \beta_2$，就要视 β_2 的大小而定，γ_2 可能等于零，也可能小于零（$\alpha_2 < 90°$）。由此看来，若要使 $\gamma_2 < 0$，也就是 2 号

车的车钩向车体中心线外侧偏转，仅仅使 $d_1f_1 - d_2f_2 > p^2$ 还不足够，必须大于 p^2 与某一个数的和才行。

为了求出该数，我们不妨先看看 $d_1f_1 - d_2f_2$ 达到什么值时可使 $\gamma_2 = 0$。

为此，令 $\alpha_2 + \beta_2 = 180°$，亦即 $\cos\alpha_2 = \cos\beta_2$，将式(4-35)和式(4-37)代入经整理即得

$$d_1f_1 - d_2f_2 = p^2 + p(d_2 + f_2) \tag{4-33}$$

式(4-33)就是我们用以判断 2 号车的车钩偏转方向的"判别式"。综上所述，可得如下内容。

当 $d_1f_1 - d_2f_2 = p^2 < p^2 + p(d_2 + f_2)$ 时，$\gamma_1 > 0$，$\gamma_2 > 0$，亦即两车钩均向车体中心线内侧偏转。

当 $d_1f_1 - d_2f_2 = p^2 + p(d_2 + f_2)$ 时，$\gamma_1 > 0$，$\gamma_2 = 0$，即 2 号车的车钩不偏转。

当 $d_1f_1 - d_2f_2 > p^2 + p(d_2 + f_2)$ 时，$\gamma_1 > 0$，$\gamma_2 < 0$，也就是说，当车辆的底架长度和定距悬殊到了一定的程度以后，较短的 2 号车的车钩就要向车体中心线外侧偏转，如图 4-12 所示。当出现这种情况时，两车辆端部要发生相对错动，增加了车辆的横向振动，显然是不利的。

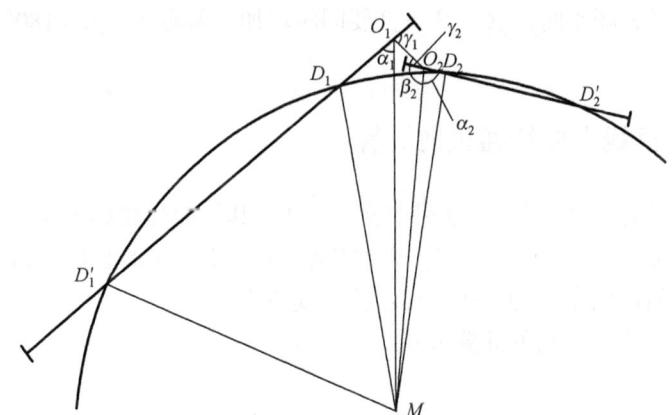

图 4-12　不同车辆组合对偏转方向的影响

2. 车辆结构参数对 γ 角的影响

根据表 4-4 中相关公式可得

$$\cos\beta_1 = \frac{p^2 + d_1f_1 - d_2f_2}{2pa_1}$$

$$\cos\beta_2 = \frac{p^2 - (d_1f_1 - d_2f_2)}{2pa_2}$$

可见 $d_1f_1 - d_2f_2$ 越大，β_1 越小，β_2 越大。所以 γ_1、γ_2 都要增大(因为此时 $\beta_2 > 90°$，所以 γ_2 绝对值的计算公式可以改写为 $|\gamma_2| = |180° - \alpha_2 - \beta_2| = \alpha_2 + \beta_2 - 180°$)，参见图 4-12。也就是说，随着 $d_1f_1 - d_2f_2$ 的增大，两车钩偏转的角度都要增大。

根据以上两点讨论可知，两车底架长度和定距相差太大，对车辆通过定圆曲线是不利的。为此建议编组列车时，应尽可能使得同型车辆或 $d_1f_1 - d_2f_2$ 值不太大的车辆连挂在一起。

3. 车钩形式（p 值）对 γ 角的影响

假定同一组合的两车辆，当其他参数不变时，只改换所装的车钩（例如，由 13 号车钩改为 2 号车钩）。那么，随着 p 值的减小，γ_1 和 γ_2 要增大。现证明如下。

在表 4-4 的相关公式中，将 β_1 和 β_2 看作 p 的函数。为了判断函数的变化规律，对 p 求导数得

$$(\cos\beta_1)' = \frac{p^2 - (d_1 f_1 - d_2 f_2)}{2a_1 p^2}$$

$$(\cos\beta_2)' = \frac{p^2 + (d_1 f_1 - d_2 f_2)}{2a_2 p^2}$$

当 $a_1 \neq a_2$ 时，根据式（4-32）可知 $(\cos\beta_1)' < 0$，$(\cos\beta_2)' > 0$，则 $\cos\beta_1$ 是 p 的减函数，$\cos\beta_2$ 是 p 的增函数。因此，当 p 值减小时，β_1 要减小，β_2 要增大。于是，由公式 $\gamma_1 = 180° - \alpha_1 - \beta_1$，$|\gamma_2| = \alpha_2 + \beta_2 - 180°$ 可知 γ_1 和 γ_2 都要增大。

但当 $a_1 = a_2$ 时（即两辆车为同一型号），由表 4-4 的相关公式得 $\cos\beta_1 = \cos\beta_2 = \dfrac{p}{2a}$，显然都是 p 的增函数，当 p 减小时，$\beta_1 = \beta_2 = \beta$ 要同时增加，因而 $\gamma_1 = \gamma_2 = 180° - \alpha - \beta$ 反而都要减小。

4.5.3 "定圆接直线"曲线通过的计算

我们假定 1 号车在定圆曲线上，2 号车在直线上，其一般位置如图 4-13 所示。并且认为，从 1 号车的心盘点 D_1 与线路上的 H 点重合时开始，直到 2 号车的心盘点 D_2 移动到与 H 点重合时为止，反之亦然，两车辆均处在"曲-直"状态的路线上。

现根据图 4-13 来推导 γ 角的计算公式。

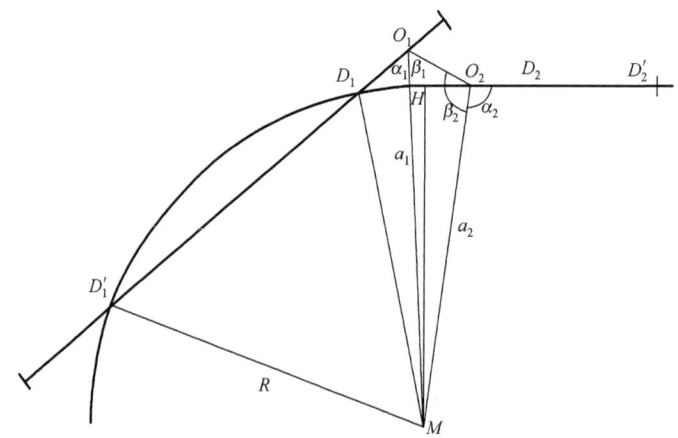

图 4-13 车辆通过"定圆接直线"曲线示意图

设 D_2 到 H 点的距离为 x，得 γ 角计算公式列于表 4-5。

表 4-5 "曲-直"线通过 γ 角公式表

$a_1 = \sqrt{R^2 + d_1 f_1}$	$a_2 = \sqrt{R^2 + (x - f_2)^2}$ (在 $\triangle MHO_2$ 中)
$\cos\alpha_1 = \dfrac{d_1 + f_1}{2a_1}$	$\angle MO_2H = \arctan\dfrac{R}{\|x - f_2\|}$
$\cos\beta_1 = \dfrac{p^2 + a_1^2 - a_2^2}{2pa_1}$	$\cos\beta_2 = \dfrac{p^2 + a_2^2 - a_1^2}{2pa_2}$
$\gamma_1 = 180° - \alpha_1 - \beta_1$	$\gamma_2 = \beta_2 - \angle MO_2H$

因 x 是变量，所以 γ_1 和 γ_2 的值将不断变化。为求出在这种线路状态下的最大 γ_1 和 γ_2，必须对表 4-5 进行讨论。

(1) 当 $x = f_2$，即 2 号车处在 O_2 点和 H 点重合的位置上时，$a_2 = R$ 为 a_2 值中最小者，于是 $\cos\beta_1$ 取得最大值，即 β_1 为最小值，γ_1 也取得最大值。

现在再来看 γ_2 的变化情况。将 $\cos\beta_2$ 看成 $a_2(x)$ 的函数，并对 a_2 求导数，则有 $(\cos\beta_2)' = \dfrac{a_1^2 + a_2^2 - p^2}{2pa_2^2} > 0$，所以 $\cos\beta_2$ 看成 a_2 的增函数。

当 $x = f_2$ 时，a_2 取最小值，$\cos\beta_2$ 为最小值，于是 β_2 取最大值，但此时 $\angle MO_2H = \arctan\dfrac{R}{\|x - f_2\|} = 90°$，也为最大值。

当 $x = x_{\max}$，即 D_1 与 H 重合时，因 a_2 取最大值而使 β_2 取最小值，但此时 $\angle MO_2H = \arctan\dfrac{R}{\|x_{\max} - f_2\|}$ 也取最小值。由此看来，β_2 和 $\angle MO_2H$ 同步变化，所以 γ_2 没有极值。

因此，可以判断当 O_2 与 H 重合时两车所处的位置就是在"曲-直"线上使车钩产生最大偏角的位置，应据此来进行校核。

在 O_2 与 H 重合的位置上，表 4-5 还可进一步简化为表 4-6 的形式。

表 4-6 "曲-直"线通过 γ 角简化公式表

$a_1 = \sqrt{R^2 + d_1 f_1}$	$a_2 = R$
$\cos\alpha_1 = \dfrac{d_1 + f_1}{2a_1}$	$\angle MO_2H = 90°$
$\cos\beta_1 = \dfrac{p^2 + d_1 f_1}{2pa_1}$	$\cos\beta_2 = \dfrac{p^2 - d_1 f_1}{2pR}$
$\gamma_1 = 180° - \alpha_1 - \beta_1$	$\gamma_2 = \beta_2 - 90°$

(2) 由表 4-6 可见，γ_1 和 γ_2 的最大值与 2 号车的结构参数无关。这一点是容易理解的。因为不论 d_2、f_2 取何值，只有当 O_2 与 H 重合时才能使车钩发生最大偏转。

此外，从表 4-6 相关公式中显然可见 $\cos\beta_1$ 是 $d_1 f_1$ 的增函数，而 $\cos\beta_2$ 显然是 $d_1 f_1$ 的减函数，故当 $d_1 f_1$ 增加时，β_1 要减小，β_2 要增加，所以 γ_1 和 γ_2 都要增加。

也就是说，底架长度和定距不等的两车通过"曲-直"线路时，若较长的车辆位于曲线上，则两侧车钩产生的偏转角均偏大。所以在进行校核计算时应将较长的车辆置于曲线上。

(3) 由表 4-6 相关公式可以看出 $\cos\beta_1 > 0$，$\cos\beta_2 < 0$，永远呈"曲-直"线路上，不论其

车辆的组合类型如何,永远有 $\beta_1 < 90°$,$\beta_2 > 90°$,即 γ_1 和 γ_2 都不可能为负值,所以车钩的偏转方向永远如图 4-13 所示。

(4)车钩形式对 γ 角的影响。将表 4-6 相关公式对 p 求导数得 $(\cos\beta_1)' = \dfrac{p^2 - d_1 f_1}{2a_1 p^2} < 0$,$(\cos\beta_2)' = \dfrac{p^2 + d_1 f_1}{2Rp^2} > 0$。故当 p 减小时,β_1 要减小,β_2 要增加,所以 γ_1 和 γ_2 都要增加。此结论与在"定圆曲线"的情况相同。

4.5.4 "S 形反向"曲线通过的计算

我们认为从 D_1 与 H 重合时开始直到 D_2 与 H 重合时为止,见图 4-14,反之亦然,两车均处在这种状态的线路上。其一般位置如图 4-14 所示(D_1 与 D_2 在 H 点的两侧)。

现根据图 4-14 来推导 γ 角的计算公式:设 $\overline{M_2 D_2}$ 与 $\overline{M_2 H}$ 之间的夹角为 x,显然当 D_2 与 H 重合时,$x = 0$,当 D_1 与 H 重合时,$x = x_{\max}$。

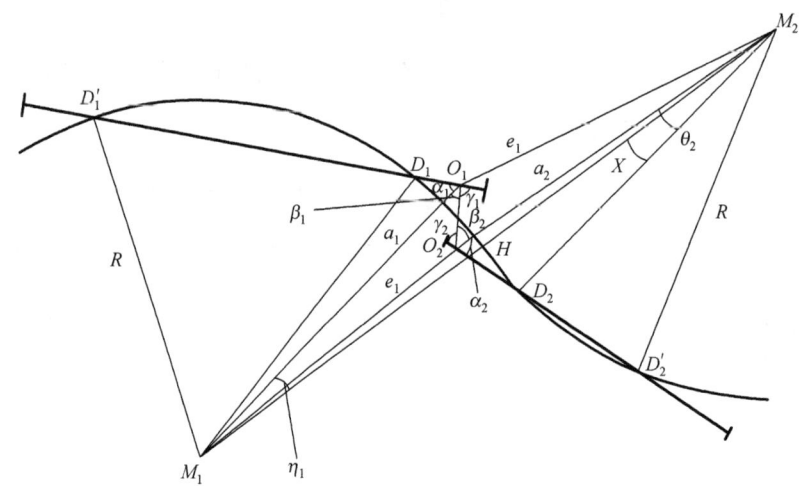

图 4-14 车辆通过"S 形反向"曲线示意图

令 $\theta_2 = \angle O_2 M_2 D_2$,$\eta_1 = \angle O_1 M_1 M_2$,$\gamma$ 角的计算步骤如下。

(1)在 $\triangle O_2 M_2 D_2$ 中,

$$\cos\theta_2 = \frac{R^2 + a_2^2 + f_2^2}{2R a_2} \tag{4-34}$$

(2)在 $\triangle O_2 M_1 M_2$ 中,

$$e_1 = \sqrt{4R^2 + a_2^2 - 4R a_2 \cos(\theta_2 - x)}$$

$$\cos\angle O_2 M_1 M_2 = \frac{4R^2 + e_1^2 - a_2^2}{4R e_1} \tag{4-35}$$

(3)在 $\triangle O_1 M_1 O_2$ 中,

$$\cos\beta_1 = \frac{p^2 + a_1^2 - e_1^2}{2p a_1} \tag{4-36}$$

第 4 章 轨道车辆运动学及运行性能的计算

$$\cos \angle O_1 M_1 O_2 = \frac{a_1^2 + e_1^2 - p^2}{2a_1 e_1} \tag{4-37}$$

(4) 在 $\triangle O_1 M_1 M_2$ 中,

$$\eta_1 = \angle O_2 M_1 M_2 + \angle O_1 M_1 O_2 \tag{4-38}$$

$$e_2 = \sqrt{4R^2 + a_1^2 - 4Ra_1 \cos \eta_1} \tag{4-39}$$

(5) 在 $\triangle O_1 O_2 M_2$ 中,

$$\cos \beta_2 = \frac{p^2 + a_2^2 - e_2^2}{2pa_2} \tag{4-40}$$

(6)

$$\gamma_1 = 180° - \alpha_1 - \beta_1, \quad \gamma_2 = 180° - \alpha_2 - \beta_2 \tag{4-41}$$

上述公式中,a_1、a_2、α_1、α_2 的计算方法同表 4-4。

因为 e_1 中包含着变量 x,所以当两车通过这种状态的线路时,γ_1 和 γ_2 均在不断变化。要确定使车钩产生最大偏转时车辆所处的位置,必须对上述公式进行讨论。

(1) 当 $x = \theta_2$,即 O_2 点通过 $\overline{M_1 M_2}$ 的位置时,$e_1 = \sqrt{4R^2 + a_2^2 - 4Ra_2} = 2R - a_2$ 为 e_1 的值中最小值者,于是 $\cos \beta_1$ 取最大值,γ_1 亦取得最大值。也就是说,当 2 号车的车钩回转中心通过两反向定圆曲线之圆心的连接线时,1 号车的车钩偏转角达到最大值。

但是,在这个位置上,γ_2 并不是最大值。因为只要将图 4-14 中全部符号的脚注相对调(或将图 4-14 倒置过来)立即就能看出,当 1 号车的车钩回转中心通过 $\overline{M_1 M_2}$ 时,2 号车的车钩偏转角 γ_2 才能达到最大值。

综上所述,应该分别计算出这两个特殊位置上的 γ_1 和 γ_2,然后据此进行校核。

在这两个位置上的 γ 角计算公式可以归纳为表 4-7 所示的形式。

表 4-7 "S 形反向" 曲线通过 γ 角公式表

	O_2 通过 $\overline{M_1 M_2}$ 的位置上	O_1 通过 $\overline{M_1 M_2}$ 的位置上
主表	γ_1 角的计算公式	γ_2 角的计算公式
	$a_1 = \sqrt{R^2 + d_1 f_1}$	$a_2 = \sqrt{R^2 + d_2 f_2}$
	$\cos \alpha_1 = \frac{d_1 + f_1}{2a_1}$	$\cos \alpha_2 = \frac{d_2 + f_2}{2a_2}$
	$e_1 = 2R - a_2$	$e_2 = 2R - a_1$
	$\cos \beta_1 = \frac{p^2 + a_1^2 - e_1^2}{2pa_1}$	$\cos \beta_2 = \frac{p^2 + a_2^2 - e_2^2}{2pa_2}$
	$\gamma_1 = 180° - \alpha_1 - \beta_1$	$\gamma_2 = 180° - \alpha_2 - \beta_2$
续表	γ_2 角的计算公式	γ_1 角的计算公式
	$\angle O_2 M_1 M_2 = 0$ (因为 $\cos \angle O_2 M_1 M_2 = \frac{4R^2 + e_1^2 - a_2^2}{4Re_1} = 1$)	$\angle O_1 M_2 M_1 = 0$ (因为 $\cos \angle O_1 M_2 M_1 = \frac{4R^2 + e_2^2 - a_1^2}{4Re_2} = 1$)
	$\cos \eta_1 = \cos \angle O_1 M_1 M_2 = \frac{a_1^2 + e_1^2 - p^2}{2a_1 e_1}$	$\cos \eta_2 = \cos \angle O_2 M_2 O_1 = \frac{a_2^2 + e_2^2 - p^2}{2a_2 e_2}$
	$e_2 = \sqrt{4R^2 + a_1^2 - 4Ra_1 \cos \eta_1}$	$e_1 = \sqrt{4R^2 + a_2^2 - 4Ra_2 \cos \eta_2}$
	$\cos \beta_2 = \frac{p^2 + a_2^2 - e_2^2}{2pa_2}$	$\cos \beta_1 = \frac{p^2 + a_1^2 - e_1^2}{2pa_1}$
	$\gamma_2 = 180° - \alpha_2 - \beta_2$	$\gamma_1 = 180° - \alpha_1 - \beta_1$

在对车辆能否安全通过 S 形曲线进行校核时，我们首先按主表栏内的公式求出 γ_1 和 γ_2。

开始假定车辆通过曲线时，车钩的偏转不受车辆结构的限制。事实上，由于车辆的牵引梁结构及冲击座钩门开口尺寸以及车钩形式的不同，车钩允许的最大偏转角 γ_{max} 也相同。为保证车辆顺利通过曲线，应满足下列条件。

$\gamma_1 \leqslant \gamma_{1max}$，$\gamma_2 \leqslant \gamma_{2max}$。此称为第 1 校核条件。如果满足该条件，计算至此便可结束。但是，若其中有一个 γ 角或两个都不满足第 1 校核条件，那么还要根据表 4-7 中续表栏内的公式分别求出车辆所处的这两个特殊位置上相应的 γ_2 和 γ_1，然后按第 2 个校核条件进行校核。

第 2 校核条件的建立需考虑两连挂的车钩受车钩轮廓限制所允许的最大相对转动角 Φ_{max}。因为 γ_1 和 γ_2 其中有一个或同时超过最大值时，两连挂车钩中心线将不再保持在一条直线上，而要发生相对转动，只要这个相对转动角 Φ 不大于 Φ_{max}，两连挂车辆仍能安全通过曲线，如图 4-15 所示。

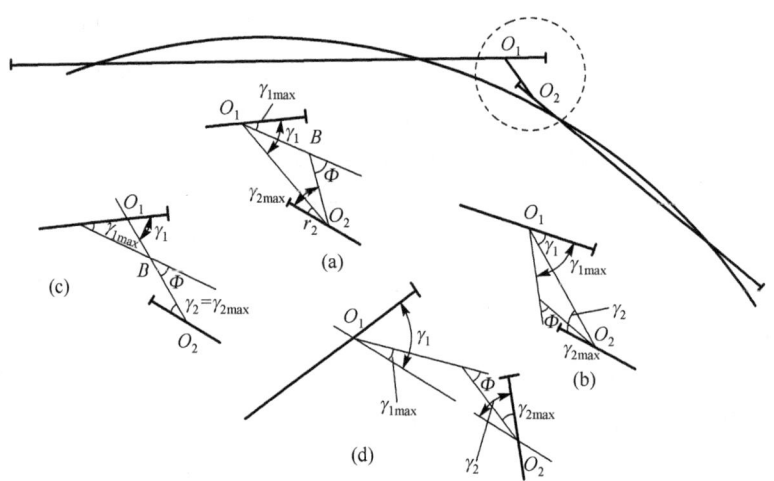

图 4-15 车辆通过曲线时车钩转动示意图

车辆能安全通过曲线的第 2 校核条件为

$$(\gamma_1 - \gamma_2) - (\gamma_{1max} - \gamma_{2max}) \leqslant \Phi_{max}$$

不等式左侧第一项为计算求得的两车辆通过曲线时产生的偏转角之差，第二项是车辆结构限制所允许的两车钩最大偏转角之差。当 $\gamma_{1max} = \gamma_{2max}$ 时，校核条件变为 $\gamma_1 - \gamma_2 \leqslant \Phi_{max}$。

图 4-15(b) 中，$\gamma_1 < \gamma_{1max}$、$\gamma_2 > \gamma_{2max}$，第 2 校核条件为 $(\gamma_{1max} - \gamma_{2max}) + (\gamma_2 - \gamma_1) \leqslant \Phi_{max}$，或当 $\gamma_{1max} = \gamma_{2max}$ 时，$\gamma_2 - \gamma_1 \leqslant \Phi_{max}$。

图 4-15(c) 中，$\gamma_1 > \gamma_{1max}$、$\gamma_2 = \gamma_{2max}$，第 2 校核条件为 $\gamma_1 - \gamma_{1max} \leqslant \Phi_{max}$，若改变脚注，当 $\gamma_2 > \gamma_{2max}$、$\gamma_1 = \gamma_{1max}$ 时，为 $\gamma_2 - \gamma_{2max} \leqslant \Phi_{max}$。

图 4-15(d) 中，$\gamma_1 > \gamma_{1max}$、$\gamma_2 > \gamma_{2max}$，第 2 校核条件为 $(\gamma_1 + \gamma_2) - (\gamma_{1max} + \gamma_{2max}) \leqslant \Phi_{max}$。

如果第 2 校核条件仍不能满足，则表明这一组合的两车辆不能通过半径为 R 的 S 形反向曲线(或者必须加大 S 形曲线的半径才行)。

(2) 从表 4-7 中还可以看出：因 $a = \sqrt{R^2 + d_1 f_1} > R$，但 d 和 f 与 R 相比均很小，所以又有 $a \approx R$，由此可知 $e_1 = 2R - a_2 < R < a_1$，$e_2 = 2R - a_1 < R < a_2$。于是，不论两车辆所处的位置

如何，$\cos\beta_1 > 0$、$\cos\beta_2 > 0$，亦即 $\beta_1 < 90°$、$\beta_2 < 90°$ 永远成立。因此 γ_1 和 γ_2 永为正值，也就是说两车辆通过 S 形曲线时车钩的偏转方向永远如图 4-14 所示。

(3) 车钩形式对 γ 角的影响（以 O_2 点通过 $\overline{M_1M_2}$ 的位置为例）。将表 4-7 中的相关公式对 p 求导数并化简代入得

$$(\cos\beta_1)' = \frac{p^2 - (a_1^2 - e_1^2)}{2a_1 p^2} = \frac{p^2 - [(d_1 f_1 - d_2 f_2) + 4R(a_1 - R)]}{2a_1 p^2} < 0$$

因 $d_1 f_1 - d_2 f_2 \geqslant p^2$，$a_1 > R$，故当 p 减小时 γ_1 要增加。再将表 4-7 中公式 $e_2 = \sqrt{4R^2 + a_1^2 - 4Ra_1 \cdot \cos\eta_1}$ 代入公式 $\cos\beta_2 = \frac{p^2 + a_2^2 - e_2^2}{2pa_2}$ 中，得到

$$\cos\beta_2 = \frac{\left(1 - \frac{2R}{e_1}\right)p^2 + a_2^2 - 4R^2 - a_1^2 + \frac{2R}{e_1}(a_1^2 + e_1^2)}{2a_2 p} = \varphi_2(p)$$

对 p 求导数经整理后得

$$(\cos\beta_2)' = \varphi_2'(p) = \frac{\left(1 - \frac{2R}{e_1}\right)p^2 - \left[2Re_1\left(\frac{a_1^2}{e_1} - e_1\right) + (2e_1^2 - a_1^2)\right]}{2a_2 p^2}$$

因为 $e_1 < R < a_1$，但又 $e_1 \approx R \approx a_1$（从图 4-14 可以看出），所以 $\frac{2R}{e_1} > 2$，$\frac{a_1}{e_1} > 1$（即 $\frac{a_1^2}{e_1} - e_1 > 0$）。因此，上式的分子中，第一项 $\left(1 - \frac{2R}{e_1}\right)p^2 < 0$，第二项 $\left[2Re_1\left(\frac{a_1^2}{e_1} - e_1\right) + (2e_1^2 - a_1^2)\right] > 0$，但这两项之代数和为负数，亦即 $(\cos\beta_2)' < 0$，故当 p 减小时 β_2 要减小，γ_2 要增大。此结论与"定圆曲线"及"曲-直线"上的情况相同。

习 题

1. 车辆重心位置的计算方法是什么？为什么要进行车体重量均衡计算？
2. 已知某客车转向架轮对的 $r_0 = 0.915\text{m}$，$2b = 1.493\text{m}$，$\lambda = 1/20$，$2l_1 = 2.4\text{m}$，试求轮对蛇形运动和转向架蛇形运动波长。
3. 车辆的基本振动包括哪几种？一、二系悬挂车辆的垂向振动有什么特点？
4. 已知某客车的 $M = 45\text{t}$，$2M_1 = 4.5\text{t}$，$f_{r1} = 53\text{mm}$，$f_{r2} = 117\text{mm}$，$C = 200000\text{kg/s}$（200kN·s/m），求该振动系统的 n_1、n_2、p_{1c} 和 p_{2c} 的数值。
5. 列车曲线通过校验的内容有哪些？哪种曲线通过工况是最不利工况？

第 5 章 轨道车辆主要结构的模态分析

随着车辆运行速度的提高，因为线路不平顺而引起的车辆振动问题就凸现出来，这就要研究车辆的动态特性。要全面研究车辆的动态特性，就需要全面研究车辆结构的模态问题，高速客车整车的振动性能是由车辆各部件的动态特性及其相互作用决定的。所以，各部件动态特性影响着整车的振动特性，对车辆各部件的模态分析是十分必要的。

车辆模态就是车辆运行中的振动形式，包括刚体模态和弹性模态。通过模态分析可以分析车辆悬挂系统是否合理，为悬挂系统提供优选参数，避免车辆在运行中发生共振。车体结构受到来自轨道的激励产生振动，由于某些结构设计不合理，车体会因振动而产生弯曲、扭转等变形，造成某些部件疲劳破坏，甚至断裂。对已完成设计的车体结构进行动力响应分析时，能够校核其是否满足轨道车辆设计的基本要求，提高车辆运行时的舒适性，同时还能保证车体承载结构、车体局部结构及其各子系统的模态频率不与吊挂设备及悬挂系统在激励频率下发生共振，满足模态匹配策略。转向架构架是车辆最重要的承载部件之一，是转向架其他各零部件的安装基础，转向架构架的振动会直接影响车辆运行的安全性和舒适性。因此对轨道车辆车体和转向架进行模态分析是十分必要的。

有限元方法是将弹性理论、计算数学和计算机软件有机结合起来的数值分析工具，它是各种结构动态分析的重要辅助手段。本章分别对车体和构架建立有限元模型并且进行模态计算与分析。

5.1 模态理论基础与方法

由于机械振动会造成结构的共振或疲劳，从而破坏结构，所以必须了解结构的固有频率和振型，避免在实际工况中因共振因素造成结构的损坏。模态分析用于确定设计结构或机器部件的振动特性，即结构的固有频率和振型，它们是承受动态载荷结构设计中的重要参数。对复杂结构进行精确的模态分析从而得到模态参数，为结构系统的动力特性分析、故障诊断以及结构的动力特性优化设计提供依据。

通过模态分析可以使结构设计避免共振或按特定频率进行振动，了解结构对不同类型的动力载荷的响应有助于在其他动力学分析中估算求解控制参数，如时间步长，同时也可以作为其他动力学分析问题的起点，如瞬态动力学分析、谐响应分析和谱分析。其中模态分析也是进行谱分析或模态叠加法谐响应分析或瞬态动力学分析所必需的前期分析过程。

5.1.1 模态分析理论基础

对于一般多自由度的结构系统而言，任何运动都可以由其自由振动的模态来合成。有限元的模态分析就是建立模态模型并进行数值分析的过程。模态分析的实质就是求解具有有限个自由度的无阻尼及无外载荷状态下的运动方程的模态矢量。

对于一个多自由度系统，其运动方程为

$$M\{q''\} + C\{q'\} + K\{q\} = \{Q\} - \{F_0\} \tag{5-1}$$

式中，M 为系统质量矩阵；C 为系统阻尼矩阵；K 为系统刚度矩阵；$\{q\}$ 为系统广义位移；$\{Q\}$ 为系统广义力；$\{F_0\}$ 为系统保守力。

对于总自由度为 N 的结构系统，M、C、K 均为 $N \times N$ 的矩阵。通过求解上述方程，可以得到系统位移场，进而计算出应力和应变。在模态分析中，由于系统没有外力作用，且结构阻尼对结构的固有频率和振型影响甚微，因此可认为 C、$\{Q\}$ 和 $\{F_0\}$ 均为零，这样系统运动方程可简化为

$$M\{q''\} + K\{q\} = \{0\} \tag{5-2}$$

可见，这是一组常系数齐次线性微分方程，由方程的特征可知，其解的形式可表示为

$$\{q\} = B\exp(i\omega t)\{\phi\} \tag{5-3}$$

将式(5-3)代入式(5-1)可得

$$K - \omega^2 M\{\phi\} = \{F_0\} \tag{5-4}$$

为使式(5-4)得到有效解，则需行列式：

$$K - \omega^2 M = \{F_0\} \tag{5-5}$$

这样，式(5-5)就构成了一个线性方程组的特征值问题，而式(5-5)就是系统的特征方程。假如，该系统的自由度为 N，则特征方程将有 N 个特征值，分别为

$$0 \leqslant \omega_1 \leqslant \omega_2 \leqslant \cdots \leqslant \omega_n$$

式中，$\omega_1, \omega_2, \cdots, \omega_n$ 即为系统的 n 个固有频率，ω_1 为系统的基频。从工程意义上来看，按任何一个固有频率进行的谐波激励都会引起共振响应，所以为避免产生共振应确保激励频率不与系统固有频率相等，对于每一个固有频率，根据式(5-3)均可解得相应的向量 $\{\phi\}$。工程上，$\{\phi_i\}$ 就称为系统第 i 阶固有频率的自由振动模态，或者简称为第 i 阶模态。

当自由度数不是很大时，如 n 为 2、3，则可以通过解析法解得系统的固有频率和相应的模态，但当 n 比较大时，计算特征方程就变得很棘手，所以这时需要依靠计算机通过数值解法得到满足工程需要的近似解。

5.1.2 有限元模态分析方法

1. 模态分析定义与应用

由于结构的振动特性决定结构对于各种动力载荷的响应情况，所以在准备进行其他动力分析之前首先要进行模态分析。通过对结构的有限元模态分析，可以得到其各阶固有频率和自由振动的振型，掌握结构振动特性，可为避免外部其他频率激励提供设计参考，对进一步详细的动力学分析也具有很重要的意义。

ANSYS 提供的模态分析提取方法有子空间法(subspace)、分块法(block lanczos)、缩减法(reduced/householder)、动态提取法(power dynamics)、非对称法(unsymmetric)、阻尼法(damped)、QR 阻尼法(QR damped)等。通常，子空间法、分块法、缩减法是最常用的方法。

关于模态的各种提取分析方法，简单说明如下。

(1) 分块兰乔斯法。采用一组特征向量实现 Lanczos 迭代计算，其内部自动采用稀疏矩阵

直接求解器(SPARSE)而不管是否指定了求解器。该方法的计算精度很高，速度很快。当已知系统的频率范围时，该法是理想的选择，此时程序求解高频部分的速度与求解低频部分的速度几乎一样快。该方法在大多数场合中都可以使用，经常应用在具有实体单元或者壳单元的模型中，可以很好地处理刚体振型。

(2) 子空间迭代法。其缺省求解器是 JCG，该法采用完整的 K 和 M 矩阵，计算精度与分块兰乔斯法相同，但速度要慢得多。该方法适用于无法选择主自由度时的情况，特别是对大型对称矩阵特征值求解。

(3) 缩减法。用主自由度计算特征值和特征向量，该法可生成精确的 K 矩阵，但只能生成近似的 M 矩阵，从而导致一定的质量损失。因此这种方法速度很快，但精度不如上述两法的精度高，其精度受选择的主自由度数目和位置的影响。

(4) 非对称法。该法也采用完整的 K 和 M 矩阵，且采用兰乔斯算法。如果系统为非保守系统，该法可得到复特征值和复特征向量。主要在声学或流固耦合分析中使用。

(5) 阻尼法。也采用兰乔斯算法，并可得到复特征值和复特征向量。主要用于阻尼不能忽略的特征值和特征向量的求解问题，如转子动力学问题。该法计算速度慢，且可能遗漏高端频率。

(6) QR 阻尼法。同时采用兰乔斯算法和海森伯格(Hessenberg)算法。该法可很好地提取大阻尼系统的模态解，不管是比例阻尼还是非比例阻尼。使用该法时，应当提取足够多的基频模态，以保证计算结果的精度。对于临界阻尼或过阻尼系统，不要使用该法。

(7) 变换求解技术。这是一种不同于传统有限元的分析计算，在 ANSYS 的其他产品中应用。

ANSYS 的模态分析是线性分析，任何非线性特性，如塑性、接触单元等，即使被定义了也将被忽略。

2. 模态分析操作过程

一个典型的模态分析过程主要包括建模、设定分析类型、模态求解以及观察结果等步骤。

1) 建模

模态分析的建模过程与其他分析类型的建模过程是类似的，主要包括建立几何模型、划分有限元网格、定义单元类型、单元实常数以及材料性质等基本步骤。

实体建模过程一般是在三维实体建模软件中完成的。SolidWorks 是一套基于特征的参数化机械设计自动化软件，采用了我们熟悉的窗口图形用户界面，能够快速地按照转向架各个零件工程图建立三维实体模型，是常用的三维建模软件。

由于通用有限元分析软件(如 ANSYS、MAPC)建模功能不强，要对复杂零部件进行比较精确的有限元分析，比较流行的方法是在三维设计软件(如 Pro/E、SolidWorks)中建立精确的三维实体模型，再通过标准数据接口将模型以 IGES、DXF 或 STEP 等格式导入通用有限元分析软件 Hypermesh 中，然后进行精确的网格划分，再导入 ANSYS 中，首先需要对导入的有限元模型定义材料属性。

定义材料属性，选择 Main Menu→Preprocessor→Material Props→Material Models 弹出对话框，在右侧列表中依次选择"Structural"、"Linear"、"Elastic"、"Isotropic"，弹出对话框，在"EX"文本框中输入材料的弹性模量，在"PRXY"文本框中输入材料的泊松比，单击"OK"按钮，再双击右侧列表中"Structural"下的"Density"，弹出对话框，在"DENS"文本框中输入材料的密度，单击"OK"按钮。

2) 设定分析类型和求解

设定分析类型和求解包括指定分析类型、指定分析选项，并进行固有频率的求解等。因为振动被假定为自由振动，所以忽略外部载荷。

指定分析类型选择 Main Menu→Solution→Analysis Type→New Analysis，弹出对话框，选择"Type of Analysis"为"Modal"，单击"OK"按钮。

指定分析类型，选择 Main Menu→Solution→Analysis Type→Analysis Options，弹出对话框，在"No. of modes to extract"文本框中输入要计算的模态阶数，单击"OK"按钮，弹出"Block Lanczos Method"，单击"OK"按钮。

指定分析选项，选择 Main Menu→Solution→Analysis Type→Analysis Options，弹出对话框，在"No. of modes to extract"文本框中输入要计算的模态阶数，单击"OK"按钮，弹出"Block Lanczos Method"，单击"OK"按钮。

求解，选择 Main Menu→Solution→Solve→Current LS。单击"Solve Current Load Step"对话框的"OK"按钮。出现"Solution is done!"提示时，求解结束，即可查看结果了。

3) 查看结果

模态分析的结果包括结构的频率、振型等。

选择 Main Menu→General Postproc→Results Summary，弹出窗口，列表中显示了模型各阶频率，查看完毕后，关闭该窗口。

从结果文件读结果：选择 Main Menu→General Postproc→Read Results→First Set，观察其余各阶模态；选择 Main Menu→General Postproc→Read Results→Next Set，依次将其余各阶模态的结果读入；也可以选择 Main Menu→General Postproc→Read Results→by pick，选择要查看的模态阶数。

5.2 车体模态分析

自由模态分析和约束模态分析是边界条件不同的两种模态分析，解决工程问题的最终有限元模型分析应与工程实际的边界条件相同（或相近似）。有限元模型不是凭空而来的，更不是一经建立便与实际结构固有特性相吻合，它必须是建立在结构设计数据和结构试验数据基础之上的,其模型修改过程的模态分析方式应与试验边界条件相吻合或近似(在满足工程精度的前提下)。

5.2.1 模态分析标准

对工程实际结构的分析模型一定要尽量符合实际，理论上不同的结构系统(包括材料、结构、边界甚至变形程度等)相应的振动固有特性是不一样的。

在作自由模态分析时，可能会得出前几阶固有频率为 0 的情况，这些为 0 的固有频率表现为刚体模态；自由模态和约束模态不能被认为是"带约束的模态是自由模态的子集，约束后，模态数变少"，模态数与系统的自由度数有关，与约束无关。自由模态和约束模态并没有什么谁包含谁的概念。

车体的弹性振动对来自线路的不平顺及车轮表面不圆度等因素影响很大，为避免共振，国外大多数要求：

(1) 车体钢结构一阶弯曲模态频率不低于 14Hz；

(2) 整备状态下其一阶垂向弯曲振动频率大于 10Hz。如：①意大利的 ETR 型客车车体、日本的高速车体，都要求车体的垂向弯曲振动频率大于 10Hz；②德国 ICE 车技术任务书中规定，中间车的车体自振最低频率为 10Hz；③法国国营铁路要求转向架的振动频率不与车体的弯曲振动频率相耦合，希望分隔范围在 1.0~1.5 以上。

可以看出，对于车体的垂向弹性振动频率规定其最小值的目的，均是为了保证各部件间不发生共振，保证乘客乘坐的舒适性和预期的疲劳寿命。

5.2.2 车体有限元模型的建立

1. 建立有限元模型的基本方法

有限元网格模型的建立，是采用有限元法求解问题的关键，在整个求解过程中，它通常具有最大的工作量，随着有限元技术的广泛应用，有关有限元网格生成技术和可视化研究得到发展。目前，网格生成方式基本可分为两种类型。

1) 不基于几何模型直接建立节点、单元模型

由于模型相对简单或采用的软件功能有限，早期模型的建立受到软硬件的限制，只能采用这种方式。所以整个模型采用手工方式建立，也可以手工建立部分模型。这种方式要花费较多的时间和人力，对于车体这种大规模的复杂结构的模型可能因此作较大的简化。

2) 基于几何模型自动生成节点、单元模型

近些年来，有限元前处理技术进展的一个突出特点是 CAD 几何造型(特别是三维实体造型)技术的引入。以几何模型为载体，可以自动生成相应的有限元网格模型。

由于车体的力学特性主要由钢结构决定，故先对钢结构建模，再考虑配重。一般来说，车体横向两边基本对称，纵向稍有不同。本着提高精度的原则，建立的是纵向二分之一车体几何模型，划分网格后再对称成整车模型。几何模型的复杂程度直接影响有限元模型，从而影响到求解规模、计算速度。而对于车体模型来说，有两个极端。

(1) 极简化模型。这是根据车体大部分强度由几根主要梁承担，所以只建立含主要梁的框架结构。这种方法计算速度非常快，基本上不用等待；但其只是粗略地模拟车体，其缺点是很明显的，由于省略了大部分部件，如墙板、车体附件、门窗等，造成车身强度和质量与实际严重不符。因此这种方法只是用来大致估计车体特性。

(2) 极详细模型。这种方法是详细模拟车体的结构、部件、强度、质量等，如一些影响不很大的孔、槽、各部件的不同材料等都考虑到。这样确实能够比较准确地模拟实际车体，但是这种方法所用时间大大增加，模拟精度相对来说增加得却不是很大。同时这么详细复杂的模型在网格划分的时候很多地方不能自动划分。根据研究目的可以折中处理，适当简化掉一些影响不大但对划分网格影响很大的孔、槽、修饰物等细小复杂构件。由于要考虑的是车身结构的整体特性：整车刚度、低阶模态频率和振型，所以进行车身结构几何模型简化时，将对整车性能影响不大的设计细节作出简化和忽略。一些尺寸较小的构件使划分后的单元形状不好，予以忽略，其尺寸反映到相近的面板上。考虑到计算机性能较好，对于对划分网格影响较大的波纹地板也同实体一致；而对于焊接部分，如车顶与侧墙、侧墙与底架的焊接，因为肯定要有足够的刚度，且对整体模态分析影响不是很大，故直接加为一体。

对于由于简化造成的车体质量降低，可以采取如下 3 种方法进行补偿：

(1) 添加质量；

(2) 密度增加；

(3) 重力加速度增加。

2. 网格尺寸的确定

对于网格尺寸，要根据所分析结构和选用的单元以及建模目的综合考虑。因为车体结构较大，且分析的是其整体模态，如果采用较小的单元尺寸，反而会因为突出局部模态而掩盖了整体模态。极端情况下，如果局部模态与整体模态频率相近，有可能识别不出整体模态。在识别结构的整体模态时，应该在满足精度的情况下，网格尺寸越大越好。而且，与其他单元的有限元方法相比较，薄板弯曲问题有其特殊的复杂性，这是由于板的挠度函数所需满足的微分方程是四阶的重调和方程，薄板的弯曲应变能依赖挠度函数的二阶偏导数。对于薄板弯曲问题，数值计算过程中舍入误差的影响往往比二维或三维弹性力学问题严重得多，因而对于薄板弯曲问题，过细的网格划分往往反而是不合适的。

3. 整备车体的模拟

车体钢结构完成后，就要进行车体附属配件的模拟。由于车体附属配件种类繁多，形状、大小、重量、材料和连接方式各异。因此，长期以来，分析车体模态时，主要以钢结构为主体，加上主要配件如水箱、空调、座椅等的重量。对于这些重量的模拟一般采取以下两种方法：

(1) 以配件重量为基准增加板厚，使钢板增加的重量等于配件重量；

(2) 以质量块的方式加到相应节点上。

这两种方法都是较粗略的模拟。因为对于水箱、空调等钢铁件，都是用小梁吊在车体相应位置的梁上，设计中不考虑由其增加的刚度，即使设计的是刚性连接，也会因人工装配产生差异，可能过盈或间隙配合。当过盈时，与车体刚性连接，此时应该考虑其与车体的惯性和刚性耦合，但其刚度也没办法定量得到；间隙配合时，只要考虑其惯性祸合即可，此时第二种方法基本可以模拟，但这些都具有不确定性，同型号车各个体之间也存在差异。这只是这些比较好模拟的钢铁件。在车体上，还存在着大量更没办法准确模拟的部件，如车体内墙板、内墙钢梁、木梁、空调风道、制动管道、行李架、座椅、车内间壁、厕所、盥洗室、防寒材、车门窗等。这些部件都或多或少地贡献刚度和重量，但根本无法逐个详细模拟。而目前我国铁路提速频繁，又必须详细研究整备车动态性能。鉴于以上原因，介绍配件质量和刚度的模拟。

4. 附属配件质量的模拟

附属配件质量的模拟主要有以下几种方法。

(1) 添加质量块。①对于质量较大而与车体不是刚性连接的，如空调机组，可把质量平均分配到相关几个节点上，由于其本身刚度较大，可用刚性梁把几个节点连接起来；②对于刚度较小的，可不必用刚性梁连接；③车钩等与车体联系较紧密的钢质部件，可采用上述第一种方法，增加板厚来模拟；④而防寒材、墙板、空调风道等，已知其总重量，可以分成若干份，加到车体相应位置上；也可以采用当量密度的方法，改变相应位置钢板的密度来模拟附件质量。

(2) 质量的详细模拟。①对于车钩等采用增加板厚的方式；②厕所、盥洗室等采用质量块的方式；③门、窗、顶板等用非结构质量梁来详细模拟；④对于隔热材、木结构等采用非结构质量平面 Nonstructural Mass shell 模拟。

(3) 大部分非结构件同前面所述模拟质量，而木结构、隔热材、风道等用板厚模拟。

(4) 全部用板厚模拟(只考虑重量来增加板厚)。

(5) 考虑乘客的影响，一般情况下按每人 65kg。以质量块的方式考虑，缺少的用质量块加以补偿。

5. 附属配件刚度的模拟

国外的高速列车整备后的固有频率甚至高于钢结构，而我国正努力借鉴国外先进工艺，应该考虑内装修刚度的影响。这里的刚度有两种情况：一种是上述已经模拟质量的大配件引起的刚度，这些主要引起局部刚度，对整体模态影响不大；一种是基本均布的木结构、内墙板、防寒材、风道等各种配件引起的刚度。但它们都无法用常规方法一一定量模拟。考虑到这些部件基本均匀分配在车体里，对车体是一个全面的刚度增加，而车体一阶垂向弯曲也是整车特性，采用当量弹性模量法，以轨道车辆车体模态试验测得的一阶垂向弯曲数据为依据，修改弹性模量 E，以近似模拟车体附件引起的车体刚度增加，而且在有限元分析软件里这种修改简单易行。

6. 车体计算模型示例

某型动车组车体有限元模型如图 5-1 所示。

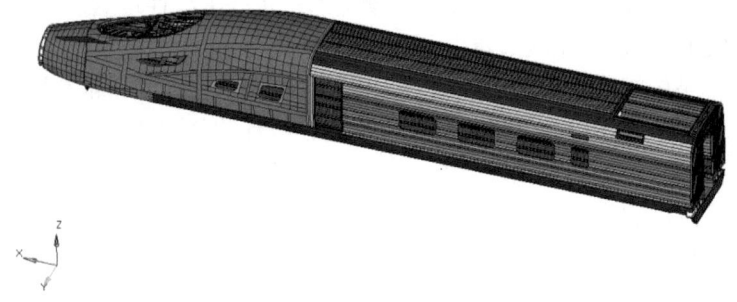

图 5-1　整车有限元模型

5.2.3　模态计算结果

1. 车体钢结构模态

车体钢结构的固有模态计算结果如表 5-1 和对应的图 5-2～图 5-5 所示。

表 5-1　车体钢结构前八阶弹性固有模态计算结果

序号	典型振型	频率/Hz
1	车体一阶垂向弯曲	19.363
2	整车扭转变形	20.324
3	车体一阶横向弯曲	23.417
4	车顶一阶垂向弯曲	25.838

第 5 章 轨道车辆主要结构的模态分析

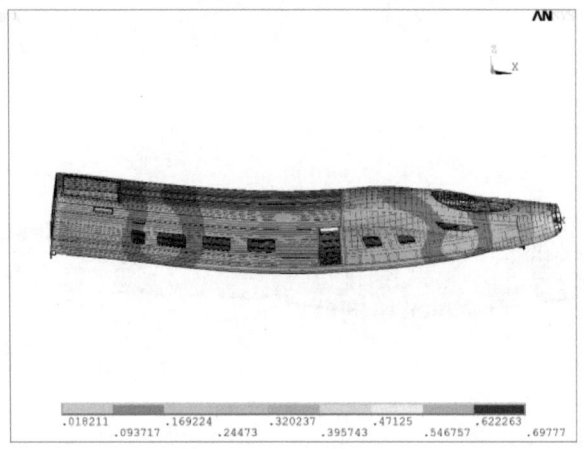

图 5-2 典型振型(一)

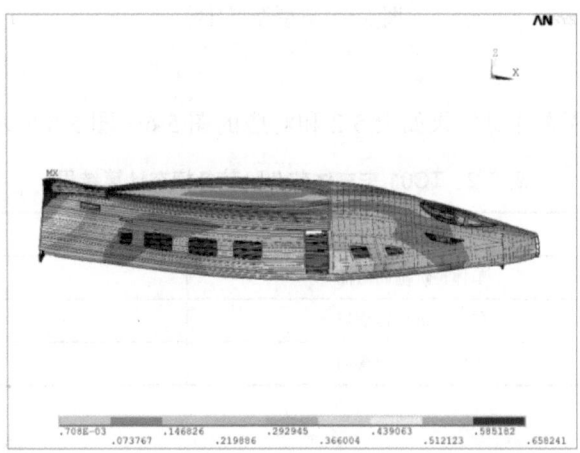

图 5-3 典型振型(二)

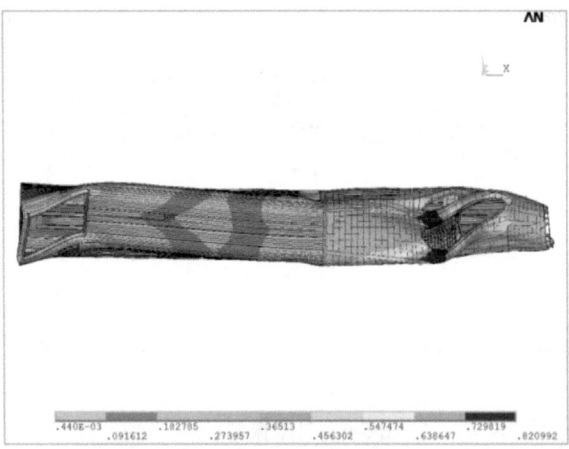

图 5-4 典型振型(三)

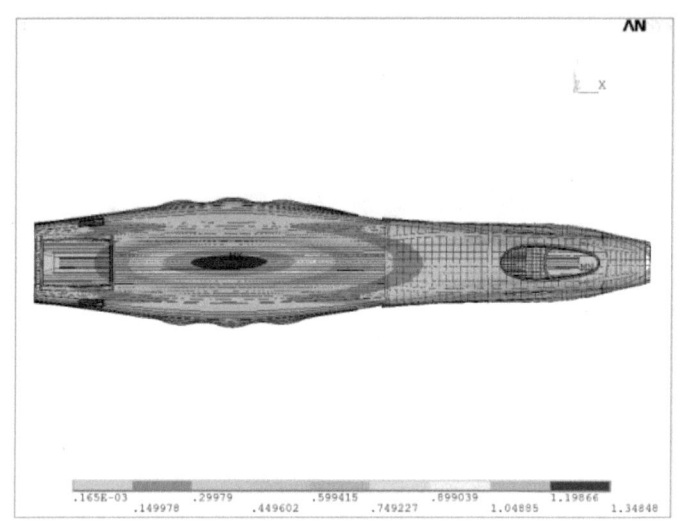

图 5-5 典型振型(四)

2. 车体整备模态

车体整备状态下模态计算结果如表 5-2 和对应的图 5-6～图 5-8 所示。

表 5-2 TC01 车车体前八阶整备模态计算结果

序号	典型振型	频率/Hz
1	车体一阶垂向弯曲	13.566
2	车体一阶扭转变形	19.617
3	车体一阶横向弯曲	22.711

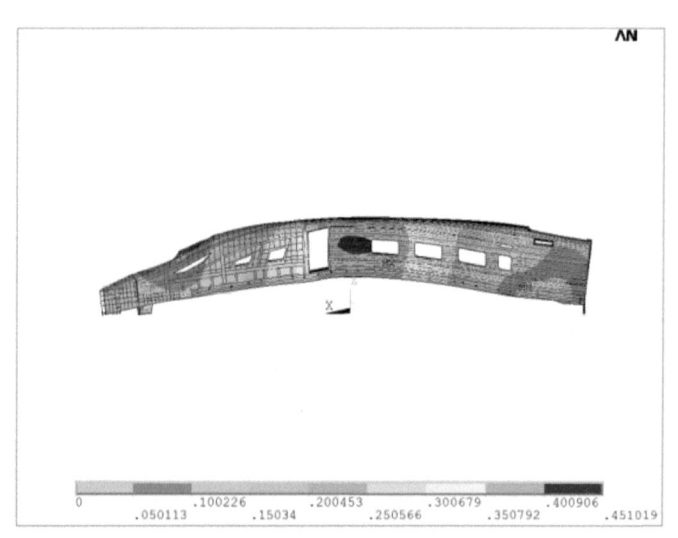

图 5-6 典型振型(一)

第 5 章 轨道车辆主要结构的模态分析

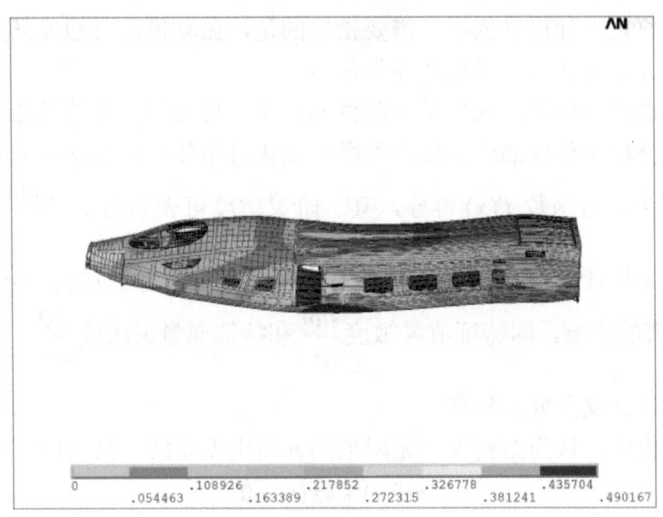

图 5-7 典型振型(二)

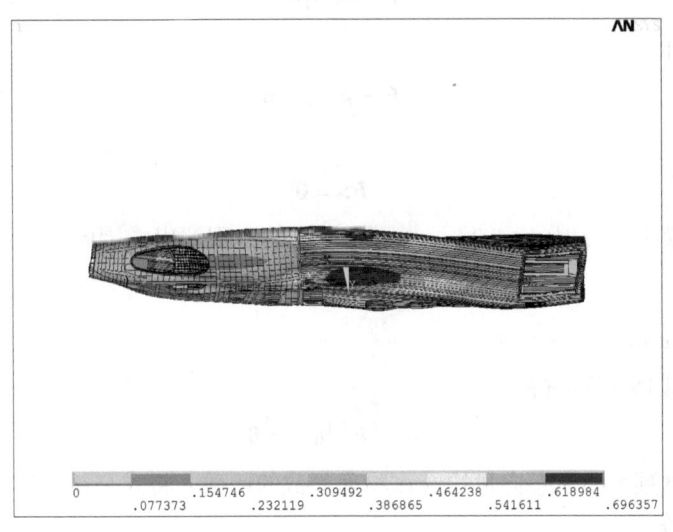

图 5-8 典型振型(三)

5.2.4 车体振动模态的灵敏度分析

以往的铁道车辆车体设计中主要考虑静强度,近年来,铁路不断提速,使得我们必须考虑车体的振动特性,就要关心车体的振动模态,但工程师设计时往往只是依靠经验,或者在车体完成后进行试验来检验,很少在设计时就周密考虑车体的模态特性。而目前高速客车要求轻量化、高速化,要让车体的动态特性满足一定的要求。要满足这些要求,有很多参数可以调整,但怎么调整,调整哪些参数更有效,这些都不是凭经验能够解决的,就要利用灵敏度分析。而灵敏度是进行结构动态设计常用的方法,其是在泰勒展开式的基础上用以确定模态参数对质量、阻尼或刚度的变化率的一种方法。对于确定在哪个部位进行某种形式的结构修改最为有效是很有用的,可以避免结构修改中的盲目性,提高设计效率及减少设计成本,为结构动力特性的优化设计提供依据。需要指出的是,振动模态灵敏度只是近似解,对车体设计有指导作用,并不能作为精确设计参数使用。

直观上讲,灵敏度分析就是观察某一部件的微小变化对整体性能的影响大小。振动模态的灵敏度分析就是分析车体各部件参数产生微小变化对车体结构模态的影响大小。从数学意义上来讲,可理解为:若函数 $f(x)$ 可导,其一阶灵敏度可表示为 $s = \dfrac{\partial f(x)}{\partial x_j}$。对于车体结构振动模态来说,就是设计变量 x(质量、刚度、阻尼、部件尺寸等)的微小变化对车体振动频率 ω 和特征向量 ϕ 值的影响。即特征值灵敏度 $\dfrac{\partial \omega}{\partial x_j}$ 和特征向量灵敏度 $\dfrac{\partial \phi}{\partial x_j}$。

1) 固有频率对设计变量的灵敏度

在车体模态分析中,认为结构为一无阻尼的 n 自由度系统,其自由振动方程可描述为

$$m\ddot{x}(t) + kx(t) = 0 \tag{5-6}$$

与之对应的特征值问题方程为

$$||k| - \omega^2 m|u = 0 \tag{5-7}$$

构造以下对称矩阵

$$F = k - \omega^2 m \tag{5-8}$$

则有

$$Fu = 0 \tag{5-9}$$

系统的各阶模态 $\omega_r, u^{(r)} (r=1,2,\cdots,n)$ 可由上面的方程解出,因此有

$$F^{(r)} u^{(r)} = 0 \tag{5-10}$$

式中,$F^{(r)} = k - \omega_r^2 m$。

以 $u^{(r)\mathrm{T}}$ 左乘式(5-10),得

$$u^{(r)\mathrm{T}} F^{(r)} u^{(r)} = 0 \tag{5-11}$$

把系统的自然频率和模态向量均看作物理参数的函数,将式(5-11)对物理变量 x(系统的某个物理参数)求偏导,得

$$\dfrac{\partial u^{(r)\mathrm{T}}}{\partial x} F^{(r)} u^{(r)} + u^{(r)\mathrm{T}} \dfrac{\partial F^{(r)}}{\partial x} u^{(r)} + u^{(r)\mathrm{T}} F^{(r)} \dfrac{\partial u^{(r)}}{\partial x} = 0 \tag{5-12}$$

又由式(5-10)转置可得

$$u^{(r)\mathrm{T}} F^{(r)\mathrm{T}} = u^{(r)\mathrm{T}} F^{(r)} = \mathbf{0}^{\mathrm{T}} \tag{5-13}$$

将式(5-13)代入式(5-12)中,得

$$u^{(r)\mathrm{T}} \dfrac{\partial F^{(r)}}{\partial x} u^{(r)} = 0 \tag{5-14}$$

再将式(5-8)代入式(5-14),得

$$u^{(r)\mathrm{T}} \left(\dfrac{\partial k}{\partial x} - 2\omega_r \dfrac{\partial \omega_r}{\partial x} m - \omega_r^2 \dfrac{\partial m}{\partial x} \right) u^{(r)} = 0 \tag{5-15}$$

选取归一化(正则化)模态向量 $u^{(r)}$，使之满足

$$u^{(r)\mathrm{T}} m u^{(r)} = 1 \tag{5-16}$$

将式(5-16)代入式(5-15)，得

$$\frac{\partial \omega_r}{\partial x} = \frac{1}{2\omega_r} u^{(r)\mathrm{T}} \frac{\partial k}{\partial x} u^{(r)} - \frac{\omega_r}{2} u^{(r)\mathrm{T}} \frac{\partial m}{\partial x} u^{(r)} \tag{5-17}$$

式(5-17)表示了系统第 r 阶自然频率，随系统物理参数 x 变化的灵敏度。

2)固有频率对壳单元厚度参数的灵敏度

在车体建模中，广泛应用的是薄壳，薄壳单元的刚度由平面刚度和弯曲刚度两部分组成。在小变形的情况下，薄壳单元的刚度矩阵就是其平面刚度矩阵和弯曲刚度矩阵的叠加，利用虚功原理，可以推导出四节点矩形薄板单元的刚度矩阵为

$$K'^e = \begin{bmatrix} K'_{11} & K'_{12} & K'_{13} & K'_{14} \\ K'_{21} & K'_{22} & K'_{23} & K'_{24} \\ K'_{31} & K'_{32} & K'_{33} & K'_{34} \\ K'_{41} & K'_{42} & K'_{43} & K'_{44} \end{bmatrix}$$

式中

$$K'_{ij} = \begin{bmatrix} k_{11} & k_{12} & k_{13} \\ k_{21} & k_{22} & k_{23} \\ k_{31} & k_{32} & k_{33} \end{bmatrix} \tag{5-18}$$

式(5-18)中各刚度系数为

$$k_{11} = 3H[15b_1^2 x_0 + 15a_1^2 y_0 + (14 - 4\mu + 5b_1^2 + 5a_1^2)x_0 y_0]$$

$$k_{22} = Hb^2[2(1-\mu)x_0(3+5y_0) + 5a_1^2(3+x_0)(3+y_0)]$$

$$k_{33} = Ha^2[2(1-\mu)y_0(3+5x_0) + 5b_1^2(3+x_0)(3+y_0)]$$

$$k_{12} = k_{21} = -3Hb[(2+3u+5a_1^2)x_0 y'_i + 15a_1^2 y'_j + 5ux_0 y'_j]$$

$$k_{13} = k_{31} = 3Ha[(2+3\mu+5b_1^2)x_0 y'_i + 15b_1^2 x'_i + 5\mu y_0 x'_j]$$

$$k_{23} = k_{32} = -15H\mu ab(x'_i + x'_j)(y'_i + y'_j)$$

式中

$$H = \frac{Eh^3}{720(1-u^2)ab}, \quad x_0 = x'_i x'_j, \quad y_0 = y'_i y'_j; \quad i,j = 1,2,3,4$$

四节点矩形壳单元的刚度矩阵由平面刚度矩阵和平板弯曲刚度矩阵组合而成，在进行模态分析时，没有中面的变形，故平面刚度矩阵为零，所以单元刚度矩阵为

$$K^e = K^e_b = Eh^3 K^e_{bc} \tag{5-19}$$

式中，K^e_b 为 24×24 的矩阵，由弯曲刚度矩阵转化到整体坐标而成；E 为材料的弹性常量；h 为单元的厚度；K^e_{bc} 为刚度矩阵中与 E 和 h 无关的部分。

矩形壳单元的质量矩阵为

$$M^e = \rho A_e h M_c^e / 3 \tag{5-20}$$

式中，ρ 为材料的密度；A_e 为单元的表面积；M_c^e 是 24×24 的矩阵，为质量矩阵中与 h 无关的部分。

在有限元分析中，结构的总刚度矩阵和总质量矩阵是由单元的相应矩阵叠加而得，即

$$K_{n \times n} = \sum_e K_{n \times n}^e \tag{5-21}$$

$$M_{n \times n} = \sum_e M_{n \times n}^e \tag{5-22}$$

式中，n 为结构总自由度；$K_{n \times n}^e$、$M_{n \times n}^e$ 分别为扩阶后的单元刚度矩阵。

式(5-21)、式(5-22)分别对厚度 h 求导，得

$$\frac{\partial K}{\partial h} = \sum_m \frac{\partial K_{n \times n}^e}{\partial h}$$

$$\frac{\partial M}{\partial h} = \sum_m \frac{\partial M_{n \times n}^e}{\partial h} \tag{5-23}$$

式中，m 为厚度为 h 的壳单元的个数。将式(5-23)代入式(5-17)，得

$$\frac{\partial \omega_r}{\partial h} = \frac{1}{2\omega_r} u^{(r)\mathrm{T}} \sum_m \frac{\partial K_{n \times n}^e}{\partial h} u^{(r)} - \frac{\omega_r}{2} u^{(r)\mathrm{T}} \sum_m \frac{\partial M_{n \times n}^e}{\partial h} u^{(r)} \tag{5-24}$$

式中，$u^{(r)}$ 是对应厚度为 h 单元分量组成的特征向量。

对式(5-19)和式(5-20)求导，得

$$\frac{\partial K^e}{\partial h} = 3Eh^2 K_{bc}^e$$

$$\frac{\partial M^e}{\partial h} = \rho A_e M_c^e / 3 \tag{5-25}$$

将式(5-25)代入式(5-24)中得

$$\frac{\partial \omega_r}{\partial h} = \sum_m u^{(r)\mathrm{T}} \left(\frac{3}{2\omega_r} Eh^2 K_{bc}^e - \frac{\omega_r}{2} \rho A^e M_c^e \right) u^{(r)} \tag{5-26}$$

上式即为结构固有频率对壳单元厚度参数的灵敏度计算公式。

5.3 转向架模态计算分析

转向架构架是车辆运行时最重要的承载部件之一，是转向架其他各零部件的安装基础，起着支承车体、承受并传递从车体至轮对之间的各种载荷及作用力等作用。转向架构架的振动会直接影响车辆运行的稳定性和乘坐舒适性。作为转向架构架这一主要受力部件，通过模态分析可以掌握构架的固有频率和自由振动模型，掌握转向架构架的振动特性。这不仅可以作为整车动态分析的一部分，而且构架的动态参数还可以作为转向架设计的指

标之一,发现结构设计中的不足以及引起问题的原因,为结构的优化设计和疲劳分析提供必要的依据。

车辆结构弹性体振动频率与多自由度刚体系统的振动耦合是影响乘坐舒适性的重要问题,而振动耦合对车辆运行品质及其结构疲劳影响较大,故对车辆转向架进行结构模态分析是十分必要的。例如,通过构架的低阶振型分析,可以找出各阶固有振动的节点位置,该部位就是容易产生疲劳破坏的地方,也可以用一阶动态扭转和弯曲刚度代替静态扭转刚度作为构架的特性指标。

5.3.1 构架有限元模型的建立

CW250 型动车转向架为无摇枕、转臂式轴箱定位结构。构架由两根箱型侧梁和两根无缝钢管横梁组成 H 形结构,采用高强度耐候钢板(S355J2W)压型焊接而成,耐腐蚀性强,两纵向辅助箱型梁焊接在两横梁之间。侧梁为中部下凹的鱼腹箱型结构,其上焊有转臂定位座、抗蛇形减振器座、抗侧滚连杆座、二系垂向减振器座以及制动吊座等。内部有 8 块厚度为 10mm 的加强筋板。横梁采用无缝钢管,其上焊有纵向辅助箱型梁、电机吊座、齿轮箱吊杆座、牵引拉杆座以及垂向止挡座。整个构架的结构示意图如图 5-9 所示。

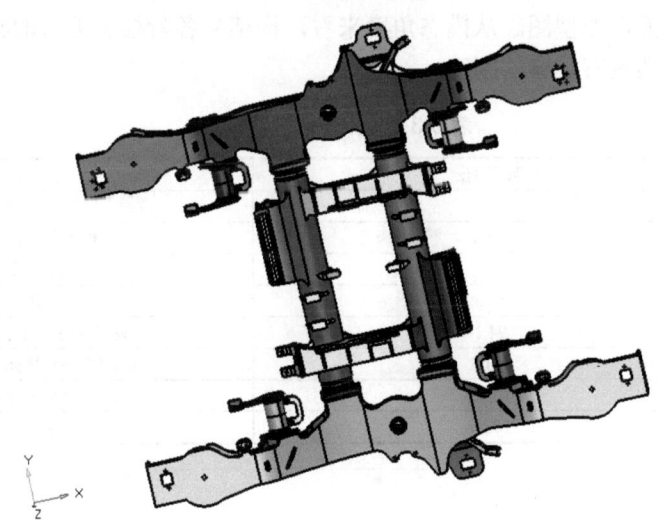

图 5-9 构架结构示意图

网格划分时对模型的简化是十分必要的。其原则是:最大限度地保留零件的主要力学特征,将小面合并成大面,并且相邻面应共用一条轮廓线,以保证各个面上划分出来的网格在边界处是共用节点,避免在边界处出现节点错开的现象。网格划分也要综合考虑整个构架的计算量、计算精度及构架结构的实际情况,通过自动划分网格和手动划分相结合的方式,有效地控制了单元节点的总数。

对构架进行有限元计算时,为了较好地反映出动态特性,取整个构架进行分析,采用 10 节点体单元(SOLID92)进行离散,采用约束方程建立电机质心与其吊座安装位置、齿轮箱质心与其安装位置等之间的连接关系。整个构架共离散为 429976 个单元,846620 个节点,离散模型如图 5-10 所示。

图 5-10　构架有限元模型

5.3.2　构架模态计算及结果分析

构架进行模态计算时，由于构架的结构复杂，整个构架结构模型的自由度多，模态频率密集，并且模态多表现为局部区域的变形，因此计算提取了构架的前八阶自由模态。

表 5-3 列出了构架的前八阶弹性振型及其固有频率值。有限元模态分析计算结果表明，构架的第一阶固有频率为 43.7Hz，振型特征为两侧梁反向点头。图 5-11～图 5-18 给出了前八阶固有频率下的弹性振型图。从模态角度来看，构架的各阶模态振型的频率较高，没有明显的薄弱环节，构架具有足够的刚度。

表 5-3　构架模态分析结果

阶次	频率/Hz	振型特征
1	43.7	两侧梁反向点头
2	70.6	横梁垂直面内弯曲
3	81.7	横梁水平面内弯曲
4	85.3	菱形变形
5	94.1	两侧梁水平面内同向弯曲
6	101.2	制动吊座水平面内反向弯曲
7	102.2	制动吊座水平面内菱形变形
8	102.4	制动吊座水平面内反向弯曲

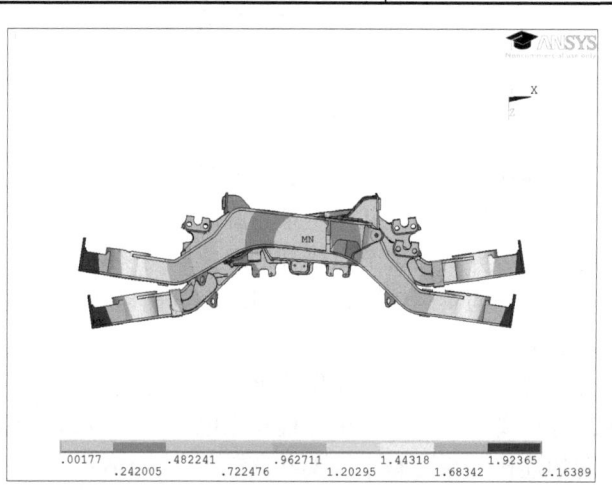

图 5-11　第一阶模态振型图

第 5 章 轨道车辆主要结构的模态分析

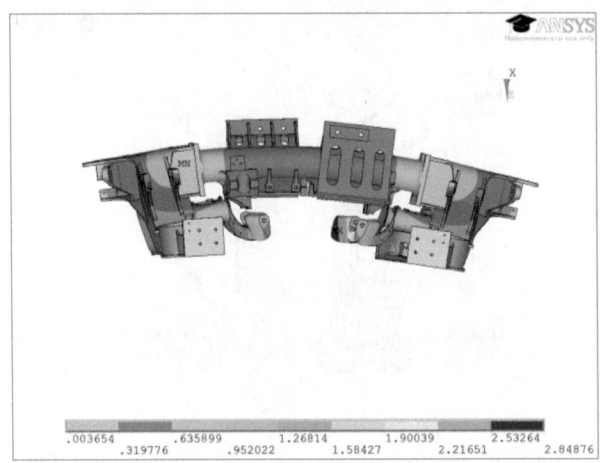

图 5-12 第二阶模态振型图

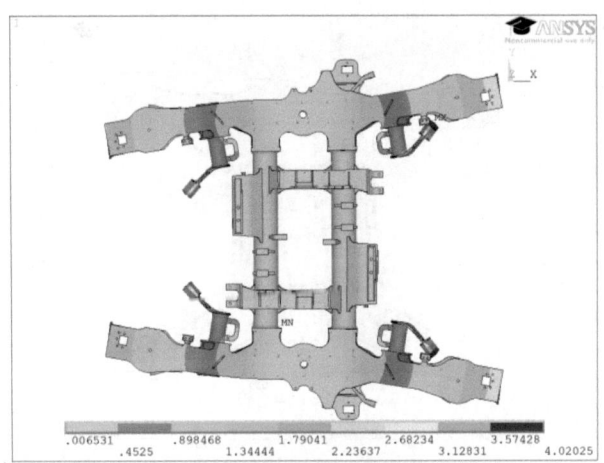

图 5-13 第三阶模态振型图

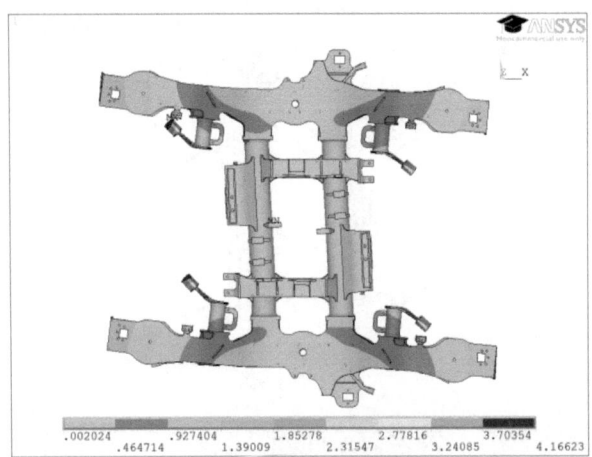

图 5-14 第四阶模态振型图

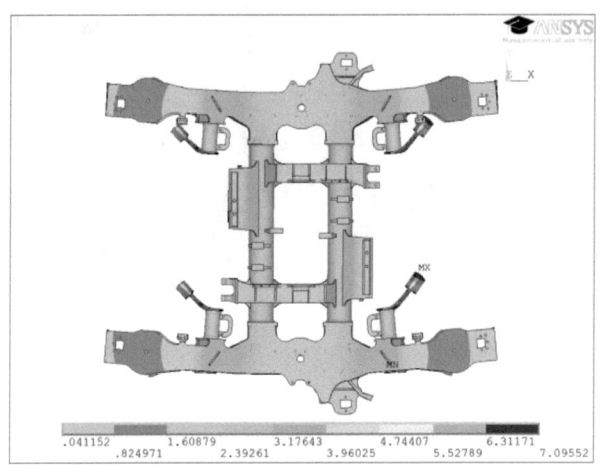

图 5-15　第五阶模态振型图

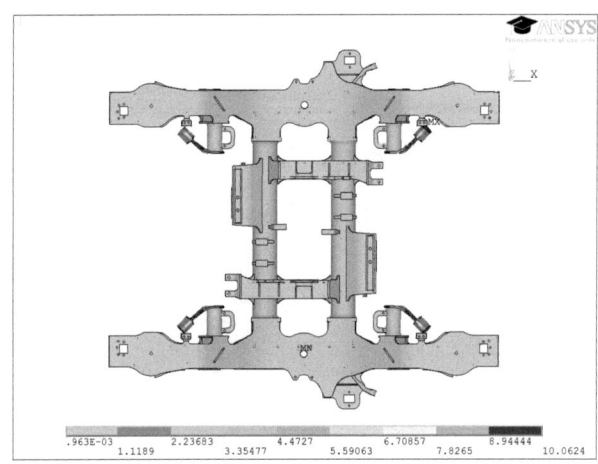

图 5-16　第六阶模态振型图

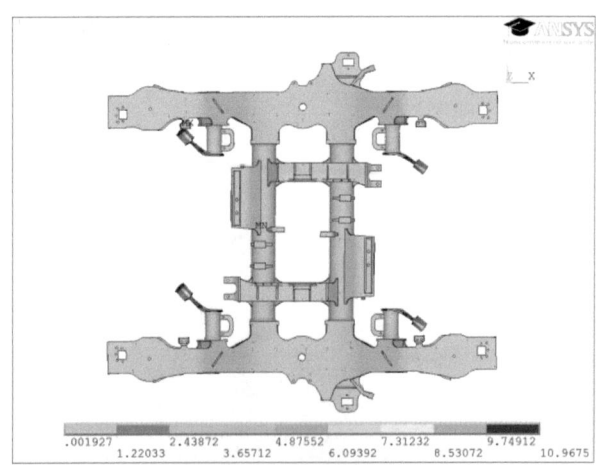

图 5-17　第七阶模态振型图

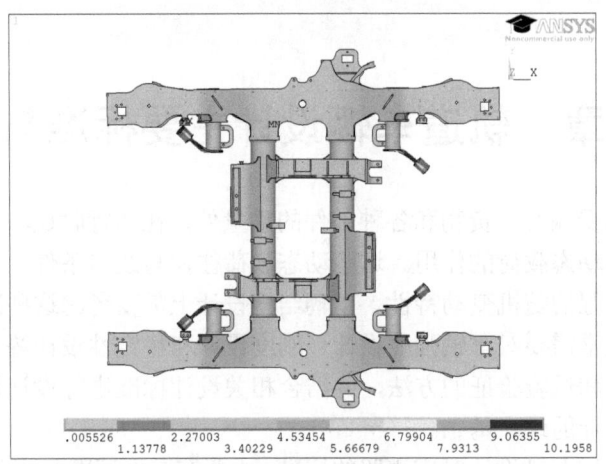

图 5-18　第八阶模态振型图

从上述模态振型图可以看出，转向架构架的多阶振型大多在侧梁和横梁的连接处产生交变振动，所以这些部位容易产生疲劳裂纹。应对该部位的设计及焊接质量给予高度重视，提高该部位的疲劳寿命。

习　题

1. 车体模态分析的标准是什么？
2. 简述转向架和车体模态分析的意义。
3. 简述模态计算分析方法的原理。只能采用有限元法吗？
4. 已知某三自由度振动系统的质量矩阵和刚度矩阵分别为

$$\boldsymbol{M} = m\begin{bmatrix} 1 & 0 & 0 \\ 0 & 1 & 0 \\ 0 & 0 & 1 \end{bmatrix}, \quad \boldsymbol{K} = k\begin{bmatrix} 2 & -1 & 0 \\ -1 & 2 & -1 \\ 0 & -1 & 1 \end{bmatrix}$$

试计算系统的固有频率和关于第三自由度归一化的固有振型。

第6章 轨道车辆设计主要标准与规范

轨道车辆除要承受旅客、货物和各种部件的重量外，在运行时还将承受纵向、横向、垂向扭转和气密载荷等动态载荷的作用。这些动态载荷往往与线路条件、司机操纵和列车动力学品质相关、具有很强的随机变动特性。车辆结构设计上需要考虑这些准静态及动态载荷的单独或联合作用，通常需要对车辆强度设计、刚度设计和稳定性设计等方面进行校核。目前普遍采用有限元分析和试验验证的方法，并结合相关设计标准进行设计校核，设计规范旨在提供一个车辆结构设计的统一基础。

本章主要介绍轨道车辆设计时应遵照的标准，主要有国内标准与规范、国际标准与规范、欧洲和日本标准与规范。这些标准是通过对大量轨道车辆承载结构设计载荷、载荷工况组合和强度试验的研究报告，制定出的相关设计和试验标准，是人们对长期工程实践经验的总结。这对我们进行轨道车辆的相关设计具有很强的指导意义。各相关标准规定了车体、转向架、轮轴等结构强度与刚度的最低要求，规定了各个结构应能承受的载荷，同时本章也介绍车辆设计过程中常用的工程材料，这对于车辆各部分结构材料的选取具有一定的参考价值。

6.1 国内标准与规范

6.1.1 概述

关于铁道车辆关键零部件疲劳可靠性问题，世界上各铁路发达国家都相当重视。北美铁路协会在 AAR 标准中针对车辆承载构件的疲劳试验制定了相关标准；从 20 世纪 80 年代开始，日本学者对高速列车轻量化承载结构疲劳强度和可靠性问题进行了广泛的理论、实验室试验和线路试验研究，提出承载结构疲劳设计的工程方法和延长其使用寿命的理论方法。在工程上，对于设计阶段的机车车辆承载结构，主要依据 JIS 标准规定的载荷工况及载荷组合，利用 Goodman 曲线对整体结构进行强度和疲劳强度分析。在欧洲，通过大量的机车车辆线路运行试验，国际铁路联盟(UIC)和欧洲标准(EN)试验中心专家委员会发布了大量机车车辆承载结构设计载荷、载荷工况组合和强度试验的研究报告，制定出了相关的设计和试验标准。

我国在高速列车关键技术预研究阶段，由于结构强度设计和试验标准滞后于机车车辆技术发展，在承载结构设计阶段，主要根据服役环境和现有相关设计标准对设计产品进行静强度和疲劳强度分析。传统的设计方法以静强度理论为基础，根据实践经验将制造材料的屈服极限或强度极限与安全系数之比作为结构设计的许用应力，校核结构强度是否满足设计和线路运行要求。伴随着铁路改革发展进程，铁路技术标准特别是高速铁路建设和动车组等技术标准，从无到有、从追赶到超越、从探索到成熟。随着铁路海外项目的实施，我国铁路技术标准越来越多地被世界各国重视和采用。目前，我国已主持制定或参与制定了多项 UIC、国际标准化组织(ISO)、国际电工委员会(IEC)国际标准，并全面参与了国际标准化组织/铁路应用技术委员会(ISO/TC269)的各项工作，进一步提升了中国铁路技术标准的影响力。

在进行铁道车辆的相关设计时，需要遵循一定的设计标准。我国关于铁道车辆设计方面的相关标准，如铁道部标准 TB/T 1335—1996《铁道车辆强度设计及试验鉴定规范》给出铁道车辆转向架主要承载部件(轮对除外)和车体结构强度的评定方法等，该规范中主要涉及设计载荷、主要设计数据、材料的许用应力及刚度等。在转向架的设计方面，我国采用的主要标准是(TB/T 2368—2005《动力转向架构架强度试验方法》)主要包括静强度和疲劳强度的设计试验。

6.1.2　TB/T 1335—1996 车辆强度设计规范主要内容

本标准适用于鉴定标准轨距铁路上运用的一般用途非动力车辆及其主要零部件的结构强度。其中，客车构造速度不大于 200km/h；货车构造速度不大于 120km/h，列车牵引总重不大于 6000t，但运煤专线列车牵引总重需达 10000t 及以上，轴重不大于 25t。

1. 车辆基本作用载荷(或力)及其组合

1) 垂向静载荷

垂向静载荷包括自重、载重和整备重量。

2) 垂向动载荷

垂向动载荷由垂向静载荷乘以垂向动载荷系数而定。

垂向动荷系数按下式计算：

$$K_{dy} = \frac{1}{f_j}(a+bv) + \frac{dc}{\sqrt{f_j}} \tag{6-1}$$

式中，K_{dy} 为垂向动荷系数；f_j 为车辆在垂向静载荷下的弹簧静挠度(对于变刚度弹簧，静挠度值为垂向静载荷与相应载荷下的弹簧刚度之比)(mm)；v 为车辆的构造速度(km/h)；b 为系数，取值为 0.05；d 为系数，货车取值为 1.43，客车取值为 3.0；a 为系数，簧上部分(包括摇枕)取值为 1.50，簧下部分(轮对除外)取值为 3.50；c 为系数，簧上部分(包括摇枕)取值为 0.427，簧下部分(轮对除外)取值为 0.569。

具有二系弹簧的转向架构架，垂向动荷系数按下式计算：

$$K_{dy} = K_{dys} + (K_{dyx} - K_{dys})\frac{f_{jy}}{f_{j\Sigma}} \tag{6-2}$$

式中，K_{dys} 为簧上部分的垂向动荷系数；K_{dyx} 为簧下部分的垂向动荷系数；f_{jy} 为摇枕弹簧静挠度(mm)；f_{jz} 为轴箱弹簧静挠度(mm)；$f_{j\Sigma}$ 为转向架的弹簧静挠度($f_{j\Sigma}=f_{jy}f_{jz}$)。

垂向静载荷与垂向动载荷之和称为垂向总载荷。

3) 考虑转向架弹簧的强度时，弹簧最大垂向计算载荷按下式计算

$$P_{max} = Cf_{max} \tag{6-3}$$

式中，P_{max} 为弹簧最大垂向计算载荷(kN)；C 为弹簧刚度(kN/mm)；f_{max} 为最大计算挠度(mm)，应满足

$$f_{max} = f_j(1+K_{dl}) \tag{6-4}$$

式中，f_j 同式(6-1)；K_{dl} 为弹簧挠度裕量系数，货车的 $K_{dl} \geq 0.7$，客车的 $K_{dl} \geq 0.5$。

4) 侧向力(包括离心惯性力和风力)

如果在设计任务书中没有特殊规定离心惯性力，则客车按垂向静载荷的10%取值；货车按垂向静载荷的7.5%取值。

在计算离心惯性力时，建议将车体和转向架分别加以考虑。在强度设计中，为简化计算，亦可假定转向架重心位于轮轴中心线同一高度上；车体重心距轮轴中心线的垂向高度：客车为 1600mm，货车为 1800mm。

风力按单位风压力乘以车体(或转向架)的侧向投影面积计算。风力的合力作用于投影面积的形心上，单位风压力可取 540Pa。

5) 斜对称载荷和扭转载荷

斜对称载荷是一组作用在构架上，反对称于构架两对称轴的相互平衡的垂向力系，其值按下式计算：

$$Q = 2.68L_2 \left(\frac{C_1 C_2}{C_1 + C_2} \right) \tag{6-5}$$

式中，Q 为斜对称载荷(N)；L_2 为车轴两端轴颈中心之间的距离(m)；C_1 为一个轴箱上轴箱弹簧组的总刚度(N/mm)；C_2 为转向架抵抗斜对称载荷的刚度(N/mm)，$C_2 = 1/\delta$，δ 为位移量(mm)。

此处 δ 为斜对称载荷 $Q = 1$ 时，在构架上该载荷作用点沿 Q 力方向的位移。

6) 纵向力及主载荷的最大可能组合

纵向力是指列车在各种运动状态时，车辆间所产生的压缩力和拉伸力。在计算和试验一般客车强度时，仅按第一工况的载荷组合方式进行；货车必须按第一种工况和第二种工况的载荷组合方式进行。

(1) 第一工况。纵向拉伸力取：客车为 980kN；货车为 1125kN。压缩力取：客车为 1180kN；货车为 1400kN。该力分别沿车钩中心线作用于车辆两端的前、后从板座上。这种力产生的应力与垂向总载荷、侧向力、扭转载荷等所产生的应力相加(装运散粒货物的车辆，还应加上侧压力产生的应力)，其和不得大于第一工况的许用应力(见表 6-1)。

表 6-1　金属零件许用应力表　　(单位：MPa)

材料及其牌号		车体及转向架零件(轮对除外)		制动零件
		第一工况	第二工况	
普通碳素	Q235-A(σ_s=235)	161	212	136
	Q275(σ_s=275)	188	248	159
耐候钢	09CuPCrNi(σ_s=294)	184	250	156
不锈钢	1Cr17Mn6Ni5N(σ_s=275)	188	248	159
低合金钢	16Mn(σ_s=345)	216	293	183
普通铸钢	ZG200-400(σ_s=200)	115	154	98
	ZG230-430(σ_s=230)	132	177	113
低合金铸	B 级钢(σ_s=280)	150	200	128
	C 级钢(σ_s=420)	195	259	166
铝合金	LF6(σ_s=157)	100	140	
	其他(σ_s=314)	(转向架零件除外)		
弹簧钢	60Si2Mn(σ_s=1177)		抗压及弯曲变形：981	
			剪切及扭转变形：736	

注：(1) 不锈钢 1Cr17Mn6Ni5N 的力学性能根据 GB 1220 选取；
　　(2) 铝合金 LF6 的力学性能根据 GB 3139 选取。

(2) 第二工况。纵向压缩力取为 2250kN。该力有两种作用方式：一是沿车钩中心线作用于车辆两端的后从板座上；二是沿车钩中心线作用于车辆一端的后从板座上，而为车辆及其所载货物的惯性力所平衡。

由这两种作用方式产生的应力分别与垂向静载荷产生的应力相加（装运散粒货物的车辆，还应加上侧压力产生的应力），其和不得大于第二工况许用应力（表 6-1）。

7) 车辆通过曲线时所受的力

车辆通过曲线时所受的力，根据车辆在曲线区段上运行时转向架的力的平衡条件而定。在计算上述载荷时，车轮与钢轨间的摩擦系数取为 0.25。

8) 制动时产生的力

制动时产生的力包括制动系统中的力和制动时产生的惯性力。制动时产生的车辆纵向惯性力按加速度等于 $0.25g$ 计算，此处 g 为重力加速度（$g=9.81\text{m/s}^2$）。

9) 罐体压力

罐体的内压力为所装液体的蒸发气体的压力、液力冲击时所产生的压力及所装液体自重引起的静压力三部分之和。罐体内的蒸发气体压力依设计任务书规定的安全阀调整压力取值。

10) 散装粒状货物的侧压力

散装粒状货物的侧压力作用于垂直侧（端）墙之上。当进行第一工况强度考核时，仅考虑侧墙压力。其单位面积上的压力为

$$P_{d1} = 0.5vH\sqrt{(1-k_v)^2 + A_0^2} \times 9810$$
$$A_0 = k_h - (1-k_v)\tan\theta \tag{6-6}$$

式中，P_{d1} 为侧墙单位面积上的压力（Pa）；v 为散粒货物容重（t/m³）；H 为散粒货物实际装载高度（可根据标记载重、货物容重以及车体内长和内宽等确定，m）；k_v 为端墙上在重载车体重心高度处的垂向加速度与重力加速度的比值（一般可取 0.7）；k_h 为端墙上在重载车体重心高度处的纵向加速度与重力加速度的比值（一般可取 0.4）；θ 为散粒货物的自然坡角（度）。

设计通用敞车时，按装运水洗煤取值 $v = 1.1$t/m³，$\theta = 25°$。

当进行第二工况强度考核时，其侧墙单位面积上的压力为

$$P_{dq} = 0.5vH[1+(\tan\theta)^2] \times 9810 \tag{6-7}$$

式中，P_{d1}、v、θ、H 的含义同式 (6-6)。

端墙单位面积上的压力为

$$P_{d2} = 0.5vH\sqrt{1 + A_3 + (A_1 + A_2H)^2} \times \sqrt{1+(A_1+A_2H)^2} \times 9810 \tag{6-8}$$

$$A_1 = a - k_v\frac{h}{L} + k_vX\tan\theta/L$$

$$A_2 = k_v/L$$

$$A_3 = A_2X(A_2X - 2)$$

$$a = k_h - \tan\theta$$

式中，P_{d2} 为端墙单位面积上的压力（Pa）；v、θ、H 的含义同式 (6-6)；k_v 的含义同式 (6-6)，

一般可取 1；k_h 的含义同式(6-6)，一般可取 3；h 为散粒货物表面至重载车体重心间的距离(m)；L 为车体内长的一半(m)；X 为重载车体重心至计算侧压力处的水平距离(均匀装载时 $X=L$, m)。

11) 车辆在机械化装卸时所受的力

需上翻车机的敞车的上侧梁和立柱必须满足翻车机的作业要求，对于车辆总重为 84t 的敞车，翻车机一个压头的最大垂向压力取 118kN，作用在上侧梁的任何位置，匀布于最小 200mm 的长度上；侧墙立柱根部的内倾总弯矩为 235kN·m，均匀分摊给所有立柱。其所产生的应力均不得大于表 6-1 所规定的第二工况许用应力。其他载重的敞车及固定使用翻车机的敞车，应根据车辆总重和所用翻车机的结构确定上侧梁和立柱的载荷值。

12) 修理时加于车辆上的载荷

鉴定车辆强度时，应考虑在车体一端枕梁的两侧或其他顶车处用千斤顶架起重载车体。此时，车体任何断面的应力不得大于所用材料的屈服极限，顶车位置处的结构不得产生永久变形。

2. 车辆设备及结构附件的强度要求

1) 冲击座及从板座固结的强度要求

车钩冲击座及有关零件(包括固结零件)应当按数值等于 350kN 向上或向下作用的垂向力加以校核。此时，所产生的应力不得大于材料的强度极限。

从板座铆钉在下列纵向力的作用下，剪切应力不得大于材料的剪切屈服极限：

前从板座：客、货车均为 980kN；

后从板座：客车为 1180kN，货车为 2250kN。

2) 车钩及缓冲器的强度要求

自动车钩的拉伸破坏强度：货车不得小于 3100kN；客车不得小于 1800kN。缓冲器必须分别满足以下要求：通用货车缓冲器的最大阻抗力不大于 2000kN，容量不小于 45kJ；客车缓冲器的额定阻抗力不大于 800kN，容量不小于 20kJ。缓冲器强度的计算和试验，其纵向力的计算客车按第一工况，货车按第二工况。

3) 车体固结设备的强度要求

客车车体内外部设备及其紧固零件应按相当于下列加速度的惯性力进行强度核算：

纵向：$3g$；

横向：$1g$；

垂向：cg(包括重力)。

g 为重力加速度；c 在车体端部为最大值 3，向车体中心线性变化到最小值 1.5。此时所产生的 3 个方向的合成应力不得大于材料的屈服极限。

4) 其他强度要求

新设计车辆结构应对其中的杆、板或壳进行稳定性校核或试验，以避免结构因丧失稳定而失效。

3. 铁道车辆所用材料和许用应力

钢质车辆零部件，除已载明的试验许用应力外，零部件基体金属的测试应力均不得大于表 6-1 所规定的数值。

6.1.3 TB/T 2368 动力转向架构架强度试验方法主要内容

标准规定了在试验台上鉴定动力转向架构架(以下简称"构架")承受各种运营载荷能力的试验方法。

(1) 超常载荷的静强度试验验证在运用时可能出现的最大载荷的共同作用下,转向架构架没有永久变形的危险。

(2) 模拟主要运营载荷的静强度试验验证在运用时可能出现的主要载荷(垂向、横向和轨道扭曲)的共同作用下,转向架构架没有产生疲劳裂纹的危险。

(3) 模拟特殊运营载荷的静强度试验验证转向架零部件(电动机、制动器、减振器和抗侧滚扭杆)产生的载荷反复作用下以及通过小半径曲线时,转向架构架没有产生局部疲劳裂纹的危险。

1. 超常载荷的静强度试验

作用于转向架构架的载荷如图 6-1 所示。

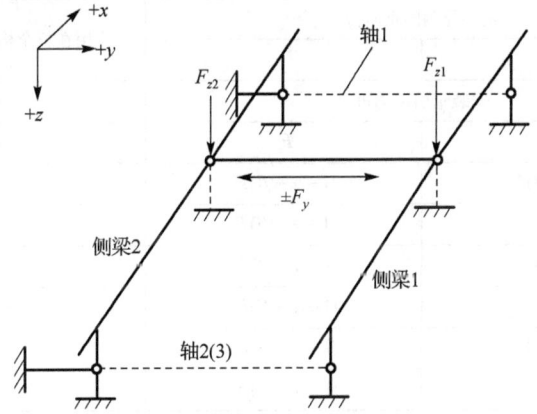

图 6-1 静强度试验中的加载示意图

1) 垂向试验载荷(转向架每侧)

$$F_{z1\max} = F_{z2\max} = \frac{1.4g}{2n_b}(m_v + c_1 - n_b m^+) \qquad (6-9)$$

式中,$F_{z1\max}$、$F_{z2\max}$ 为转向架两侧的垂直试验载荷(N);g 为重力加速度(g=9.81m/s²);n_b 为转向架数;m_v 为整备状态下的空车重量(kg);m^+ 为转向架重量(kg);c_1 为超常商用载荷,包括每个座位(卧铺车为每个床位)1 名乘客,乘客质量为 80kg,每平方米走廊、进出口和公务间 4 名乘客,每平方米行李间载重 300kg。

2) 横向试验载荷(每转向架)

$$F_{y\max} = 2\left[10^4 + \frac{(m_v + c_1)g}{3n_e n_b}\right] \qquad (6-10)$$

式中,$F_{y\max}$ 为横向试验载荷(N);n_e 为每转向架上的轮对数。

3) 扭曲试验载荷

对于转向架因扭曲导致一个车轮 100%减载时构架的扭曲载荷,可用以分析转向架脱轨时的情况。

在超常载荷的静强度试验中没有模拟纵向力。对于三轴转向架($n_e = 3$)，认为中间轴不传递横向力。对于运用环境异常恶劣的情况，超常载荷试验中的系数 1.4 可以增大到 2.0。

2. 模拟主要运营载荷的静强度试验

1) 垂向力

不同工况下，作用在转向架每侧的垂向力 F_{z1} 和 F_{z2} 由表 6-2 给出，其中

$$F_z = \frac{g}{2n_b}(m_v + 1.2c_2 - n_b m^+) \tag{6-11}$$

式中，F_z 为模拟运营载荷工况作用在每个转向架上的基本垂向力(N)；c_2 为模拟运营载荷，包括：每个座位(卧铺车为每个床位) 1 名乘客，每平方米走廊、进出口和公务间 2 名乘客，每平方米行李间载重 300kg。

表 6-2 模拟主要运营载荷试验工况表

工况	构架每侧的垂向力		作用在整个构架上的横向力	扭曲载荷
	F_{z1}	F_{z2}		
0	安装牵引电动机		0	
1	F_z	F_z	0	
2	$(1+\alpha-\beta)F_z$	$(1-\alpha-\beta)F_z$	0	0
3	$(1+\alpha-\beta)F_z$	$(1-\alpha-\beta)F_z$	$+F_y$	0
4	$(1+\alpha+\beta)F_z$	$(1-\alpha+\beta)F_z$	0	0
5	$(1+\alpha+\beta)F_z$	$(1-\alpha+\beta)F_z$	$+F_y$	0
6	$(1-\alpha-\beta)F_z$	$(1+\alpha-\beta)F_z$	0	0
7	$(1-\alpha-\beta)F_z$	$(1+\alpha-\beta)F_z$	$-F_y$	0
8	$(1-\alpha+\beta)F_z$	$(1+\alpha+\beta)F_z$	0	0
9	$(1-\alpha+\beta)F_z$	$(1+\alpha+\beta)F_z$	$-F_y$	0
10	$(1+\alpha-\beta)F_z$	$(1-\alpha-\beta)F_z$	$+F_y$	F_n
11	$(1+\alpha+\beta)F_z$	$(1-\alpha+\beta)F_z$	$+F_y$	F_n
12	$(1-\alpha-\beta)F_z$	$(1+\alpha-\beta)F_z$	$-F_y$	F_n
13	$(1-\alpha+\beta)F_z$	$(1+\alpha+\beta)F_z$	$-F_y$	F_n

2) 作用在每台转向架上的横向力

$$F_y = 0.5(F_z + 0.5m^+ g) \tag{6-12}$$

式中，F_y 为模拟运营载荷工况作用在每个转向架上的横向力(N)。

垂向载荷 F_z=转向架一侧的基本垂向载荷。横向载荷 $F_y = 0.5(M_b g)$，M_b 为一台转向架的质量。斜对称载荷 F_n 按轨道最大扭曲量 5‰考虑。系数 α 表示车体在曲线上滚摆运动引起的垂直载荷的动态变化。系数 β 表示车体浮沉运动引起的垂直载荷的动态变化。

3) 扭曲载荷

扭曲载荷为对于转向架运行于 5‰扭曲线路时对应的构架载荷。

3. 试验过程

牵引电动机安装完毕后，就可以对转向架构架施加不同组合的载荷，其中：由车体垂向运动(浮沉)引起的垂向力动态变化，用垂向力的一个百分数描述为 βF_z。由车体侧滚运动引起的垂向力动态变化，用垂向力的一个百分数描述为 αF_z。

对于常规运行条件：

$$\alpha = 0.1, \quad \beta = 0.2$$

如果已知线路质量明显偏差或者车辆运行在非常大的欠超高条件下，可以使用更大的 α、β 值。

模拟主要运营载荷的静强度试验按照表 6-2 定义的工况依次进行试验。

4. 试验结果

由这些值计算出每一工况下的应力值，并从中找出最小值 $\sigma_{\min}$ 和最大值 $\sigma_{\max}$ 后，得到平均应力 σ_{ave} 和应力幅 $\Delta\sigma$：

$$\sigma_{ave} = \frac{\sigma_{\min} + \sigma_{\max}}{2}$$

$$\Delta\sigma = \frac{\sigma_{\max} - \sigma_{\min}}{2} \tag{6-13}$$

极限应力可由疲劳极限图给出。

5. 模拟特殊运营载荷的静强度试验

1) 载荷的定义

试验模拟的作用力主要取决于转向架设计的具体特征，并与转向架的牵引、制动方式等有关。因此，不可能在本标准中详细地限定所有试验，本标准只对大多数构架都有的主要悬/吊座的试验进行描述。

(1) 牵引电动机和传动系统。通过施加下述载荷，模拟由于电动机和传动系统的惯性引起的动态响应；在构架的吊挂点上，施加 x 倍于悬吊重量的载荷。对于抱轴式，x 取 4.5，对于架悬或半体悬，x 取 2.5。对于运行环境异常恶劣的情况，动荷系数 x 的取值可以适量增大。

(2) 电动牵引/制动装置。模拟作用在构架上驱动力的载荷施加在轴箱纵向力作用处。模拟电动机反扭矩的载荷施加在电动机吊座处。

(3) 空气制动装置。模拟制动装置作用在构架上的力，力的作用点为运用中产生这些力的位置(如由闸瓦作用在车轮上产生的反力或闸片作用在制动盘上产生的反力)。

(4) 减振器。在每个减振器座(抗摇头、垂向、横向和纵向)上施加 $1.5F_A$ 的力。F_A 为减振器在卸荷速度时的减振力。

(5) 抗侧滚扭杆。如果在规定的试验中不能安装抗侧滚扭杆(如转向架装有二系空气簧的情况)，需进行如下特殊试验：将扭杆安装在构架上，固定一侧的扭臂，将另一侧扭臂抬起，使扭杆扭转一定的角度；然后压下，使扭杆扭转一定的速度。扭杆扭转的角度相当于在运用中常见的角度值(约为 20mrad)。

(6) 纵向力。该纵向力由摇头运动以及通过小半径曲线时作用在轮对上的力引起。

对于除径向转向架以外的传统转向架的每条轮对，该纵向力的数值一般为

$$F_x = 0.1(F_z + 0.5m^+ g) \tag{6-14}$$

式中，F_x 为由摇头运动以及小半径曲线通过时作用在轮对上的力引起的纵向力(N)。

2) 试验过程

在所有模拟特殊运营载荷的静强度试验中都要首先在构架的每侧施加垂向载荷 F_x，并记录所有车轮下的反作用力(对于两轴转向架为 q_{11}、q_{12}、q_{21} 和 q_{22}，对于三轴转向架为 q_{11}、q_{12}、q_{21}、q_{22}、q_{31} 和 q_{32})。然后，分别以正反两个方向施加前面描述的各种特殊运营载荷。首先是一个方向，然后是反方向。在整个过程中要保证车轮下的反作用力之和($q_{11}+q_{12}+q_{11}+q_{22}$ 或者 $q_{11}+q_{12}+q_{21}+q_{22}+q_{31}+q_{32}$)保持恒定。这样，每一个测点都得到了 3 个应力值，找出其中的最大值和最小值就能够确定 σ_{ave} 和 $\Delta\sigma$。

3) 试验结果

对于每一种模拟特殊运营载荷的静强度试验，要将由主要运营载荷产生的应力与特殊运营载荷所产生的应力相叠加，叠加后的结果不应超过疲劳极限图所给出的极限应力。叠加方法应避免构架每侧垂向载荷 F_z 的重复影响。

6. 其他相关标准

在轨道车辆设计过程中，可能用到的相关国内标准还有：GB/T 5599—1985《铁道车辆动力学性能评定和试验鉴定规范》、GB 146.1—1983《标准轨距铁路机车车辆限界》、GB/T 12817—1991《铁道客车通用技术条件》、GB 5600—1985《铁道货车通用技术条件》、TB/T 1806—2006《铁道客车车体静强度试验方法》、TB/T 1490—2004《铁道客车转向架通用技术条件》、TB/T 2976—2000《客车转向架分类与技术性能要求》、TB/T 3188—2007《铁道客车行车安全监测诊断系统技术条件》、TB/T 2841—2010《铁道车辆空气弹簧》、TB/T 456—2008《机车车辆用车钩、钩尾框》、TB/T 3263—2011《动车组乘客座椅》、GB 12814—1991《铁道车辆用车轴型式与基本尺寸》、TB/T 2817—1997《铁道车辆用辗钢整体车轮技术条件》、TB/T 2562—1995《铁道客车用车轮静平衡、轮对动平衡试验方法》、TB/T 3134—2013《动车组用驱动齿轮箱》、TB/T 1716—1986《铁道新造车辆短圆柱滚子轴承箱组装技术条件》、TB/T 2843—2007《机车车辆用橡胶弹性元件通用技术条件》、TB/T 1491—2004《机车车辆油压减振器技术条件》、TB/T 1671—1985《机车车辆油压减振器基本尺寸及参数》、TB/T 2347—1993《高强度接头螺栓和螺母》、TB/T 3246.1—2010《机车车辆及其零部件设计准则螺栓连接第 1 部分：螺栓连接的分类》、GB 6399—1986《金属材料轴向等幅低循环疲劳试验方法》等。

6.2 国际标准与规范 UIC 566 主要内容

在进行车辆设计时需要遵照相关的设计规范。设计规范是人们对长期工程实践经验的总结，通过大量的机车车辆线路运行试验，UIC 发布了大量机车车辆承载结构设计载荷、载荷工况组合和强度试验的研究报告，制定出了相关的设计和试验标准。

UIC 566 标准主要涉及车体及部件上作用载荷的分析确定，以便进行结构的强度校核与评价。

6.2.1 车体结构

1. 客车承载结构设计的主要要求

为保证旅客的安全，端侧墙板与车底架之间应有足够的强度。用耐冲击立柱加强的端墙应与端墙梁、端顶板和车顶相连接,其能在车体其他部分变形之前最大限度地吸收冲击时产生的能量。安装在转向架上处于运行状态的车体,设计时应注意使之自身频率在任何情况下都不会与转向架的蛇形运动频率和点头运动频率相同,这样在运行速度范围内就不会发生共振现象。

2. 校验载荷

1) 静态压缩载荷

(1) 缓冲装置处的静压力至少为 2000kN;

(2) 缓冲装置以上 350mm 处的静压力至少为 400kN;

(3) 车厢窗护栏高度处的静压力至少为 300kN;

(4) 上侧梁高度处的静压力至少为 300kN。

2) 静态垂直载荷

静态垂直载荷的计算公式如下:

$$F_z = 1.3(m_1 + m_2) \times g(\text{N}) \tag{6-15}$$

式中,m_1 为运行条件下的车体重量(kg);m_2 为座位数×80+侧走廊和通过台×4×80(kg);g 为 9.81m/s^2。

在进行压缩和拉伸试验时,测量车体弯曲量小于许用值时,对应的载荷如下。

(1) 在施加垂直载荷的同时,在缓冲装置处分别施加压缩载荷 2000kN 和拉伸载荷 1500kN。

(2) 由客车重量产生的垂直作用力为

$$F_z = (m_1 + m_3) \times g(\text{N}) \tag{6-16}$$

式中,m_1 为空车状态下心盘处车体的重量(如果车体对称,那么就等于车体重量的一半);m_3 为车辆抬起侧转向架的重量。

3) 运营载荷

运营载荷可导致材料疲劳。客车的承载结构应在不超过材料耐用限度的情况下,承受下列均布运用载荷:

$$F_z = 1.2(m_1 + m_4) \times g(\text{N}) \tag{6-17}$$

式中,m_1 为整备状态下客车车体的重量;m_4 为标准载重(有效载重)。

标准载重按下列情况计算:每座位一名乘客(一般算为 80kg);走廊和通道台处以每平方米 2 人计算;乘务室按 2 人计算;行李间按每平方米 300kg 计算。

6.2.2 车体辅助设备结构

1. 主要试验载荷

客车车体上的设备部件及其安装固定部件应在没有永久变形和不超过许用应力的情况下,承受下列试验载荷。

1) 车内载荷

旅客重量的计算:最大重量为 100kg;平均重量为 80kg(包括行李);不包括行李平均重量为 75kg。行李架:每米施加的垂直力为 1000N,在前端的任何部位施加的特殊力为 850N。

伞架：每米施加的垂直力为250N。挂衣架：施加的垂直力为300N；在所有方向施加的水平力为250N。在座椅的前端向上施加1200N的力，向下施加1000N的力。折叠小桌：在其中心施加750N的垂向力。折叠座椅：在其中心施加1000N的垂向力。行李车的地板承重应符合最大重量为2.5t的车辆要求。

2) 车外载荷

侧门和外端门：2500N/m²、1800N/m²；车窗：2500N/m²。缓冲装置：考虑到缓冲装置主要承受冲击作用载荷。为便于确定计算，采用加速度法进行换算。纵向：5g；横向：g；垂直：cg（包括重力）。在客车端部 c 为 3g，按线性递减，至客车中心部位减少到 1.5g。

紧固结构件设计计算方法如下：

纵向：$F_x = m_1 \cdot 5g (\text{N})$；

横向：$F_y = m_1 \cdot g (\text{N})$；

垂直：$F_z = m_1 \cdot c \cdot g (\text{N})$。

式中，m_1 为结构件的重量(kg)；g 为重力加速度，取为 9.81m/s²。

应考虑 F_x、F_y、F_z 的合力作用结果。

2. 工作状态下的载荷

安装在车体上的部件及其支承设备必须在工作状态下，经受如下载荷且不超过许用应力。

纵向：$a_x = 1.6 \text{m/s}^2$，常规制动；$a_x = 2.5 \text{m/s}^2$，电磁制动；

横向：$a_y = 1.6 \text{m/s}^2$，包括非补偿性的离心加速度；

垂向：$a_z = 2 \text{m/s}^2$，加上自重部分。

部件上产生的载荷如下：

纵向：$F_x = m_1 \cdot (\pm a_x)(\text{N})$；

横向：$F_y = m_1 \cdot (\pm a_y)(\text{N})$；

垂向：$F_z = m_1 \cdot (g \pm a_z)(\text{N})$。

式中，m_1 为部件重量(kg)；a_x、a_y、a_z 为加速度(m/s²)；g 为重力加速度，取为 9.81m/s²。

应考虑 F_x、F_y、F_z 力的联合作用。

3. 许用载荷

1) 许用应力

许用应力为车辆的承重极限与安全系数 S 的比值。这不但涉及特殊载荷，而且涉及标准载荷或很少出现的载荷或疲劳载荷，其各自的承载极限是屈服极限 $\sigma_{0.2}$ 或疲劳极限。

特殊载荷下：

$$\sigma_{\text{adm.}} = \frac{1}{s} \cdot \sigma_{0.2} = \frac{1}{s} \cdot \sigma_B$$

疲劳载荷下：

$$\sigma_{\text{adm.}} = \frac{1}{s} \cdot \sigma_a$$

对于钢材，许用应力可由断裂极限确定。

2) 安全系数

应视不同承载情况,确定安全系数。

(1) 试验载荷。同断裂极限比较(钢),$S=1.5$。同弹性极限比较($\sigma_{0.2}$):对于结构件和非焊接固定件,$S=1.0$;对于结构件和焊接固定件,$S=1.1$。

(2) 工作载荷。同断裂极限比较(钢),$S=2.2$。同疲劳极限比较:对于结构件和非焊接固定件,$S=1.5$;对于结构件和焊接固定件,$S=1.65$。

6.2.3 试验条件和方法

试验应保证:足够的结构强度、充足的使用寿命、良好的动态性能。

1. 试验工况

试验可分为下列 4 组工况进行。

(1) 超常载荷静强度试验。目的是检验车体或者各零部件会不会发生永久性变形,以及在运行中可能出现最大载荷时不会出现裂纹。

(2) 模拟运营载荷试验。目的是检验在运行过程中,在多种载荷共同作用的情况下,车体是否会出现疲劳裂纹。

(3) 冲击试验。目的是检验计算结果和客车及其安装部件的安全性。

(4) 振动试验。目的是确定客车的固有振动频率。

2. 车体结构试验

1) 超常载荷试验

车体上的所有大应力位置、特别是在应力集中区域应进行测量。主要应包括:

(1) 关键位置的应变,包括纵梁、侧梁、门和车窗切口的边角等;

(2) 横梁的挠度;

(3) 所有可能的残余挠度;

(4) 所有可能的残余变形(如车门、窗等的残余变形)。

车体压缩试验。在每个缓冲装置处施加至少 1000kN 的压缩力;在每个缓冲装置处对角施加至少 500kN 的压缩力。

车体拉伸试验。在缓冲装置中心线以上 350mm 处施加至少 400kN 的力;在客车"腰带"(车窗槛)高度处施加至少 300kN 的力;在客车车顶边纵梁高度处施加至少 300kN 的力。

车体垂直静载荷试验。借助加载工具或工装,在整个地板面上施加均布载荷。若使用千斤顶,其重量也应包括在相应的载荷中。

试验中载荷重量如下:

$$载荷重量 = \frac{F_z}{g} - 车体重量$$

静应力(σ_1)可从测定的应力σ,通过下列系数换算求得

$$\sigma_1 = \left(1 + \frac{车体重量}{载荷重量}\right)\sigma$$

2) 模拟运营载荷工况下的试验

按照车体垂直载荷试验里的规定,施加载荷。试验载荷见上面的载荷重量公式。

试验结果应满足车体任何部位的应力不应超过材料的疲劳强度许用应力值。

3）冲击试验

一辆重 80t 的货车沿轨道方向行驶冲撞一辆客车。进行试验时，需要逐步增加冲击速度（4km/h、6km/h、8km/h）直到 10km/h，或者测定作用于缓冲装置的载荷达到 1000kN 或最大加速度达到 5g 为止。

试验过程中，需要测量车体结构关键位置的应力值和加速度值，如车体和转向架的连接处，车体和车体上紧固部件的连接处，特别是车体受重载位置处的应力值和加速度值。通过应变仪测试应力值时，测量的应力不应滤波。但测量 x、y、z 方向的加速度，低通滤波器的频率至少为 32Hz。

冲击试验后，车辆状态应完好。结构的任何部位不应发生永久性变形或被损坏。

4）振动试验

分析车体振动频率在 5~40Hz 区域内的动态特性。车体的固有频率应不同于转向架的频率。

3. 其他相关国际标准

在轨道车辆设计过程中，可能用到的其他相关国际标准还有：UIC 615-4《动力车-转向架和走行装置-转向架构架强度试验方法》、UIC 651《机车、动车、动车组和驾驶拖车的司机室设计》、UIC 505-1《国际铁路联运用动车的动态界限》、UIC 515-4《客运车辆后转向架-走行部转向架构架结构强度试验》、UIC 515-5《机车车辆转向架走行部轴箱试验》、UIC 510-5《整体车轮的技术验收》等。

6.3 欧洲及日本标准与规范

设计规范是人们对长期工程实践经验的总结，目前形成了以欧洲和日本为代表的车体结构设计规范。

6.3.1 欧洲标准 EN 13749 主要内容

EN 13749《铁路应用——转向架结构要求的规定方法》是关于转向架构架强度设计、计算、试验和生产制造的标准。该标准根据用途和特点将转向架划分为 7 种类型，其中，类 B-Ⅰ和 B-Ⅱ转向架的设计和试验方法适用于客车、动车和拖车，B-Ⅲ和 B-Ⅳ转向架的设计和试验方法适用于地铁、轻轨和有轨电车，B-Ⅴ和 B-Ⅵ转向架的设计和试验方法适用于具有一系、二系悬挂系统的货车，B-Ⅶ则适用于机车转向架的设计和试验方法。

EN 13749 的附录 A、B 中主要叙述了转向架载荷工况及载荷条件的说明，其附录 C、D 中叙述了试验载荷计算方法，附录 E 叙述了静强度、疲劳强度的设计计算方法，附录 F 叙述了静强度试验方法，附录 G 叙述了疲劳试验方法。

EN 13749 中将强度试验分为了三部分：超常载荷静强度试验、运营载荷静强度试验、疲劳试验，这里主要介绍客车、动车和拖车转向架的相关内容。

1. 超常载荷的确定

EN 13749 标准中将超常试验载荷分为两部分：由转向架运行产生的载荷及由安装在构架

上的零件产生的载荷，其中由转向架运行产生的载荷除了包含 UIC 515-4、UIC 615-4 规定之外又增加了纵向载荷。

1) 垂向载荷

垂向载荷作用在每个转向架构架上，标准中关于作用在左右二系悬挂位置的垂向载荷为运用过程中有可能发生的最大静载荷乘以 1.4 倍系数。运用过程中有可能发生的最大静载荷为整备状态车辆的重量加上运用中可能发生的乘客和行李的最大重量再减去转向架的重量。具体计算公式为

$$F_{z1\max} = F_{z2\max} = \frac{F_{z\max}}{2} = \frac{1.4g(M_v + P_1 - 2m^+)}{4} \tag{6-18}$$

式中，M_v 为整备车体质量；P_1 为车体有效载重（乘客质量等）；m^+ 为转向架的质量；$F_{z\max}$ 为转向架上总垂向载荷。

2) 横向载荷

横向载荷作用在每根轮轴上：

$$F_{y1\max} = F_{y2\max} = \frac{F_{y\max}}{2} = F_{y\text{trmin}} + \frac{(M_v + P_1)g}{12} \tag{6-19}$$

式中，$F_{y\text{trmin}}$ 为无载荷线路横向阻力。

3) 纵向载荷

规定了两种纵向载荷：

① 模拟转向架在运行中前后轮对的摇头运动导致的纵向载荷，施加在每个车轮上，同一轮对上的纵向载荷方向相反，构成一个力偶，前后轮对上力偶之矩相反。施加在车轮上的载荷值为施加在每个转向架的二系悬挂上的垂向总超常载荷与一个转向架的重量之和的 1/10，即

$$F_{x1\max} = 0.1(F_{z\max} + m^+ g) \tag{6-20}$$

② 在不能模拟冲击试验的情况下，对动车构架施加模拟纵向 3g 冲击导致的惯性力，对拖车构架施加模拟纵向 5g 冲击导致的惯性力。

4) 扭转载荷

有两种试验工况：即在构架上施加超常垂向和横向载荷的同时使构架产生模拟通过顺坡率 10‰线路的扭曲量；在转向架上施加空车重量导致的载荷，同时模拟一个车轮完全卸载，车轮的垂向位移量不超过钢轨的高度。

5) 构架上安装零部件导致的超常载荷确定

由零部件的振动产生的超常载荷用加速度乘以相应的质量得到，标准中给出了干线运行时的典型数值。

(1) 安装在构架中心的零部件。垂向、横向加速度分别取 $\pm 20 \text{m/s}^2$、$\pm 10 \text{m/s}^2$。

(2) 安装在构架端部的零部件。垂向、横向加速度分别取 $\pm 60 \text{m/s}^2$、$\pm 20 \text{m/s}^2$。

(3) 安装在轴箱上的质量。垂向、横向、纵向加速度分别取 $\pm 500 \text{m/s}^2$、$\pm 50 \text{m/s}^2$、$\pm 50 \text{m/s}^2$。

(4) 其他部件规定。减振器导致的载荷取为设计卸荷力的 2 倍，并规定了减振器典型卸荷速度；制动引起的超常载荷取为紧急制动所产生载荷的 1.3 倍；驱动系统的超常载荷取为电机短路等动力系统故障所产生的异常大的载荷；抗侧滚扭杆装置的载荷取为运行中可能发生的车体与转向架的最大倾斜度时的载荷。

6) 试验工况组合

标准中对工况的组合情况有较详细的说明：①将垂向载荷、横向载荷、纵向载荷和扭转位移(10‰线路扭曲)按照运用中有可能产生的情况进行组合；②垂向施加空车自重载荷同一个车轮100%卸载的扭转变形相叠加；③垂向施加超常载荷与每个局部超常载荷相叠加。

7) 试验结果的评定

评定的合格标准是构架不能产生永久变形，即各测点的应力不超出材料的屈服极限，卸载后构架能够弹性复原。此外，在超常载荷作用下构架不能产生过度的弹性变形，但没有给出弹性变形的允许值。

2. 运营载荷的确定

EN 13749标准中将运营试验载荷也分为两部分：由转向架运行产生的载荷及由安装在构架上的零部件产生的载荷，相当于UIC标准中的主要运营载荷和局部运营载荷，其中由转向架运行导致的载荷除UIC 515-4、UIC 615-4标准规定之外又规定了纵向载荷。

1) 垂向载荷

垂向载荷作用在每个转向架构架上，均为整备状态下车体的重量再加上1.2倍运营状态下乘客及行李的重量分配到二系悬挂位置的重量，此载荷为垂向的静态载荷，垂向载荷还包含准静态和动态载荷。准静态载荷取为垂向静态载荷的α倍，动态载荷取为垂向静载荷的β倍，其中，α、β称为侧滚系数和浮沉系数，并建议在欧洲线路上运营车辆的数值分别为0.1和0.2。

$$F_{z1} = F_{z2} = \frac{F_z}{2} = \frac{(M_v + 1.2P_2 - 2m^+)g}{4} \tag{6-21}$$

式中，P_2为运营有效载荷。

2) 横向载荷

施加在二系悬挂位置和横向止挡的横向载荷为运营状态下每个二系悬挂位置承受重量的1/2加上转向架重量的1/4。

$$F_{y1} = F_{y2} = \frac{F_y}{2} = F_z + \frac{m^+ g}{8} \tag{6-22}$$

3) 纵向载荷

纵向载荷模拟转向架运行中前后轮对传递的纵向蠕滑力，施加在每个车轮上，同一轮对上的2个纵向载荷方向相反，构成一个力偶，前后轮对上力偶之矩相反。施加在每个车轮上的载荷值为运营状态下每个二系悬挂位置承受的静载荷与转向架重量之和的5%。具体如下：

$$F_{x1} = 0.05(F_z + m^+ g) \tag{6-23}$$

4) 扭转载荷

扭转载荷为模拟转向架通过5‰顺坡率的缓和曲线构架产生的扭转变形。

5) 局部载荷

(1) 减振器载荷直接取为减振器卸荷力。

(2) 制动载荷为制动作用导致的载荷，包括制动座受到的载荷以及纵向的惯性载荷，载荷值取为车辆常用制动时所产生载荷的1.1倍。

(3) 抗侧滚扭杆载荷根据侧滚系数α进行计算。

(4) 牵引电机载荷。牵引电机载荷取为电机启动和停止时动力系统所产生载荷的 1.1 倍。

(5) 其他部件产生的惯性力。规定安装在转向架中央的部件考虑垂向 $\pm 10 \text{m/s}^2$ 的加速度、横向 $\pm 5 \text{m/s}^2$ 的加速度，安装在转向架端部的部件考虑垂向 $\pm 30 \text{m/s}^2$ 的加速度、横向 $\pm 10 \text{m/s}^2$ 的加速度。

6) 试验工况组合

把主要运营载荷的垂向（静态、准静态和动态）、横向和扭转 3 个载荷按照直线、曲线和缓和曲线的运行情况组合为 9 个工况进行试验。通常，α 和 β 分别取 0.1 和 0.2。还将垂向和纵向载荷进行合成，即在构架二系悬挂位置施加垂向静载荷然后分两次施加向前、向后的纵向载荷，见表 6-3。

表 6-3 垂向和横向载荷组合试验工况

工况	F_{z1}	F_{z2}	F_y
1	$F_z/2$	$F_z/2$	0
2	$(1+\alpha-\beta)F_z/2$	$(1-\alpha-\beta)F_z/2$	0
3	$(1+\alpha-\beta)F_z/2$	$(1-\alpha-\beta)F_z/2$	$+F_y$
4	$(1+\alpha+\beta)F_z/2$	$(1-\alpha+\beta)F_z/2$	0
5	$(1+\alpha+\beta)F_z/2$	$(1-\alpha+\beta)F_z/2$	$+F_y$
6	$(1-\alpha-\beta)F_z/2$	$(1+\alpha-\beta)F_z/2$	0
7	$(1-\alpha-\beta)F_z/2$	$(1+\alpha-\beta)F_z/2$	$-F_y$
8	$(1-\alpha+\beta)F_z/2$	$(1+\alpha+\beta)F_z/2$	0
9	$(1-\alpha+\beta)F_z/2$	$(1+\alpha+\beta)F_z/2$	$-F_y$

标准中把各个局部运营载荷（分正反两个方向）分别同静态的垂向运营载荷相叠加进行试验。

7) 试验结果的评定

将主要运营载荷和局部运营载荷的应力测试结果分别进行评价。从主要运营载荷工况试验测试所得的应力中找出最大值和最小值，绘入 Goodman 疲劳极限图中进行评定。

对由轮对摇头运动导致的纵向载荷及构架上安装部件导致载荷的试验过程和评定方法是先在构架上施加静态的垂向运营载荷，然后分两个方向分别施加纵向载荷和各局部载荷，每个局部载荷工况得到 3 个应力值，从中得到最大和最小应力进行评定，并不与主要运营载荷测试结果进行叠加。

所使用的 Goodman 疲劳极限图根据材料强度极限、屈服极限（对母材取 1.5 倍的安全系数、对焊缝取 1.65 倍的安全系数）和对称循环时的疲劳极限（对母材取 1.5 倍安全系数、对焊接头取 75%存活率值、对角焊接头取 90%存活率值）来绘制。

3. 疲劳试验载荷确定

1) 疲劳试验

标准中规定的疲劳试验载荷主要包括两大部分。一是主载荷试验，主要验证构架在主载荷作用下是否有足够的强度，这些主载荷包含作用在二系悬挂上的垂向载荷、横向载荷、模拟线路扭曲的扭转位移。二是附加的特殊载荷试验，主要针对局部作用载荷对构架的影响，这些局部作用载荷主要包含减振器力、制动力、纵向力以及安装在构架上的质量产生的惯性力。

二系悬挂上的垂向载荷由静态、准静态和动态部分组成，其中疲劳试验第 1 阶段的载荷值如下。静态载荷为模拟运营试验的静态载荷；准静态载荷为模拟运营试验的静态载荷与侧滚系数的乘积；动态载荷为模拟运营试验的静态载荷与浮沉系数的乘积。横向载荷由准静态和动态两部分组成：准静态载荷为模拟运营试验的横向载荷的 1/2；动态载荷为模拟运营试验的横向载荷的 1/2。扭转位移为模拟 5‰ 线路扭曲导致的变形量。第 2、第 3 阶段疲劳试验时，保持静载荷不变，准静态和动态载荷分别变为第 1 阶段的 1.2 倍和 1.4 倍。

标准中给出了垂向和横向加载的波形，而没有给出扭转的加载波形。标准中规定疲劳试验模拟左曲线或者右曲线的动态循环次数分别为 5 次和 4 次，每 10～20 次循环，交替改变曲线方向。第 1 阶段疲劳试验时，垂向和横向载荷循环次数均应达到 6×10^6 次，而扭转载荷循环次数应达到 0.6×10^6 次；第 2、第 3 阶段疲劳试验时，垂向和横向载荷循环次数均应达到 2×10^6 次，而扭转载荷循环次数则应达到 0.2×10^6 次。

2) 评定标准

标准中规定在第 1、第 2 阶段结束时，构架不应发现裂纹。疲劳试验完成第 3 阶段允许产生在运用中不需要立刻修复的小裂纹。

6.3.2　日本 JIS-E 4207 转向架设计标准与规范主要内容

日本 JIS-E 4207 铁路车辆转向架构架设计标准与规范叙述了转向架构架的设计方法和准则。

1. 载荷条件

1) 静载荷条件

静载荷条件是指车辆在停止状态下转向架构架所承载的载荷（轴弹簧载荷），可参照下式确定。

$$W = W_1 + W_2 + W_3 \tag{6-24}$$

式中，W 为转向架构架所承载的静载荷 (N)；W_1 为 1 个转向架所承载的由车身质量所产生的载荷 (N)；W_2 为 1 个转向架所承载的由表 6-4 所示的装载质量所产生的载荷 (N)；W_3 为由转向架构架以及转向架构架部件的质量所产生的载荷 (N)。

表 6-4　装载质量[①]

类别		摘　要
客车		乘客[②]、乘务员、水、燃料、沙子、蓄电池、食品(餐车)、行李(行李车)
机车		乘务员、水、燃料、沙子、蓄电池、行李
货车	普通货车	货物[③]
	油罐车	装载物[④]

① 车辆中分配到转向架上的装载质量不均等时，采用大的分配质量；
② 定员质量的 1～3 倍的质量；
③ 最大质量的 1.1 倍的质量；
④ 最大质量。

另外，如果考虑枕梁时，参照下式：

$$W_B = W_1 + W_2 + W_{B3} \tag{6-25}$$

式中，W_B 为枕梁所受的静载荷 (N)；W_{B3} 为由枕梁以及枕梁部件的质量所产生的载荷 (N)。

2) 动载荷条件

动载荷条件是指车辆在运行状态下,转向架构架所承载的载荷,分为静载荷与附加系数的积所表示的载荷,以及根据安装部件的特性所决定的载荷,其大小通常如表 6-5 所示。另外,由附加系数的大小以及部件的特性所决定的载荷大小需要考虑线路条件以及车辆的实际振动和潜在的振动。

表 6-5 动载荷条件

类别	种类		载荷条件①	适用(例)
上下方向	由承载质量的振动所产生的载荷		W_{z1}:(0.2~0.5)×W②	
	由安装部件质量的振动所产生的载荷	侧梁安装部件	W_{z2}:(1~2)×L_P③	制动部件
		横梁安装部件	W_{z3}:(3~10)×L_P③	牵引电机、驱动装置
		端梁安装部件	W_{z4}:(5~10)×L_P③	制动部件、排障器
	驱动力作用于驱动装置座的载荷⑦		W_{z5}:(0.2~0.4)×L_P④	齿轮箱吊架、减速机支架
	制动力作用于制动装置座的载荷		W_{z6}:P⑤×f⑥	单元制动器、圆盘制动器
	作用于垂直放置的减振器座的载荷		W_{z7}:由减振器特性决定的载荷	轴弹簧减振器
	作用于防止横摆装置座的载荷		W_{z8}:由防止横摆装置特性决定的载荷	防止横摆装置的轴承部
左右方向	由承载质量的振动以及离心力所产生的载荷		W_{y1}:(0.2~0.4)×W②	
	作用于横向止挡座的载荷		从 W_{y2}:W_{y1} 中减去空气弹簧等所承载部分后的载荷	横向止挡橡胶
	由安装部件的质量振动所产生的载荷		W_{y3}:(2~4)×L_P③	牵引电机、制动部件
	作用于横向减振器座上的载荷		W_{y4}:由减振器特性所产生的载荷	横向减振器
前后方向	由承载质量的振动所产生的载荷		W_{x1}:(0.2~0.4)×W②	
	由牵引力所产生的载荷		W_{x2}:(0.2~0.4)×L_P④	
	由安装部件的质量振动所产生的载荷		W_{x3}:(1~3)×L_P③	牵引电机、制动装置
	由制动器所产生的载荷		W_{x4}:P⑤	
扭转	由外轨超高降低等引起的载荷		在 1 个转向架的对角车轮上,高度相差 10~15mm 位移时所引起的静载荷,即为扭转载荷	

① 载荷符号的下标按上下方向、左右方向及前后方向分别为 z、y、x;
② 转向架构架所受的静载荷[参照式(6-24)或者式(6-25)];
③ 由安装部件的质量所产生的静载荷(质量×重力加速度);
④ 轴重:由组装于转向架上的一副轮对施加于轨道的载荷;
⑤ 闸瓦推压力;
⑥ 闸瓦与车轮踏面以及/或者制动衬面与制动盘间的摩擦系数;
⑦ 具体的载荷大小,要将车轮与轨道间的切向力设为 W_{z5} 之后,注意所使用的驱动装置等的减速比、支承位置等而加以计算。如有枕梁时,应将 W 更换为 W_B。

2. 应力分析

1) 应力计算

(1)平均应力。平均应力是指按静载荷的种类分别计算出的各应力的代数和。但若有脉动载荷时,其平均应力是指该载荷应力的 1/2 与静载荷应力之和。

(2)动应力。动应力是指动载荷应力的合成值,参见下式。

$$\sigma_a = \sqrt{\sigma_1^2 + \sigma_2^2 + \sigma_3^2 + \cdots + \sigma_n^2} \quad (6\text{-}26)$$

式中,σ_a 为动应力(MPa);$\sigma_1,\sigma_2,\sigma_3,\cdots,\sigma_n$ 为对应每种动载荷的计算应力(MPa)。

对作用于制动装置座的载荷及因制动机载荷的推压力产生应力的部位，因这两种载荷同时作用，所以应合成该部位的动应力。

另外，由脉动载荷产生的应力，应使用其应力 1/2，如下式：

$$\sigma_a = \sqrt{\sigma_1^2 + \sigma_2^2 + \sigma_3^2 + \cdots + \left(\frac{\sigma_i^2}{2}\right) + \cdots + \sigma_n^2} \tag{6-27}$$

式中，σ_a 为动应力（MPa）；$\sigma_1, \sigma_2, \sigma_3, \cdots, \sigma_n$ 为对应每种动载荷的计算应力（MPa）；σ_i 为由脉动载荷产生的计算应力（MPa）。

2) 许用应力

所有计算的动应力均应在图 6-2 应力极限图内。表 6-6 列出了主要材料的拉伸强度、屈服点及疲劳许用应力值。

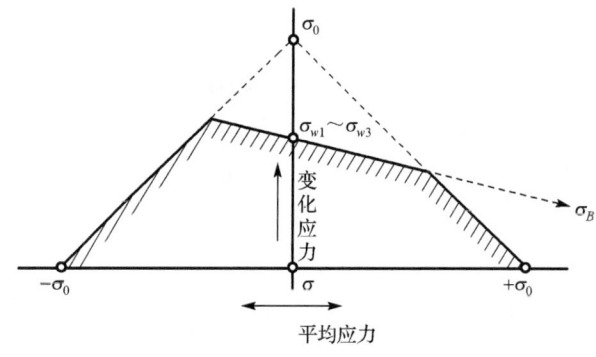

图 6-2 应力极限图

图中，σ_B 为材料的拉伸强度（MPa）；σ_0 为相对于材料屈服的许用应力；$\sigma_{w1} \sim \sigma_{w3}$ 为疲劳许用应力（MPa）。

表 6-6 主要材料的拉伸强度、屈服点及疲劳许用应力　　（单位：MPa）

说　明			材料种类	
			SM400	SM490
			SMA400	SMA490
材料的拉伸强度			400	490
材料的屈服点			235	355
相对于材料屈服的容许应力			205	305
疲劳许用应力	材料		135	155
	焊接边缘部位	不打磨时	70	
		打磨时	110	

3. 结构设计条件

1) 结构组成

转向架构架的组成由侧梁及横梁构成主要构件，根据需要可增加端梁、中梁、附件安装座等。

2) 结构设计中应考虑的事项

设计转向架构架结构时，应考虑的主要事项如下：

(1) 车辆限界；
(2) 由弹簧装置所产生的位移（其中位移分为上下位移、左右位移、前后位移、纵摇位移、横摆位移及偏转位移）；
(3) 通过曲线时的旋转位移；
(4) 车轮及轨道的磨损；
(5) 维修的方便性。

3) 焊接接头设计的相关考虑事项

焊接接头设计时应考虑的主要事项如下。

(1) 关于焊接接头形状的考虑事项。①采用新焊接接头结构时，根据焊接施工性试验，在确认其熔合性的基础上，选定焊接接头形状及施工方法。②主结构构件的焊接接头是以双面焊接为主，若进行单面焊接，则采用坡口焊。③喇叭形坡口焊接时，要将坡口形状标注在图纸上，以便于确认熔合量。

(2) 关于焊缝形状的考虑事项。①高应力部位的焊接接头应注意焊缝形状避免产生过度的应力集中现象，同时对焊接边缘部位进行砂轮打磨。其打磨范围及形状要在图纸等上加以标注。②在构件背面进行加固焊接时，应注意使主体焊缝与加固焊缝之间不产生沟状槽口。③在转向架构架上焊接构件时，应尽量避免与最大主应力正交方向的焊接。无法避免时，为减轻应力集中，要将焊接部位用砂轮打磨成平滑的形状。

(3) 关于焊接施工方法的考虑事项。①若焊接构件的板厚差别很大，会因热容量不同而产生熔合缺陷现象。因此，板厚较大的一侧，应加工倾斜面以减少板厚，或者指定在焊接施工时要进行预热。②在构件的对接焊接部位使用永久垫板时，不允许将垫板在中途切割。如果需要切割垫板并在中途连接时，需事先使垫板的接缝部位完全熔合，避免在构件的焊接部位出现高温焊接裂纹等的缺口。

(4) 关于焊接附件结构的考虑事项。①在转向架构架上焊接附件时，要避免在相对弹性变形较大的构件间横跨焊接附件。②在转向架构架上焊接刚度较大的构件时，因其容易产生应力集中，所以要特别注意。例如，当部件安装座等附件的结构体庞大且刚度也很大时，要在转向架构架上事先设置安装座，以使附件所产生的应力集中影响降到最低限度。③转向架构架的主要构件，在设计时必须避免因焊接附件座类而被固定的现象。此时，转向架构架上焊接的底座在设计结构时要避免焊接部位重叠。④在转向架构架上焊接管座等部件时，要极力避免在以下部位安装：转向架构架各处主要焊缝上，特别是砂轮打磨部位；侧梁的下面；有可能影响到转向架构架各处焊缝的部位；在进行定期检查维修操作时，有可能使操作转向架构架人员受伤的部位。

(5) 关于焊接部位强度评价方法的考虑事项。①焊接部位疲劳强度的评价方法。焊接部位疲劳强度的评价，不仅要对构件正面焊接部位进行评价，而且要对焊根及构件背面存在的焊接部位进行评价。②规定管座类焊接位置标准的名义应力极限图。在转向架构架上焊接管座等构件时，事先要在试样上进行施工以评价焊接部位周围的应力状态。但是，最近有一项新的研究成果得以应用，即根据对静载荷试验数据的评价或有限单元法（FEM）的应力分析得出转向架构架的名义应力状态，如果需要在未经过试样评价的位置安装管座类时，可根据该位置的上述名义应力状态来区分焊接施工要领。因此，特将其方法列举如下，以供参考。

规定管座类焊接位置标准的公称应力极限图的使用方法如下。

安装管座类位置的转向架构架构件的拉伸强度为 400MPa 时参考图 6-3；为 490MPa 时参考图 6-4。

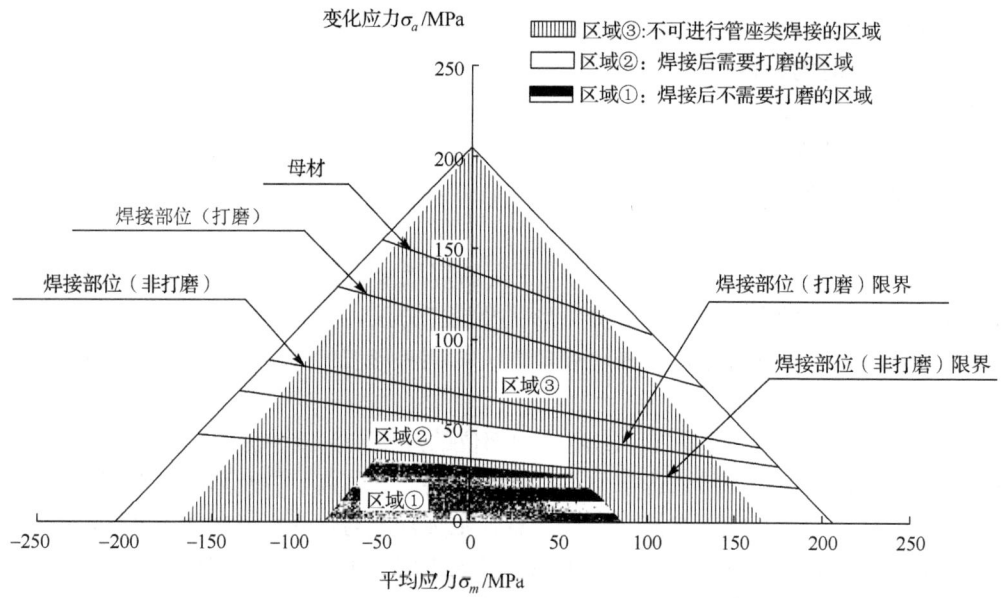

图 6-3　规定管座类焊接位置标准的公称应力限界线图（材料的拉伸强度为 400MPa 时）

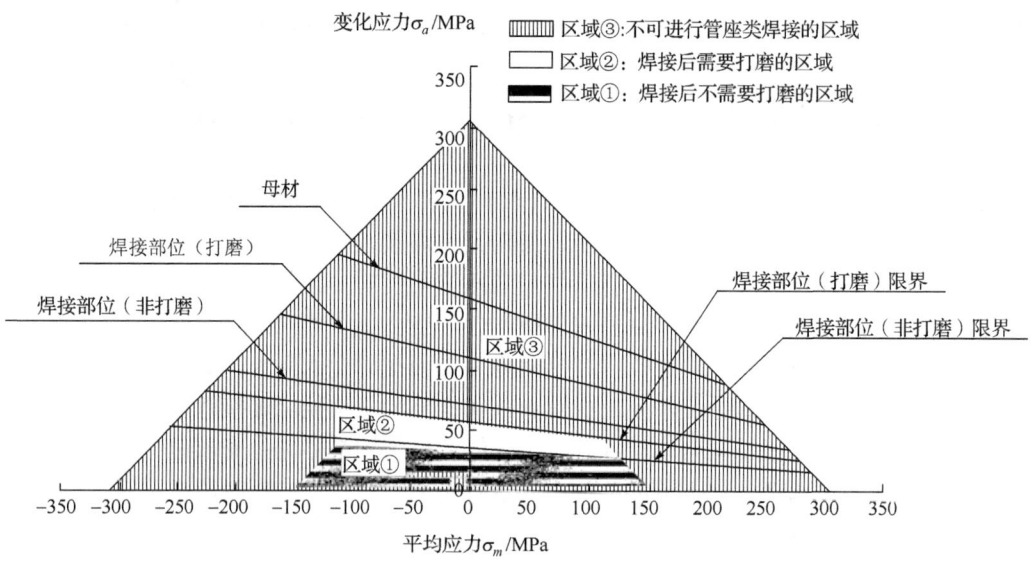

图 6-4　规定管座类焊接位置标准的公称应力限界线图（材料的拉伸强度为 490MPa 时）

公称应力分为①、②、③三个区域。

区域①是将图 6-3 所规定的焊接边缘部位耐久限度线图缩小 1/2 的区域（但拉伸强度不缩小）。此区域，不需要对焊接后的缝边进行打磨。

区域②是将图 6-3 所规定的焊接边缘打磨部位耐久限度线图缩小 1/2 后减去区域①的区域。此区域需要对焊接后的缝边进行打磨。

区域③是在屈服点以下的区域扣除区域①及区域②之后的区域。此区域不能进行管座类焊接。

注意：在转向架构架上焊接管座类时，通过遵从各区域的焊接施工要领，在焊接边缘部位所发生的应力将满足图 6-4 所示的应力极限线图。

4. 刚度设计条件

1) 弯曲刚度

弯曲刚度的测定方法及计算方法如下所示。

(1) 垂直弯曲刚度。垂直弯曲刚度是根据在上下方向承载载荷时载荷点的挠度，参照下式计算：

$$K_v = \frac{\delta_v}{W_v} \tag{6-28}$$

式中，K_v 为垂直弯曲刚度(mm/MN)；W_v 为图 6-5 中上下方向载荷(MN)；δ_v 为图 6-5 中上下方向挠度(mm)。

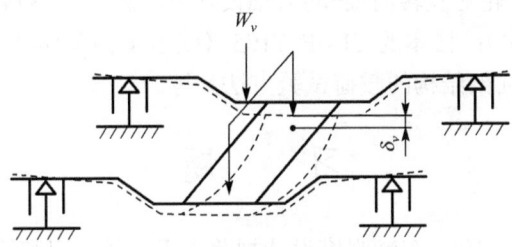

图 6-5 垂直弯曲刚度

(2) 横向弯曲刚度是根据在左右方向承载载荷时载荷点的挠度，参照下式计算：

$$K_L = \frac{2\delta_L}{W_L} \tag{6-29}$$

式中，K_L 为横向弯曲刚度(mm/MN)；W_L 为图 6-6 中左右方向载荷(MN)；δ_L 为图 6-6 中左右方向挠度(mm)。

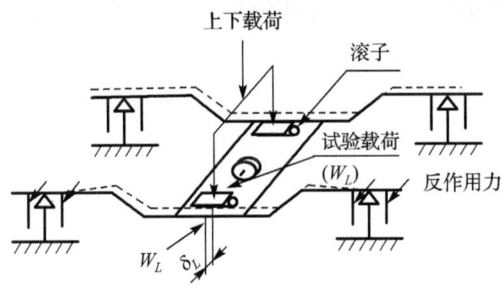

图 6-6 横向弯曲刚度

2) 扭转刚度

扭转刚度是根据受扭转载荷时载荷点上的挠度见图 6-7，参照下式计算：

$$K_T = \frac{\delta_s}{W_s l} \tag{6-30}$$

式中，K_T 为扭转刚度[mm/(MN·mm)]；W_s 为扭转载荷(MN)；l 为载荷点距离(mm)；δ_s 为挠度(mm)。

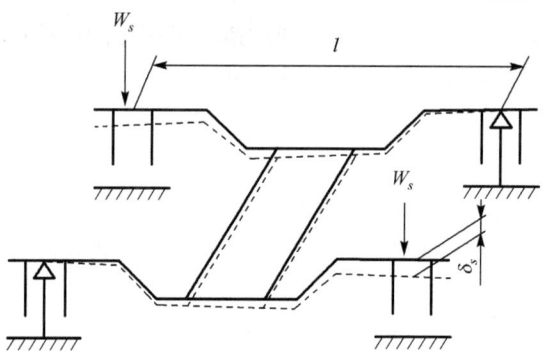

图 6-7 扭转刚度

其他相关的标准有欧洲的 EN 13103《铁路应用——轮对及转向架-非动力轴设计方法》、EN 13104《铁路应用——轮对及转向架-动力轴设计方法》、EN 13749《铁路应用——转向架构架结构要求的详细说明》；日本的 JIS-E 7105《铁道车辆车体结构的静载荷试验方法》、JIS-E 4208《铁道车辆转向架结构的载荷试验方法》等。

习　题

1．试分析 TB/T 1335—1996 车辆强度设计规范中第一种工况和第二种工况的载荷组合方式的差别与适用范围。

2．对比分析 TB/T 2368 与 EN 13749 标准中转向架构架强度试验方法中，模拟主要运营载荷试验组合工况表的差别与特点。相关工况系数的意义是什么？

3．UIC 566 中如何分类载荷？如何组合载荷？如何确定安全系数？

4．EN 13749 标准中规定的疲劳试验载荷主要内容有哪些？第 1、第 2、第 3 阶段疲劳试验的载荷特点是什么？

5．转向架结构设计中应考虑的事项是什么？转向架结构中焊接接头应考虑的事项有哪些？

第 7 章 实践设计题目实例

7.1 未来高速列车的"新概念设计"

7.1.1 设计任务书

1. 设计主要内容

(1) 构思未来高速列车形式。
(2) 高速列车未来的发展特点。
(3) 设计说明书。

2. 要求

要求每位学生在设计过程中,充分发挥自己的独立工作能力及创造能力,查询收集相关资料,深入分析、比较每个问题,提出自己的见解,反对盲从,杜绝抄袭。

要求编写设计说明书,主要包括:目录、设计任务书、相关设计简图及说明、参考文献等。

7.1.2 设计方案及简图

1. 仿生结构与全景窗结构

"仿生技术"是新兴的科学领域,它的重点是把自然界作为新思路和技术发展的灵感启示。借助仿生技术还可找到减小气流阻力的新途径。

未来列车采用了一系列灵感来自大自然的革新性技术,列车将采用仿生结构,模仿鸟骨以提高能效,这种结构不仅重量轻同时非常坚固。车体结构采用生物聚合物膜,控制自然光数量、湿度和温度,按需进行调整,呈现出透明状或者不透明状。

未来的高速列车采用集成类神经网路的全景窗,呈透明状,确定区域不透明。类神经网路能够监视乘客的特定需要并作出反应,如图 7-1 所示。

(a)

(b)

图 7-1 未来高速列车设计

未来的全景窗,让乘客拥有 360°视野,可以观赏外部景色如图 7-2 所示。设立放松和游戏区,座位可以收集乘客的热量并将热量转化成电,为车内的设施供电。

图 7-2 未来高速列车将采用全景窗设计结构

2. 虚拟现实技术大量采用

未来的乘客可以坐在按摩椅上放松身心,按摩椅还可以提供饮料和维生素,为他们送去海风或者清新的松树气息。此外,新方案还为乘客送去雨声,帮助他们进入梦乡,同时利用特制的遮阳板遮挡阳光。

未来的乘客希望乘车能够像度假一样,能够在旅途中使用他们在日常生活中使用的各种技术装备。未来,虚拟现实等技术(图 7-3)将与我们的日常生活实现无缝对接,服务可以定制,设施将采用环保设计。地上的一切都可以在旅行中成为现实。

未来的车内还将建造设立社交区与娱乐区,可举行商务会议,享受生活。

此外,未来的客机还会为乘客打造一个虚拟购物商城,将衣服的影像直接投射到乘客面前。借助于虚拟游戏墙,乘客可以打网球、棒球和高尔夫球。游戏中,乘客可以在纽约摩天楼或者喜马拉雅山诸峰之间穿行,如图 7-4 所示。

图 7-3　未来列车内虚拟现实等技术大量采用

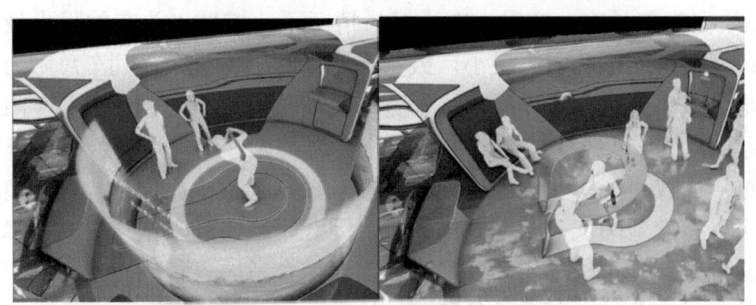

图 7-4　未来列车内设立娱乐与社交区

7.2　高铁列车头部流线外形设计

7.2.1　设计任务书

1. 设计主要内容

(1) 列车流线型头部设计。
(2) 列车流线型车头的结构设计。
(3) 设计说明书。

2. 要求

要求每位学生在设计过程中，充分发挥自己的独立工作能力及创造能力，查询收集相关资料，深入分析、比较每个问题，提出自己的见解，反对盲从，杜绝抄袭。

要求编写设计说明书，主要包括：目录、设计任务书、相关设计简图及说明、参考文献等。

7.2.2　轨道车辆头部流线外形设计

1. 列车气动性能与流线型外形的关系

高速列车外形与列车空气动力学有着密切的关系，其外形的好坏直接影响整列车的空气动力性能。人们追求造型最佳的高速列车外形，很大程度上是为了改善列车空气动力性能。与列车空气动力性能有关的列车外形有流线型头形、车身截面外形、列车编组方式、车体表面情况等。满足空气动力性能的列车外形其头部和尾部外形均为流线型，车身应为鼓形断面，车体表面应非常光滑平整，门、窗需严格密封，不允许有凸出外表面的玻璃压条、扶手等物件。车体底部除转向架外应全部封闭。

典型的列车头部形状主要有扁宽形、椭球形、梭形和钝体头形。列车头部形状需要通过外形控制参数与控制型线来实现。控制参数包括流线型头部长度、宽度、高度、倾斜度等；控制型线主要有纵向、横向、水平剖面最大轮廓线，又分为主控制型线和辅助控制型线，主控制型线包括纵向对称面最大控制型线、俯视最大控制型线和车体截面外廓型线。列车气动性能与头部形状之间的关系如下。

(1) 列车流线型头部长度越长，既有利于降低列车交会空气压力波，又能有效地减小列车空气阻力，还能改善列车其他空气动力性能。

(2) 列车流线型头部长度一定时，在无横风情况下，椭球形头车的阻力最小，扁宽形头车的阻力最大；扁梭形尾车的阻力最小，鼓宽形尾车的阻力最大；列车总阻力以头车为椭球形而尾车扁梭形为最小。在横风作用下，扁宽形头车阻力较小，椭球形头车阻力较大。

(3) 列车交会压力波以扁宽形为最小，椭球形为最大，扁梭形和鼓宽形车头介于中间。改变前窗部位过渡曲线对列车交会压力波幅值影响较小；减小鼻尖部位过渡曲线的曲率半径（即扁形鼻尖）可以有效地降低列车交会压力波。因此，减小列车空气阻力和降低列车交会压力波是既矛盾又统一，列车气动头部外形设计需要综合考虑各种因素。

细长比指的就是车头曲面部分的长和宽的比值，不同比例的长细比模型见图7-5。随着细长比的增加，车头的细长度增加，但阻力系数基本不变，当细长比在一定范围内变化时，其值对气动阻力系数的影响不大。虽然细长比没有造成阻力系数的明显变化，但是由于随着细长比的增加，列车车头与车身在顶部的过渡变得更为光滑流畅，使得整个车头附近的压力梯度变小，列车压力波也随之变小。

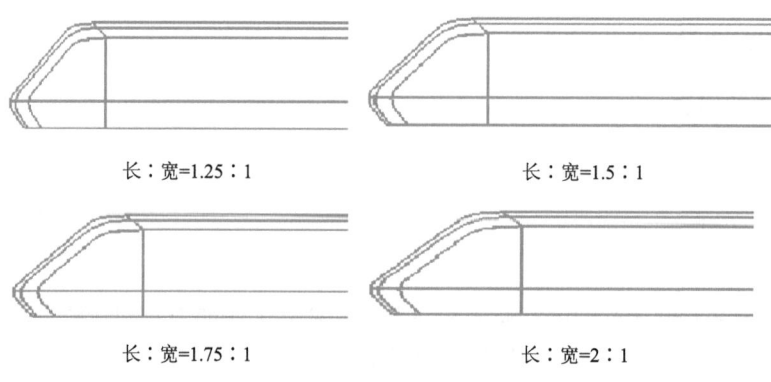

图 7-5 不同长细比的头车模型轮廓

2. 几种不同外形车头模型的设计

高速列车头部曲面结构极其复杂，通常采用控制型线来创建车头曲面，而控制线型在某种程度上决定了车头的基本外形。构建列车头部形状的控制型线主要由基本控制型线和辅助控制型线组成。基本控制型线是指用3个方向的平面分别取剖切模型几何外形曲面而得出的基本轮廓线,包括纵向对称面控制型线、最大横向剖面控制型线和最大水平剖面控制型线。辅助控制型线是除了基本控制型线之外的其他三维曲线,用于保证车头背部与侧面光滑连接。如果考虑纵断面最大轮廓线,则纵向剖面轮廓型线采用 NURBS 曲线。在该型线中,以车钩中心线高度作为鼻尖高度标准,而包含车钩所需要的长度及司机室布置所需的空间决定了鼻尖长度和车体长度。

图 7-6 中展现出 4 种不同方案头车的纵向对称面外轮廓线。方案一为某高速列车头车原型,流线型长度为 7500mm,车高为 3640mm;方案二为双拱外形,车长和车高都与方案一相同;方案三在保证外形与方案一相似的基础下,流线型长度缩短为 6500mm,车高不变;方案四也在与原型方案外形相似的基础上,流线型长度变为 9000mm,由于长度增加而使头部变得稍尖,车高不变。上述方案中除了方案二为双拱外形,其他方案均为单拱头型。图 7-7 中给出了某型动车组头车流线型外形设计的示意图,从中可理解外轮廓线的细节。

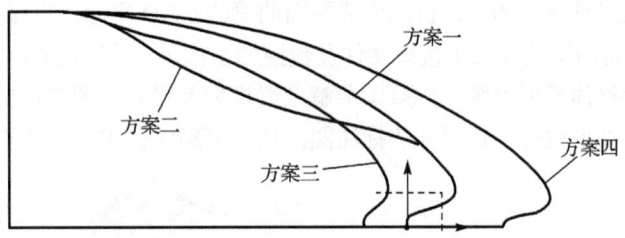

图 7-6　四种方案的纵向对称面外轮廓线

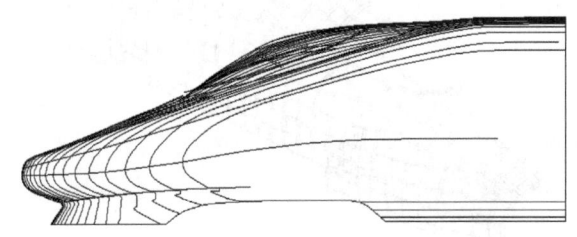

图 7-7　动车组头车流线型外形设计示意图

对于头车内部结构设计,通常采用以下 3 种方案。方案一,蒙皮主要用钢板,内部用三维曲面平面曲梁组焊成空间网状结构,再与蒙皮焊接而成。方案二,蒙皮采用复合材料,内部用三维弯曲方钢梁组焊成空间网状结构,再将此钢结构整体预埋在复合材料内部,组成一整体承载结构。方案三,蒙皮采用复合材料,内部用三维曲面平面曲梁组焊成空间网状结构,再将此钢结构与复合材料在局部处用螺栓相连,主要采用钢结构承载。

列车头部分区如图 7-8 所示。

A 区主要考虑自动开闭机构的安装和设计,采用两块复合材料注塑而成。

B 区中有前灯、喇叭开口等多个需要开孔的地方,先采用整块复合材料注塑,然后在上面切割出相应的开孔。

C 区作为主要承载结构,采用平面曲梁与薄钢板组焊而成。

D 区中主要考虑内部需安装排障装置,外面又需抵抗道砟上石子的冲击,故采用蒙皮钢板和平面曲梁组成的钢结构组焊而成。

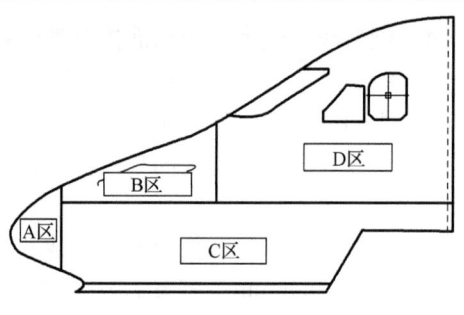

图 7-8　列车头部分区图

头部结构的主要承载部位集中在窗上梁和窗下梁的位置，故采用较厚的平面曲梁，并将其与车体侧墙及底架相连，在前窗下还采用多根立柱与底架直接相连。在前窗及侧窗的窗角及侧面均采用了较厚的平面曲梁，并在局部位置进行加强。司机室车顶和侧面则由较薄的平面曲梁组成。所有平面曲梁在生成三维立体图时，自动生成平面曲梁的 CAD 平面。再根据生产厂家的数控机床参数，自动生成平面曲梁数控加工接口文件及数控加工代码，最后在数控加工机床上进行生产制造。车头三维曲梁整体模型见图 7-9(a)，分解曲梁模型及尺寸见图 7-9(b)。图 7-10 给出了某型动车组头车流线型外形设计具体尺寸的标注图，从中可确定各相关尺寸的关系。

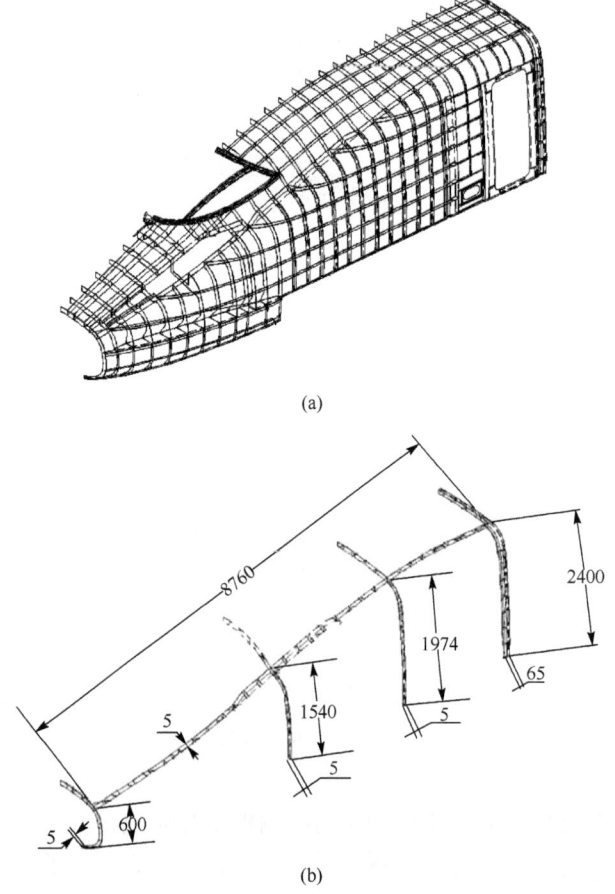

图 7-9　车头三维曲梁模型（单位：mm）

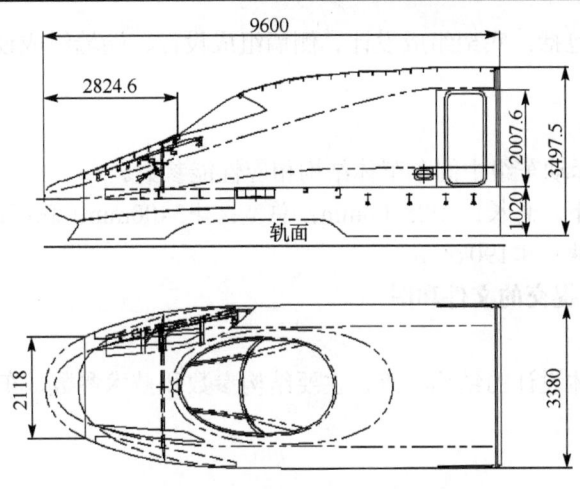

图 7-10 车头模型尺寸(单位:mm)

3. 不同车头有限元计算模型

在计算流体动力学模拟中,一般采用的是有限计算区域,而不是无限计算区域。那么计算域的选取非常关键,其优劣性将会直接影响到计算结果的可信性度。最主要的一点是对于不同类型问题的模拟计算,根据其计算的特性选择不同的计算域。

在 ICE-CFD 软件中,采用四边形结构网格对计算区域进行离散,考虑到避免边界的影响,对轮廓线附近网格进行加密处理,远离壁面则采用稀疏网格处理。对于需要比较的方案均采用相同的计算域和同一的网格划分方法,以求计算结果更具有可比性。

"地面效应"通常出现在航空领域气动性问题的研究中,研究对象在近地运动时将会产生一种不能忽视的反作用力。高速列车运行时,由于列车与地面之间的相对运动导致流向车体底部的气流受到地面的阻滞作用而压缩,因此车体底部的空气压力会变高,所以在这里要考虑地面效应对列车运行阻力的影响,边界条件设置如下。

入口(CD):这里为二维问题,且只考虑运行方向的来流速度,即 x 方向的速度,按均匀来流速度 v 给定,v 可以取 100m/s、150m/s、200m/s 等。

出口(AB):在出口截面处按压力出口边界,且出口静压值为 0。

流域上表面(AC):按照对称面来处理。

车身表面:全部设置为光滑壁面,并选择无滑移边界条件,即没有速度。

流域下表面(BD):模拟地面效应,按光滑壁面处理,选择滑移边界条件,速度值取 v。

7.3 200km/h 城际动车组中间车体结构设计

7.3.1 设计任务书

1. 设计内容

完成 200km/h 以内城际动车组中间车车体结构的设计。

设计过程应该包括:考虑我国目前 200km/h 城际铁路情况,符合有关标准规定,满足使用技术要求。

进行的工作主要包括：底架组成设计、侧墙组成设计、端墙组成设计、车顶组成设计、车体总装组成设计。

2. 设计参数要求

200km/h 以内城际动车组中间车车体结构相应性能参数。

车体主要参数如下。总长：⩾25000mm；总宽：⩾3400mm；总高：⩾2500mm；车辆定距：⩾18000mm；车速：⩽190km/h。

3. 设计完成后应提交的文件和图

设计说明书一份。

它主要包括：车体设计的结构特点、主要结构参数和技术参数、车体各组成图、车体总装组成图。

4. 设计要求

要求每位学生在设计过程中，充分发挥自己的独立工作能力及创造能力，查询收集相关资料，深入分析、比较每个问题，提出自己的见解，反对盲从，杜绝抄袭等。

7.3.2 城际动车组中间车体结构设计

1. 车体结构和分类

通常就轨道车辆而言，其车体承载结构有以下 3 种：

(1)底架承载结构，即全部载荷由底架来承担的车体结构；

(2)侧壁承载结构，即全部载荷由侧、端壁及底架共同来承担的车体结构；

(3)筒形整体承载结构，即将底架、侧壁、端壁及车顶牢固地组成为一个整体，称为闭口的箱型结构，此时车体结构的各个部分均能承受载荷。前两种承载结构主要应用于货车车体结构，而现代动车组车体采用的均是筒形整体承载结构，它最大的特点是增强了车体承载能力，减轻了车体自重，可降低能耗、减少运行成本和维护成本等。

2. 设计思路

为提高客车速度，要尽可能降低车辆的自重，所以采用全铝合金结构，并广泛采用大型中空截面挤压型材，在保证车体具有足够强度和刚度的前提下，使材料得到最充分的利用。使用铝合金作为车体材料的最大优点是轻量化。其目的是减少运行成本和维护成本，特别是用于高速车辆时，有助于达到高速化。随着近年来的铝合金挤压型材的大型化和轻薄化，车体结构可由大型轻薄的挤压型材组合构成，纵向可以大幅度采用自动焊接，提高了质量和生产率，所以高速客车车体越来越多地采用铝合金材料。

铝合金车体的横断面结构采用筒形结构。车体的底架、侧墙以及车顶采用大型空心截面的挤压铝型材拼焊而成。底架地板由上下翼板、斜筋板和腹板组成，采用中空挤压型材，长度可达车体全长。下侧梁、侧墙板、车顶板亦采用形状各异的中空截面挤压铝型材。

3. 车体结构设计主要组成

车体结构设计主要有以下 4 部分。

(1)底架：主要包括牵引梁、横梁、两个纵向的边梁(侧梁)、缓冲梁、枕梁、波纹地板。

(2)侧墙：包括侧门中间部分、侧门出入口部分。

(3)车顶：包括侧梁、弯梁外加波纹地板。

(4)端墙：分为分体式和整体式两种，由车内过道两侧的两个车端立柱、角柱、横梁、车顶弯梁和外部平板组成，还有横纵梁、盖板等组成的加强结构。

4．底架结构

1)底架结构组成

底架位于车体下部，是车体的基础，也是主要的承载构架。车体两侧为侧墙结构，车体前端为前端墙，后端是车体后端墙，它们都焊装在底架上。底架上面还焊有设备安装骨架，它是车内各种设备安装的基础。车身底架包括牵引梁、枕梁、侧梁(边梁)、端梁和波纹地板等。

如图 7-11 所示，底架全长 24140mm，宽 3185mm。在距两端 3500mm 处是枕梁的中心线，枕梁对称布置。

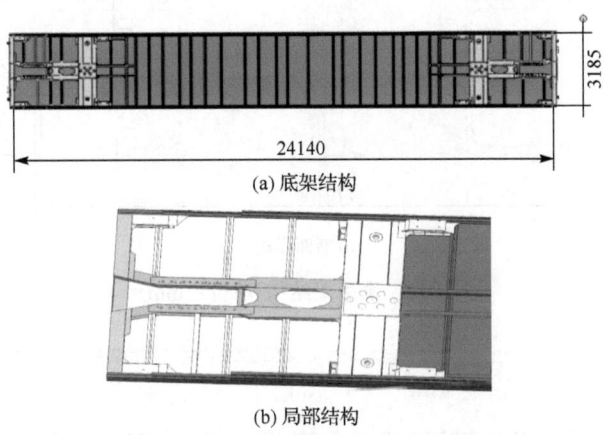

图 7-11　底架结构组成(单位：mm)

2)底架结构设计

(1)牵引梁。

牵引梁主要由铝合金挤压型材和铝合金板焊接而成，连接车体底架的端梁和枕梁，并为车钩缓冲装置设置相应的附加结构。车钩缓冲装置传递的纵向载荷通过固定在牵引梁上的从板作用到牵引梁上，从而再通过枕梁等结构传递到整个车体结构，实现整体承载，为此也要在车钩缓冲装置对应的牵引梁相应位置进行局部加强。

牵引梁中的板件主要由牵引梁、补强板、筋板、贯通管、牵引梁补板、中间加强梁、垫板组成。图 7-12 所示为牵引梁的主要参数，其中最长为 3092mm，中部与车钩装置连接处有加强筋，其牵引梁断面为 200mm×200mm 的箱型结构，两端距离为 770mm，其中一端与枕梁连接，有加强筋辅助连接，另一端(八字形开口端)与底架端梁连接，底部铝型材厚 12mm。

(2)侧梁。

侧梁位于底架地板下左右两侧的纵向梁，是底架与侧墙连接成整体的关键部件，如图 7-13 所示。

其中侧梁总长为 24500mm，为铝合金中空挤压型材焊接连接，底部的侧梁分两段，中间段长度为 21148mm，两侧段每个的长度为 1064mm，垂向的最大距离为 514mm，用于保障底部设备与底部横梁以及其他部件的安装。

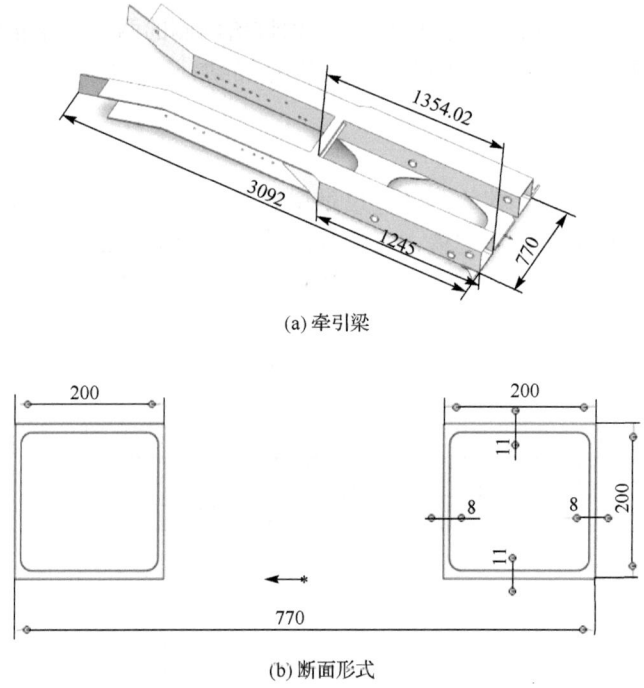

(a) 牵引梁

(b) 断面形式

图 7-12　牵引梁结构（单位：mm）

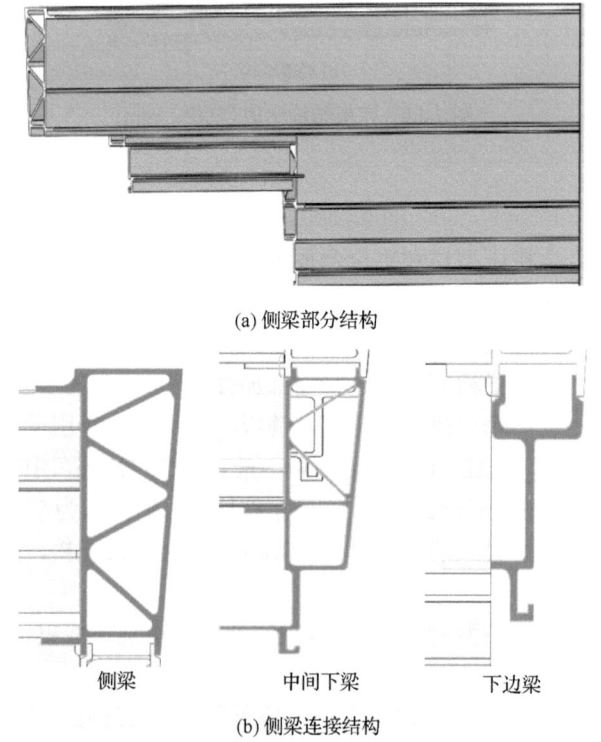

(a) 侧梁部分结构

侧梁　　　中间下梁　　　下边梁

(b) 侧梁连接结构

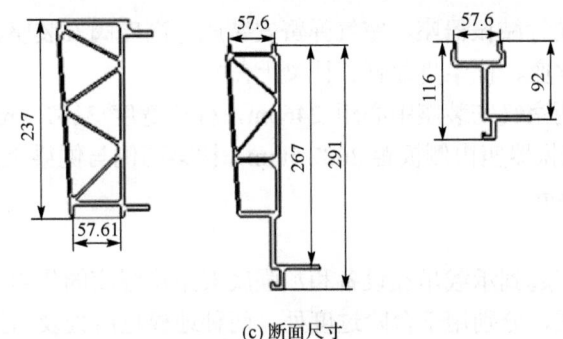

(c)断面尺寸

图 7-13 侧梁结构(单位：mm)

(3)枕梁。

枕梁由铝合金挤压型材和铝板焊接而成，支撑车体载荷。枕梁设置相应结构，保证与转向架悬挂系统正常连接。枕梁外侧设置顶车座，便于救援和维修时顶车作业，如图 7-14 所示。

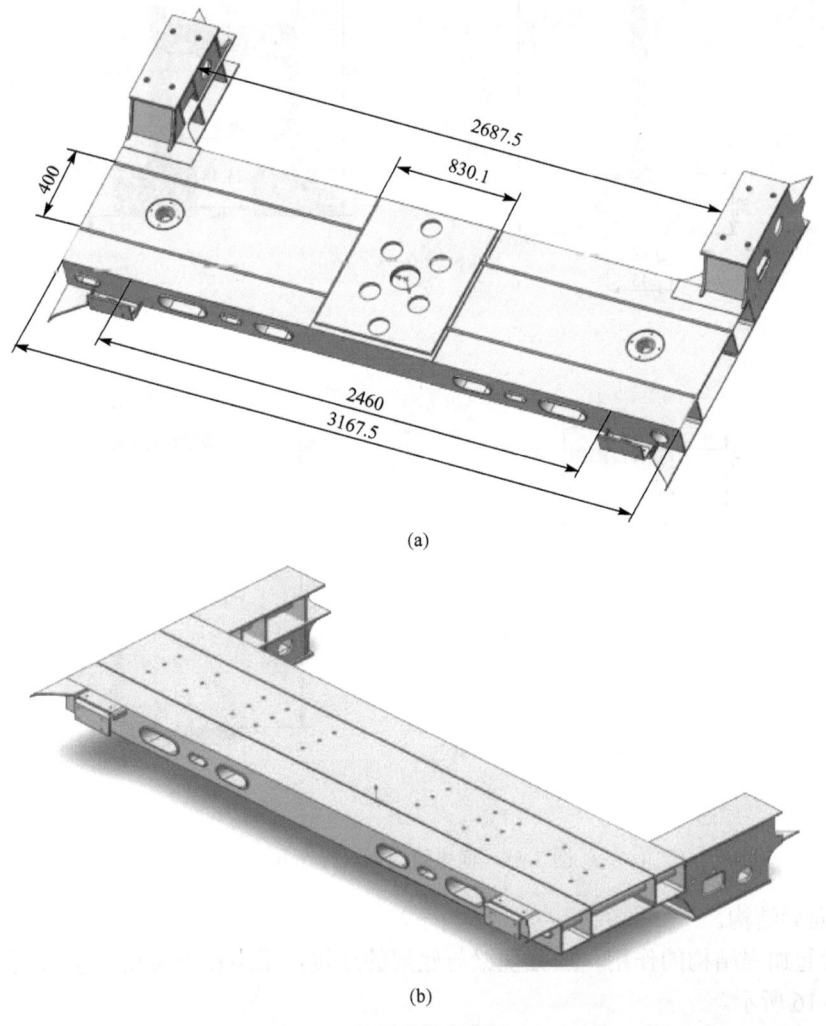

图 7-14 枕梁结构(单位：mm)

枕梁中的零件有抗蛇行减振器座、空气弹簧安装座、高度阀安装座、加强板、枕梁、角部加强板、补强板、螺丝座、枕梁贯通管、枕梁上盖板等。

枕梁的主要参数为两空气安装座中心距 2460m，枕梁宽度 3167.5mm，抗蛇行减振器中心距 2950mm，抗蛇行减振器座内侧板距 2687.5mm，枕梁两侧与侧梁连接固定。枕梁前、后箱型截面为 800mm×200mm。

(4) 横梁结构。

横梁位于地板下方，起到承载吊挂设备和加强底架结构强度的作用。

横梁一共有 4 种形式，分别用于台阶过度处、两种地板过度处及吊挂设备处，横梁结构如图 7-15 所示。

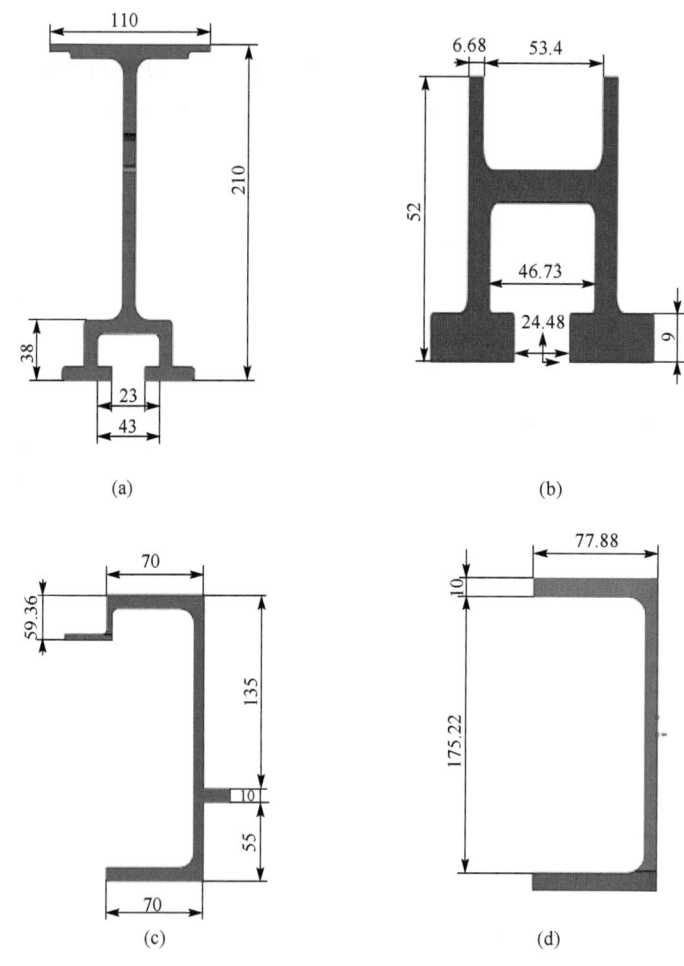

图 7-15 横梁结构(单位：mm)

(5) 纵向梁结构。

纵向梁起加强结构的作用，加强枕梁与底架的连接，采用铝合金挤压型材制成。纵向梁结构如图 7-16 所示。

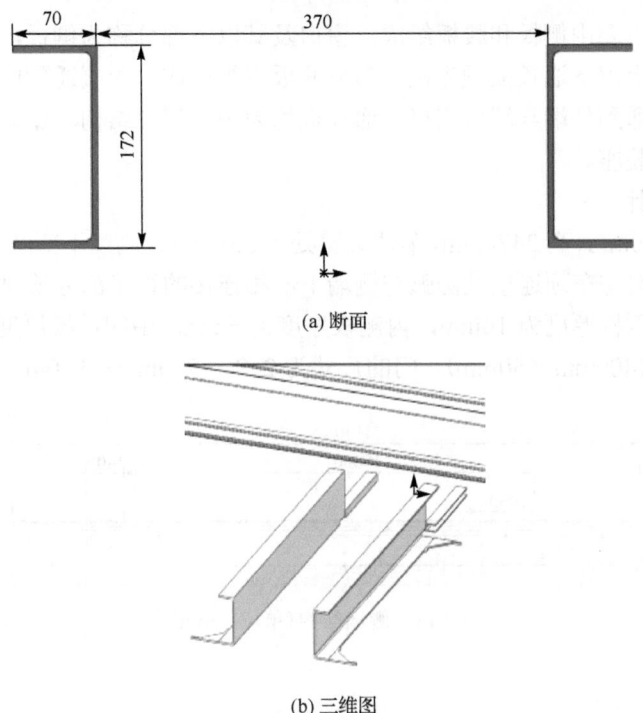

(a) 断面

(b) 三维图

图 7-16 纵向梁结构(单位：mm)

(6) 端梁结构。

端梁由铝合金挤压型材和铝合金板焊接而成。起缓冲牵引梁与底架之间的作用力，并加强车端部的支撑强度。便于端部部件的安装以及端墙的支撑作用，端梁中间有加强筋板和便于车钩装置连接开口的结构装置设计。其结构如图 7-17 所示。

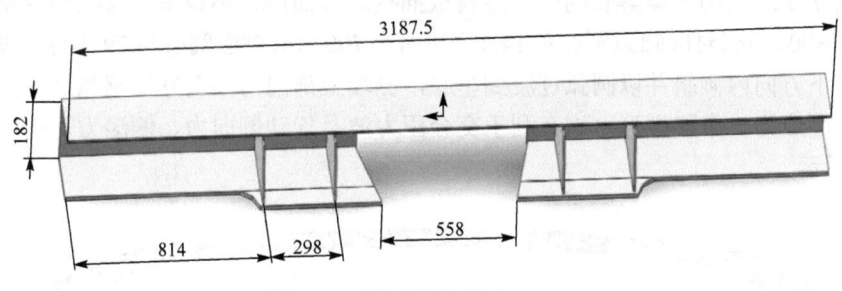

图 7-17 端梁结构(单位：mm)

5. 侧墙结构

动车组车体侧墙是车体的关键大部件之一，由下墙板、窗下板、窗间板(若干块)、窗上板和上墙板等大型铝合金型材装配焊接后再进行数控加工而成，是列车车体的主要迎风受力承载结构，制造精度要求较高，其加工制造质量在很大程度上决定了产品的外观、密封性、强度、疲劳寿命、运行速度、空气动力学特性等运行性能。

1) 侧墙结构组成

车体侧墙采用大型中空挤压型材，不设车内侧立柱，侧墙结构分侧门中间部分和门区部分。侧门中间部分主要由侧板和腰板组成，窗口及其以下部分称为侧板，通长侧板有 4 块，其中窗口部分由窗上窗下通长板预先铣口与窗间板拼焊而成，两端通到门区部分。腰板由两块通长板组成，均通到外端与端墙搭接，通长板均为中空型材结构。窗口部分根据窗的安装结构关系焊接窗安装座。

2) 侧墙结构设计

车体总长 24140mm、高 2478mm，车体最宽处为 3345mm，侧墙下部圆弧半径为 7998mm，圆心角为 5.2°；侧墙与车顶连接处圆弧与侧墙下部相连接的直线部分长 992.5mm。车体中空挤压铝型材中，外侧板厚度为 10mm，内测板厚度为 6mm，中间筋板厚度为 15mm。侧墙上窗户尺寸为 9 个×(1400mm×650mm)，门的尺寸为 2 个×(790mm×1850mm)，如图 7-18 所示。

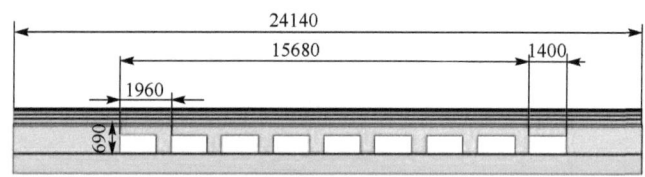

图 7-18 侧墙结构(单位：mm)

6. 车顶结构

1) 车顶结构组成

车顶由大型中空挤压型材构成。头车和中间车车顶结构相同但长度不同，车顶和侧墙的连接采用车内侧、外侧连续焊接结构。

在车顶根据受电弓、车顶电缆等设备焊接车顶焊接件，适应其安装。根据设备件的安装位置焊接车内骨架。另外，在车顶板内侧，铺设有隔音和隔热材料。

2) 车顶结构设计

车顶由 7 块纵向与车体等长的中空型材板插接对焊而成，不设车顶弯梁与纵梁。车顶由半径分别为 8000mm(对应圆弧圆心角 14.4°)和两个 700mm(对应圆心角 79°)的三段圆弧过渡而成，侧墙下方向内倾斜并以圆弧过渡到车底，侧墙上部向内倾斜并以圆弧过渡到车顶，即整个车体断面成为一个腰鼓形，这有利于交会压力波及气动侧向力、侧滚力矩作用的缓解，如图 7-19 所示。

图 7-19 车顶结构

7. 端墙结构

端墙为铝板和铝合金型材骨架构成的焊接结构，它由车内过道两侧的两个车端立柱、角柱、横梁、车顶横梁和外部平板组成。端墙在外端骨架上设置了风挡安装的结构，可以采用螺栓快速连接，使风挡的安装方便快捷，大大降低了施工时间和劳动强度。另外，端墙上还设有蹬车扶手等。

端墙根据车辆卫生间和盥洗间的布置主要分为两种结构形式，即分体式和整体式两种。在端部设有卫生间和盥洗间的车辆，其端墙是分体式结构，另一端是整体式结构。两侧端墙由 2 根门柱、6 块闭口型材的端墙板、2 根角柱插接对焊而成。端墙门口上方由门横梁和 4 块闭口型材焊接而成。具体参见图 7-20。

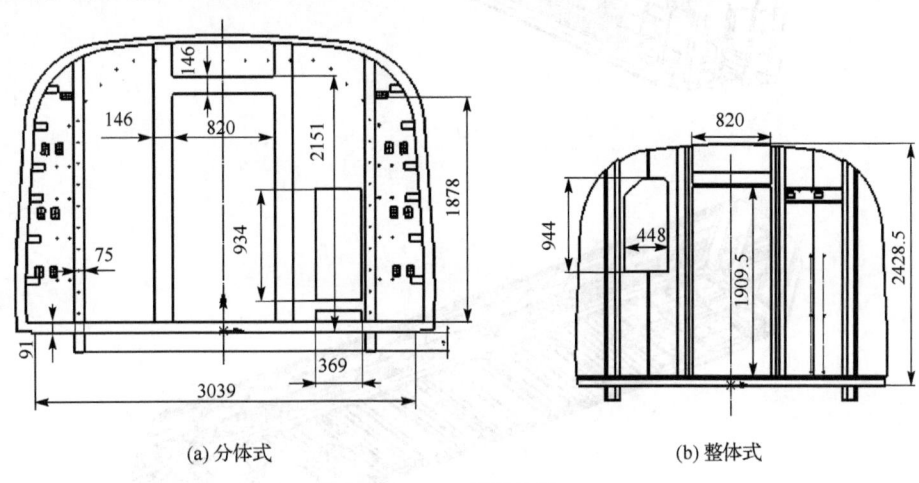

图 7-20 端墙结构

8. 接口关系

车体底架、侧墙和车顶三大部件之间的连接形式应设法采用对接、坡口焊。车顶边梁与中间型材尽可能采用插接形式，留一定的可调节量，采用角焊缝。车顶中间型材相互间通过插口对接在一起，焊接收缩量由车顶边梁与中间型材间的调整量满足。侧墙型材相互间通过插口对接在一起，采用坡口焊。图 7-21 示出了其中两种接口的关系。

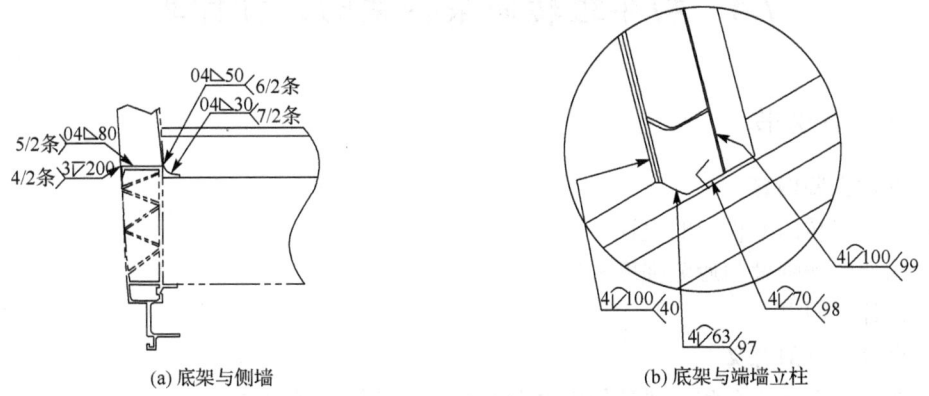

图 7-21 接口关系

9. 车体总装结构

将车体的底架、侧墙、车顶等组装后，可完成车体总装结构设计，如图 7-22 所示。

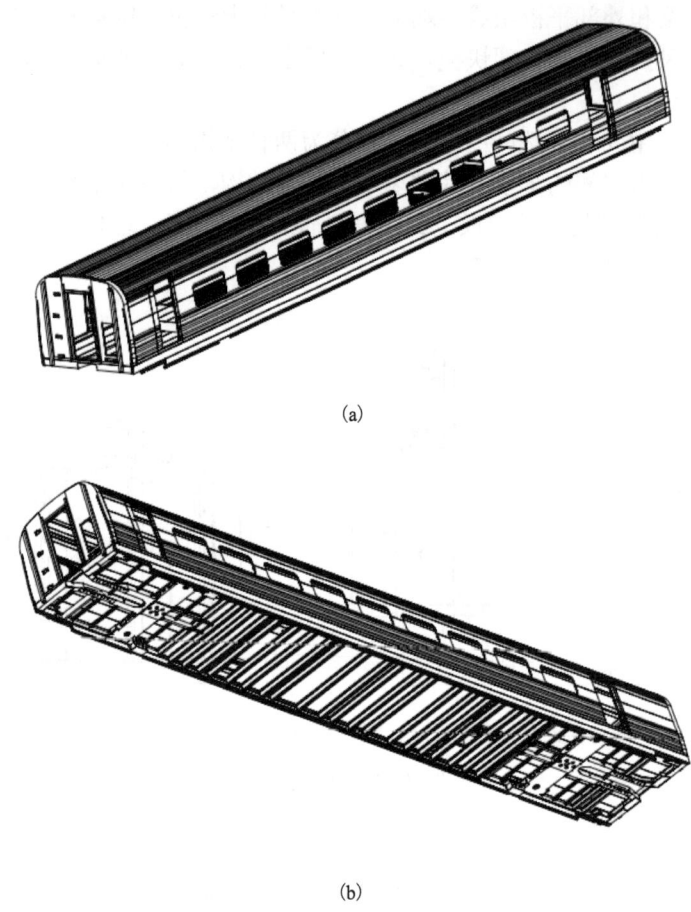

(a)

(b)

图 7-22 车体总装结构图

7.4 动车组转向架构架的设计计算

7.4.1 设计任务书

1. 设计主要内容

(1) 动车组转向架构架的设计。
(2) 构架的静强度和疲劳强度评估。
(3) 设计说明书。

2. 设计计算的意义

(1) 在保证运行安全和必要的使用寿命的前提下减轻车辆自重。
(2) 节约材料,降低成本。
(3) 提高装载重量、提高运行速度,在相同的机辆数量条件下,提高线路的运输能力,获得更大的经济效益。

3. 要解决的问题

(1) 查明车辆在运用中受力的大小、种类及其组合。
(2) 计算在各种受力状态下车辆各部分的应力和变形。
(3) 确定车辆在一定的使用寿命下的刚度和强度标准。

4. 设计计算要求

根据动车组构架设计原则，查阅相关资料，认真制图和设计，能够参照相关设计要求完成对转向架构架的三维实体图的绘制，了解不同工况下构架的受力情况及加载方式，能够参照相关标准完成对构架强度的分析。

要求编写设计说明书，设计说明书应包括：目录、设计任务书、相关设计计算分析及说明、参考文献等。

7.4.2 动车组转向架构架设计计算

1. 转向架设计原则与理念

1) 采用满足高速运行条件下的设计准则

动车组转向架设计的首要任务就是要保证高速运行这一特定工况。因此，应遵循以下设计准则：结构形式的选取、各种参数匹配的选择等均应以满足高速运行为前提；采用可靠性高的技术、结构和部件，尤其应采用成熟的高速技术与结构；为适应将来 300km/h 的运行要求，转向架结构、零部件等尽量选用仅做最小设计变更即可改造的设计方案；为便于维修、组装，应尽可能采用通用性强的零件和结构。

2) 提高性能与适用性的对策

在动车组转向架设计中，要始终贯彻"先进与成熟的科学技术、经济与适用的性价比、可靠的高速运行安全性与稳定性、方便快捷保养与维修"这一设计理念。

为保证动车组转向架能够安全稳定地高速行驶这一目标，在设计时采用先进的模块化结构设计与轻量化技术设计理念，大量采用新材料与先进加工工艺等最新成熟技术。

各零部件应具有高可靠性并通过先进的监控系统监测，为列车在各种运行环境下的安全提供可靠的保障。

各主要零部件设计应有利于保养和维护，尽可能等寿命使用，并按无维修、少维修的要求设计制造。

2. 构架的结构设计

构架的结构和相关尺寸的确定可参照第 2 章中构架设计的相关内容。现以 CRH380 动车组动车转向架为例介绍构架的主要轮廓及尺寸。

CRH380 动车组动车转向架为无摇枕、转臂式轴箱定位结构。构架由两根箱型侧梁和两根无缝钢管横梁组成 H 形结构，两纵向辅助箱型梁焊接在横梁上方。侧梁为中部下凹的鱼腹箱型结构，其上焊有定位座、抗蛇形减振器座、连杆座以及制动吊座等，内部有 8 块厚度为 10mm 的加强筋板。横梁采用无缝钢管 $\phi 195mm \times 20mm$（中间 $\phi 185mm \times 14.5mm$），其上焊有纵向辅助箱型梁、牵引拉杆座。牵引电机和齿轮箱吊杆通过螺栓紧固在纵向辅助梁端部的安装板上。整个构架结构如图 7-23 所示。

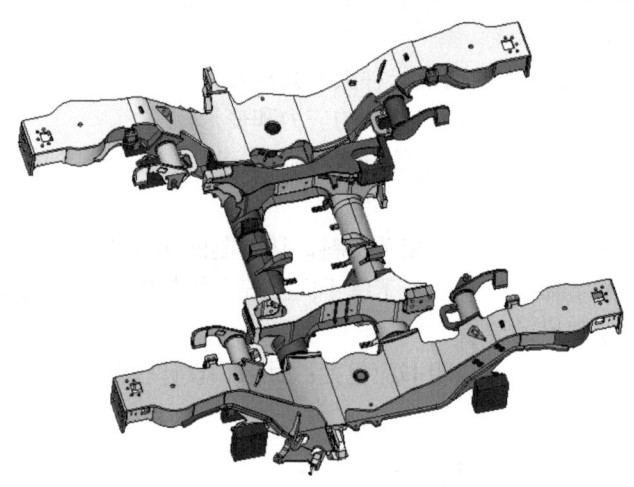

图 7-23　转向架实体模型

3. 构架强度的分析计算

1) 转向架主要技术参数

轴重	17t
电机质量	0.75t
动车转向架质量	8.616t
齿轮箱组成质量	0.2764t
超载条件下乘客的质量	13034kg
运营中乘客的质量	9818kg

2) 悬挂参数

(1) 轴箱的橡胶关节的刚度。

横向刚度	12.5kN/mm
纵向刚度	120kN/mm

(2) 轴箱弹簧的刚度特性。

垂直刚度	888.0N/mm
横向刚度	919.8N/mm
纵向刚度	919.8N/mm

(3) 空气弹簧的刚度特性。

横向刚度	232kN/m

(4) 一系垂向减振器：13.7kN。

(5) 二系垂向减振器：13.7kN。

(6) 二系横向减振器：11kN。

(7) 抗蛇形减振器：25kN。

构架的强度计算分析，参照 UIC 规程和日本 JIS-E 4207 (铁路车辆用转向架构架设计通则) 为代表的设计、评价体系。采用有限元 (FEA) 分析软件对 CRH380 动车组动车转向架构架建立计算模型，采用三维实体单元 (SOLID92) 进行离散，单元平均大小为 15mm，整个构架共离散为 253807 个单元、83002 个节点。动车构架的有限元分析模型如图 7-24 所示。

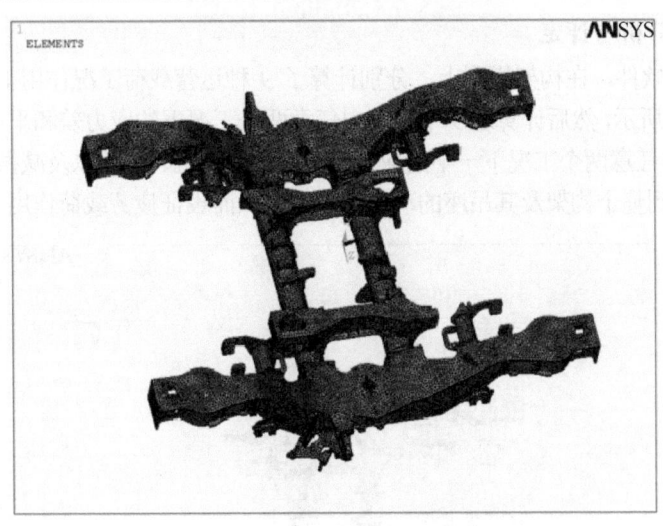

图 7-24 构架有限元离散模型

在轴箱弹簧座和定位座处施加弹性约束,其中弹簧元采用 COMBIN14 类型。轴箱弹簧座处弹簧元刚度如下:垂直刚度为 888N/mm,横向和纵向刚度为 919.8N/mm。定位座处弹簧元刚度:横向为 12.5MN/m;纵向为 12.0MN/m。

分别计算构架的超常载荷工况和模拟运营载荷工况下的应力。计算方法见第 2 章转向架构架强度的计算。

4. 构架静强度评估

根据 UIC 615-4 和 EN 13749 标准要求,在超常载荷各载荷单独和组合作用下,转向架构架任何各点应力均不得超过超常载荷许用应力。

在超常载荷工况下,构架上最大应力发生于定位座立板圆弧弯角根部,值为 261.3MPa,如图 7-25 所示。满足 S355J2G 钢的许用应力(355MPa),构架静强度在该载荷工况下满足要求。

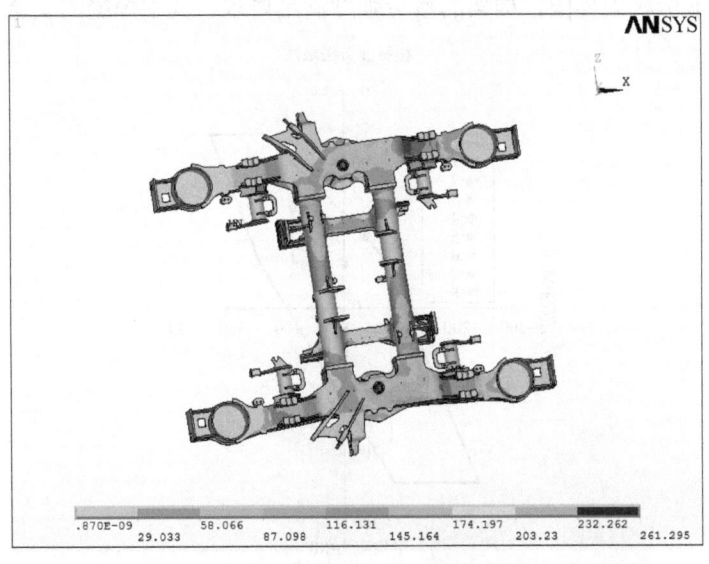

图 7-25 超常载荷计算结果

5. 构架疲劳分析与评定

借助 ANSYS 软件，在构架模型上，分别计算了 9 种运营载荷工况作用下的结构应力，其中一种工况如图 7-26 所示，然后计算这 9 个工况中任意两个工况下的应力差和平均应力(两者代数和之半)。将计算所得任意两个工况下一半的应力差与驱动、电机、制动以及减振器载荷等引起的应力相叠加，即可得到整个构架及其吊座的动应力幅值，从而表征疲劳载荷作用下构架的响应。

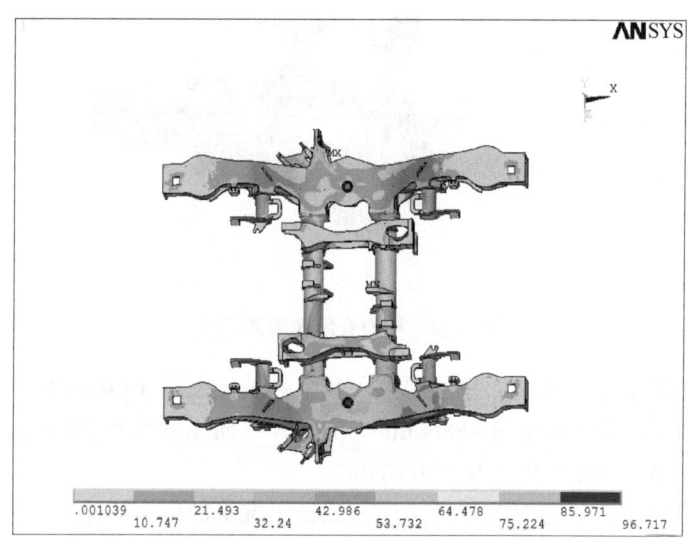

图 7-26 模拟运营载荷计算结果

在模拟运营载荷情况下，转向架构架上任意两种载荷工况所产生的应力差及平均应力应在相应材料或接头的疲劳极限线图的界限之内。

根据构架大应力区域的动应力幅值和平均应力点入 S355J2G 钢/焊接接头的疲劳极限图(图 7-27、图 7-28)。可见，构架结构母材/焊缝的动应力幅值均未超出 P355NL1 钢母材/焊缝疲劳极限图中的疲劳极限界限，构架的疲劳强度满足要求，其中焊缝的安全裕度较高。

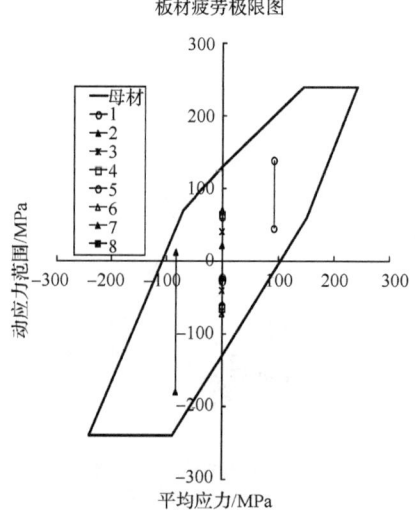

图 7-27 构架用 S355J2G 钢母材的 Goodman 疲劳极限图及构架疲劳评估

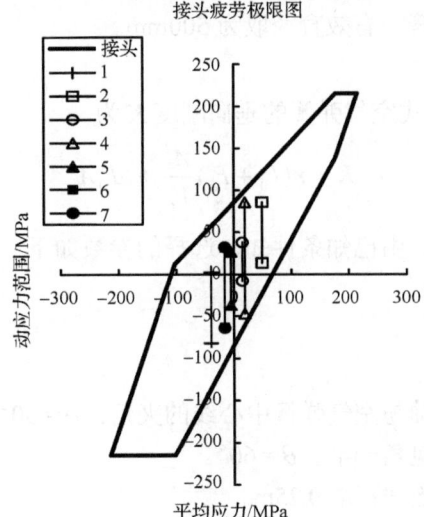

图 7-28 构架用 S355J2G 钢焊接接头的 Goodman 疲劳极限图及构架疲劳评估

7.5 空气弹簧刚度参数的设计计算

7.5.1 设计任务书

1. 已知设计条件

设车体重达 W=40000kg，列车管压力 P_0=0.5MPa，附加气室容积 V_2=0.2m³。

2. 减振系统性能设计要求

要求设计的减振系统固有频率小于 2.0Hz。

3. 设计计算要求

应选用设计何种类型的空气弹簧？如何计算空气弹簧的刚度？如何计算减振系统的固有频率？如何绘出空簧的总结构图？编写设计计算说明书。

4. 提交的文件

提交设计计算说明书及空簧的相关设计图纸。

设计说明书应包括：目录、设计任务书、相关设计计算分析及图纸、参考文献等。

7.5.2 空气弹簧刚度参数的设计计算

1. 空气弹簧有效面积的计算

根据空气弹簧工作压力的计算，可求出静平衡位置时空气弹簧的有效面积 A_0。

$$NA_0 = \frac{W}{P_0} = \frac{40000}{50000} = 0.8 (\text{m}^2) \tag{7-1}$$

结构设计取 N=4，则

$$A_0 = \frac{W}{NP_0} = 0.2\text{m}^2 \tag{7-2}$$

可选用自由膜式空气弹簧，有效直径取为 500mm。

2. 空气弹簧刚度计算

由式 (7-3) 可知，自由膜式空气弹簧的垂向刚度 K 为

$$K = n(P_0 + P_a)\frac{A_0^2}{V_0} + aP_0A_0 \tag{7-3}$$

根据空气弹簧相关理论，由已知条件知，选择的参数如下。

多变指数：$n=1.35$。

大气压力：$P_0=0.1\text{MPa}$。

空簧高：$h_0=0.11\text{m}$。

橡胶囊圆弧部分的回转轴与空气弹簧中心线的夹角：$\phi = 30°$。

橡胶囊圆弧部分形成的包角一半：$\theta = 60°$。

圆弧中心与该弧圆心的连线：$R=0.25\text{m}$。

设附加气室容积 $V_2 = 0.2\text{m}^3$，则

$$V_1 = A_0 h_0 = 0.2 \times 0.11 = 2.2 \times 10^{-2}\,\text{m}^3$$

空气弹簧的垂直特性形状系数 a 为

$$a = \frac{1}{R} \cdot \frac{\sin\theta\cos\theta + \theta(\sin^2\theta - \cos^2\varphi)}{\sin\theta(\sin\theta - \theta\cos\theta)} \tag{7-4}$$

代入 $\phi = 30°$，$\theta = 60°$，$R = 0.25\text{m}$，得到 $a = 7.2(1/\text{m})$，或由式 (7-4) 计算出结果，如图 7-29 所示，通过查图，得到 a 值。

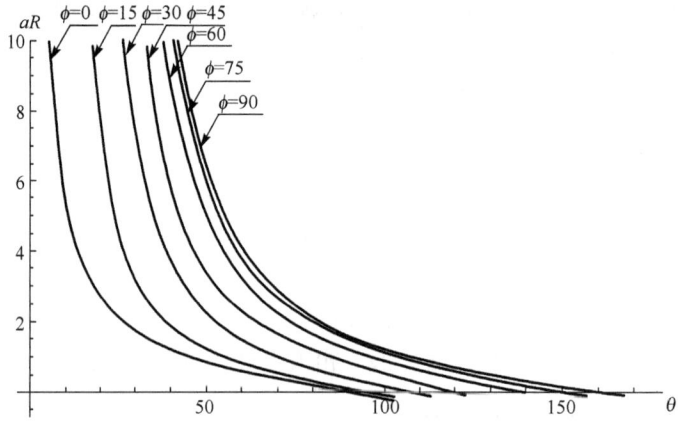

图 7-29　形状系数 a 的关系曲线图

根据

$$K = n(P_0 + P_a)\frac{A_0^2}{V_0} + aP_0A_0 \tag{7-5}$$

有

$$K = 1.35 \times (0.1 \times 10^6 + 0.5 \times 10^6) \times \frac{0.2^2}{0.022 + 0.20} + 7.2 \times 0.2 \times 0.5 \times 10^6$$

$$= 0.87 \times 10^6 (\text{N}/\text{m})$$

总刚度

$$\Sigma K = NK = 4K$$

3. 空气弹簧固有频率计算

$$f_n = \frac{1}{2\pi}\sqrt{\frac{\Sigma K}{wg}} = 0.47\text{Hz} < 2\text{Hz}$$

4. 空气弹簧设计图

根据上述计算分析结果，结合自由膜空气弹簧的结构形式，可设计所使用空气弹簧的结构如图 7-30 所示。

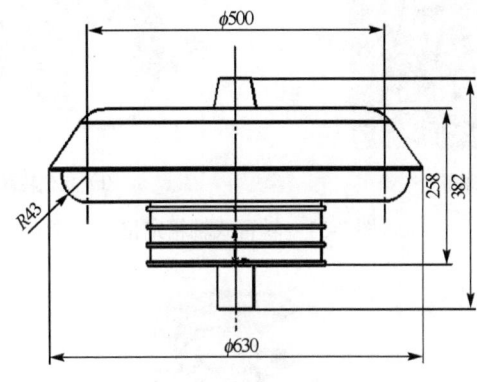

图 7-30 空气弹簧结构图

5. 结论

根据上述计算分析，可选用自由膜式、有效直径为 500mm 的空簧，数量 4 个，附加空气室容积 $V_2=0.2\text{m}^3$，工作压力 $P=0.5\text{MPa}$，满足车辆减振系统的设计要求。

7.6 轴箱结构的设计计算

7.6.1 设计任务书

1. 设计主要内容

可以以动车组车辆(或普通客车、货车)为虚拟对象，设计轴箱装置，主要包括轴箱的结构设计、轴箱的静强度和疲劳强度评估，编写设计说明书。

2. 要求

要求每位学生在设计过程中，搜集相关资料，查阅有关书籍，根据车辆的运行特点，考虑安全舒适性，综合比较各种轴箱定位装置的特点，选择出合适的轴箱定位装置。在确定结构后，画出三维模型，并进行轴箱的静强度和疲劳强度计算。

要求编写设计说明书，主要包括：目录、设计任务书、相关设计简图及说明、参考文献等。

7.6.2 轴箱结构的设计计算

1. 轴箱的结构设计

轴箱装置按照轴承形式不同,有滑动和滚动两种类型。由于滚动轴承具有启动阻力小、游隙小、维护方便和节省有色金属等一系列优点,所以现代车辆一般采用滚动轴承轴箱装置。

现以 CRH_1 动车组转向架轴箱装置为例介绍轴箱装置的组成。轴箱定位装置为转臂式定位,如图 7-31 和图 7-32 所示。

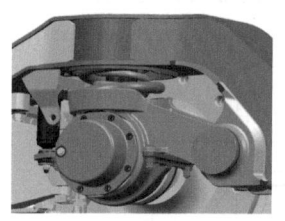 

(a) 定位装置　　　　　　　　　　　　　(b) 定位转臂

图 7-31　转臂式轴箱定位

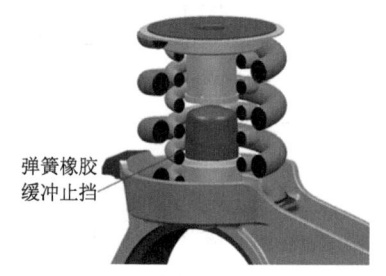

图 7-32　一系悬挂装置中的螺旋弹簧

轴箱定位装置为转臂式。一系弹簧下端安装在定位转臂上,上端套在转向架构架侧架端部的弹簧套里面,承受构架传来的载荷,并把载荷传递到轴箱上。转臂一端通过橡胶节点安装在侧架上,另一端则通过橡胶元件固定在轴箱上,如图 7-33 所示。

转臂橡胶弹性节点装有一个柱形橡胶套,弹性节点用锥形套和锥形销贯通轴套的方式安装在转向架构架定位座上。销和轴套用螺丝钉紧固在构架上。橡胶定位节点参数的选取既要考虑在直线上的高速运行稳定性,又要考虑曲线的通过性能。因此,最终参数的确定是考虑运行稳定性与曲线通过性之间的折中。转臂下方的底部压板装在轴箱下,如果抬起转向架,可以使轮对随着抬起。转臂上的凸台下装有伸出的止挡管阻止转臂与构架间的运动,止挡管用螺栓连接到转向架构架上。

轴箱几何形状按照 EN 12080 设计,设计寿命依据 ISO 281 计算得出为 329 万公里,轴承采用 SKF TBU 130 密封圆锥滚子轴承,轴箱装配示意图如图 7-34 所示。

2. 轴箱强度的分析计算

某轴箱模型如图 7-35 所示。该轴箱为分体式轴箱,其上箱体材质为铸铝,下箱体材质为铸钢。轴箱的相关尺寸如图 7-36 所示。采用实体单元(Solid92)建立有限元模型,单元平均大小为 8mm,共离散为 173582 个单元、278151 个节点。有限元离散模型如图 7-37 所示。

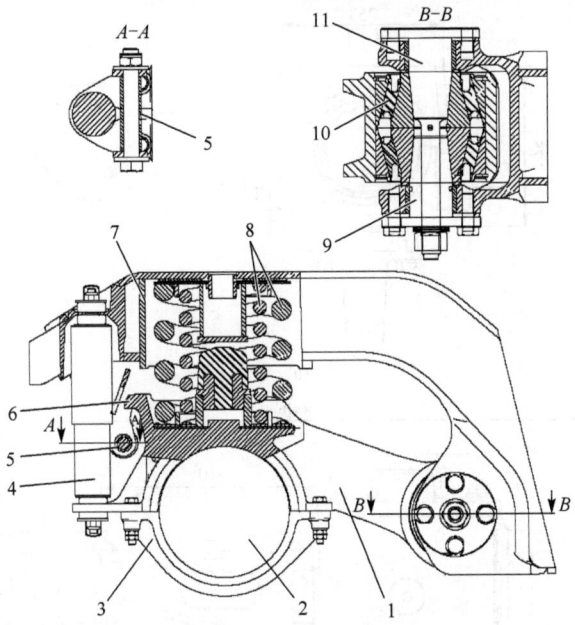

图 7-33 轮对轴箱装置

1-定位转臂；2-轴箱；3-底部压板；4-系垂向减振器；5-止挡管；6-凸台；
7-弹簧套；8-螺旋弹簧；9-锥形套；10-柱形橡胶套；11-锥形销

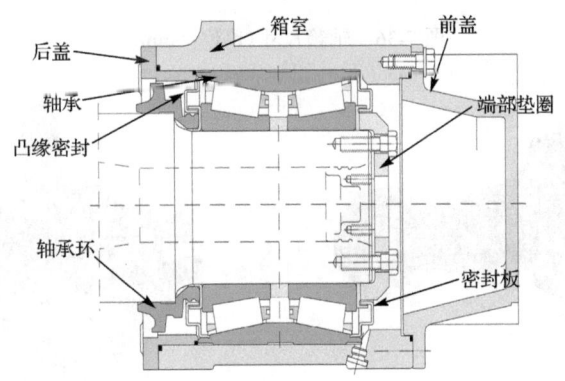

图 7-34 轴箱装配示意图

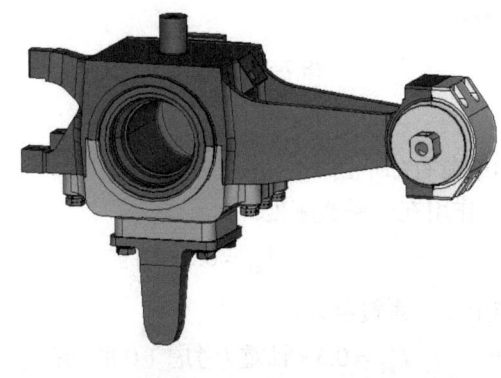

图 7-35 轴箱模型

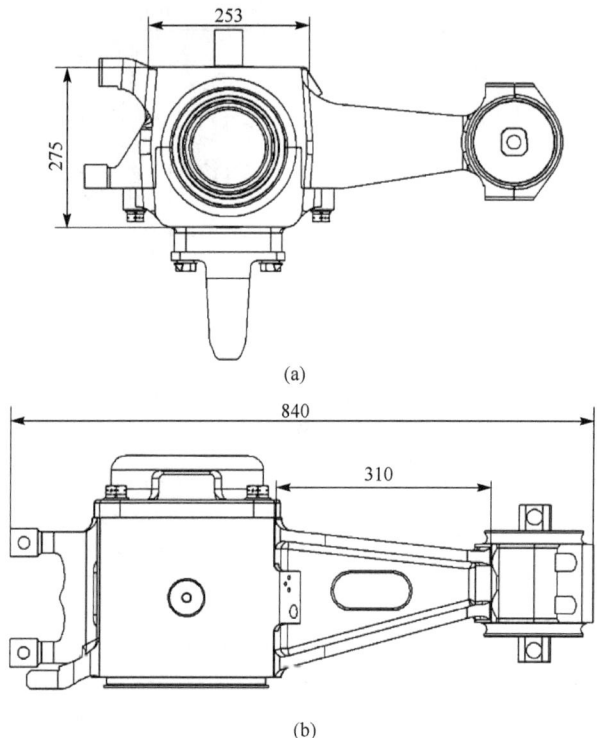

(a)

(b)

图 7-36 轴箱尺寸(单位:mm)

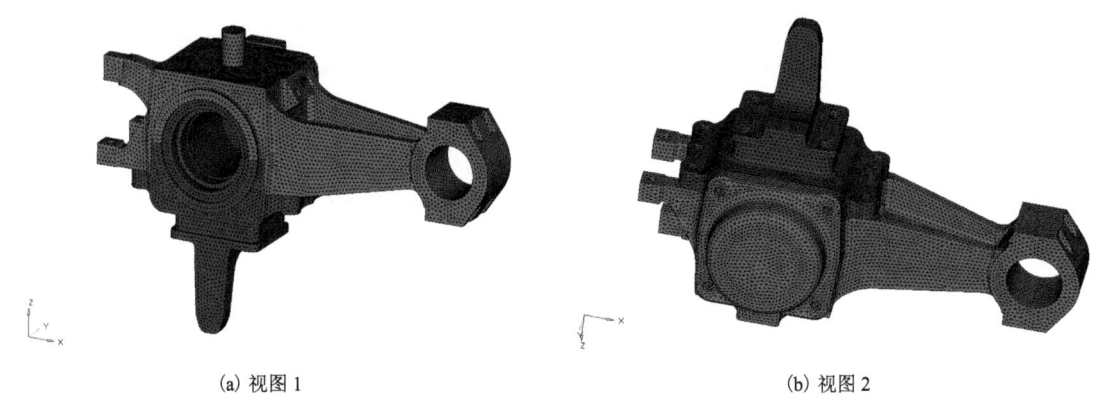

(a) 视图 1　　　　　　　　　　　　(b) 视图 2

图 7-37 轴箱有限元模型

1) 超常载荷

作用在轴箱上的载荷有如下四类。

(1) 垂向静载荷,作用在一系簧座处:

$$F_{z1} = 0.5 \times 轴重 \tag{7-6}$$

垂向动载荷,作用在一系簧座处:

$$F_{z2} = 0.5 \times 轴重（考虑 1.0 的动荷系数） \tag{7-7}$$

垂向总载荷,作用在一系簧座处:

$$F_z = F_{z1} + F_{z2} = 2 \times 0.5 \times 轴重 = 166.60 \text{kN} \tag{7-8}$$

(2) 纵向载荷，作用在转臂节点处。由构架纵向冲击载荷：

$$F_{x\max} = 5g \cdot 转向架质量 = 5g \times 8600 = 406.7 \text{kN} \tag{7-9}$$

得出转臂节点处的纵向载荷为

$$F_x = F_{\text{impact}} / 4 = 101.7 \text{kN} \tag{7-10}$$

(3) 横向载荷，作用在转臂节点处。由构架横向超常载荷：

$$F_{y\max} = 2 \times \left[10^4 + \frac{(m_v + c_1)g}{3 \times n_b n_e} \right] = 133.3 \text{kN} \tag{7-11}$$

得出转臂节点处的横向载荷（考虑一侧受载）为

$$F_y = F_{y\max} / 2 = 66.7 \text{kN} \tag{7-12}$$

(4) 一系垂向减振器载荷，作用在安装座处：

$$F_{qz} = 9.8 \times 1.2 = 11.8 (\text{kN}) \text{（考虑 1.2 倍的安全系数）} \tag{7-13}$$

脱轨载荷，作用在轴箱体下部安装的防脱线安全防护装置上：

$$F_{yt} = 200 \text{kN}$$

注：此处轴重取 17t。

2) 超常载荷组合工况

(1) 组合工况一。将上述垂向总载荷、纵向载荷、横向载荷和一系垂向减振器载荷 4 种单独超常载荷叠加，得到轴箱上的超常载荷组合工况一。

(2) 组合工况二。将脱轨载荷和垂向总载荷叠加得到轴箱上的超常载荷组合工况二。

3) 运营载荷

作用在轴箱上的载荷有如下 4 类。

(1) 垂向动载荷，作用在一系簧座处：

$$F_z = 1.0 \times \frac{轴重}{2} = 83.3 \text{kN} \text{（考虑 1.0 的动荷系数）} \tag{7-14}$$

(2) 纵向载荷，作用在转臂节点处：

$$F_x = 0.3 \times \frac{轴重}{2} = 25.0 \text{kN} \text{（考虑 0.3 的动荷系数）} \tag{7-15}$$

(3) 横向载荷，作用在转臂节点处：

$$F_y = 0.3 \times \frac{轴重}{2} = 25.0 \text{kN} \text{（考虑 0.3 的动荷系数）} \tag{7-16}$$

(4) 一系垂向减振器载荷，作用在安装座处：

$$F_{qz} = 9.8 \text{kN} \tag{7-17}$$

注：此处轴重取 17t。

4) 运营载荷组合工况

将上述 4 种单独运营载荷叠加,得到轴箱上的运营载荷组合工况,如图 7-38 所示。

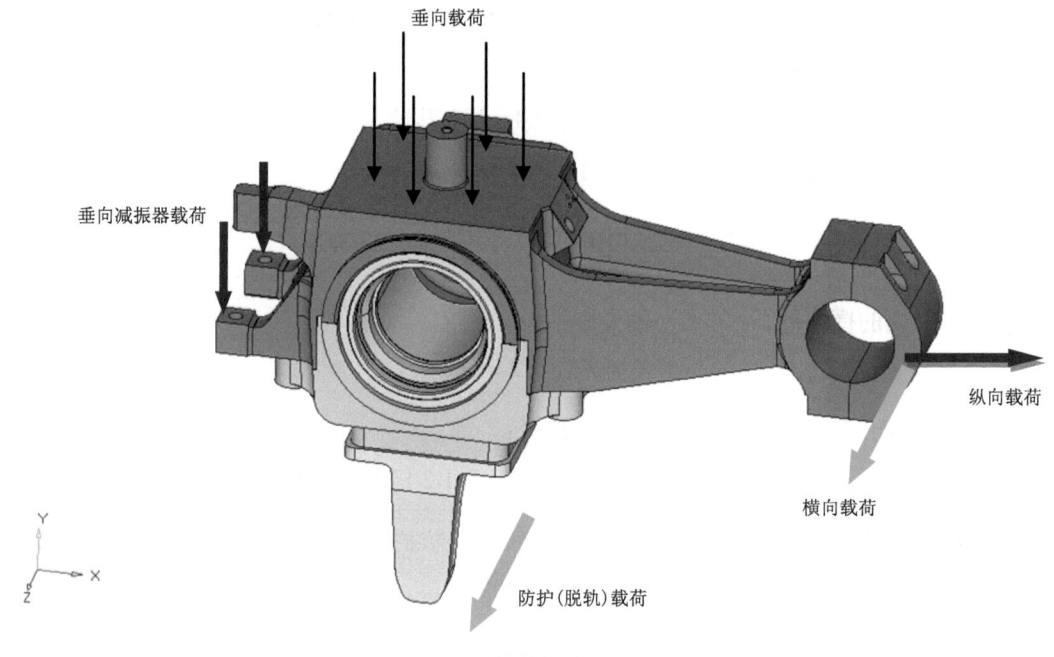

图 7-38 轴箱加载示意图

5) 约束条件

在轴心线上施加三向约束,即 $U_x=U_y=U_z=0$。

3. 轴箱静强度评估

1) 静强度评估方法

在超常载荷各单独载荷及组合载荷工况下,结构各处的应力均应小于相应材料的许用应力。

2) 超常载荷下应力计算结果

在轴箱模型上施加超常载荷,计算该载荷及其组合工况下的轴箱结构应力,在超常载荷组合载荷工况一下,轴箱上的最大应力出现在轴箱转臂弯角连接处,为 152.0MPa,如图 7-39 所示。在超常载荷组合载荷工况二下,轴箱上的最大应力出现在轴箱体下部防脱线装置圆弧弯角处,最大应力为 962.9MPa,如图 7-40 所示。

3) 静强度评估结果

在超常载荷组合载荷工况一下,轴箱上的最大应力出现在轴箱中部铸造圆角,为 152.0MPa,该应力小于超常载荷下轴箱用材铸铝的许用应力(200MPa)。在超常载荷组合载荷工况二下,轴箱上的最大应力出现在轴箱体下部防脱线装置圆弧弯角处,最大应力为 962.9MPa,该应力小于超常载荷下轴箱用材合金钢的许用应力(1080MPa),且在该组合工况下,轴箱体上部装置最大应力出现在轴箱盖边缘连接部位,应力值为 27.9MPa,该应力小于超常载荷下轴箱用材铸铝的许用应力(200MPa)。因此,该轴箱静强度满足要求。

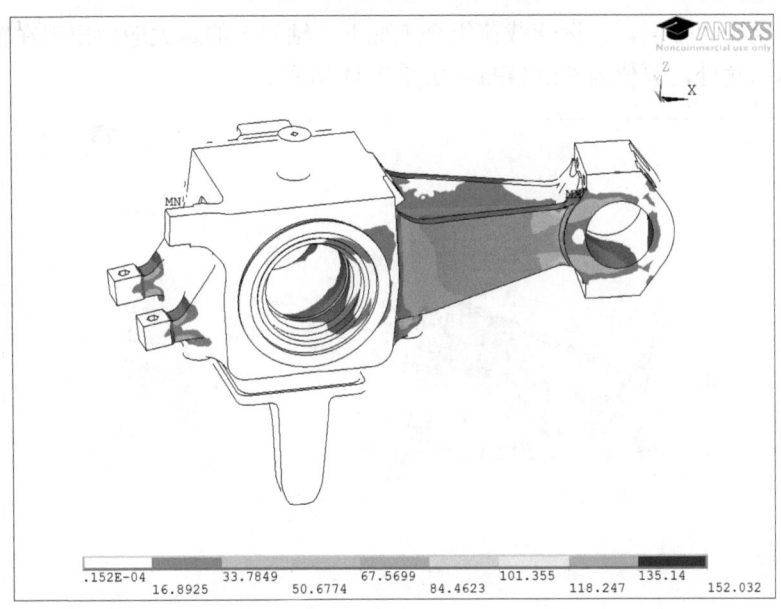

图 7-39　超常载荷下组合载荷工况(一)：轴箱整体应力云图

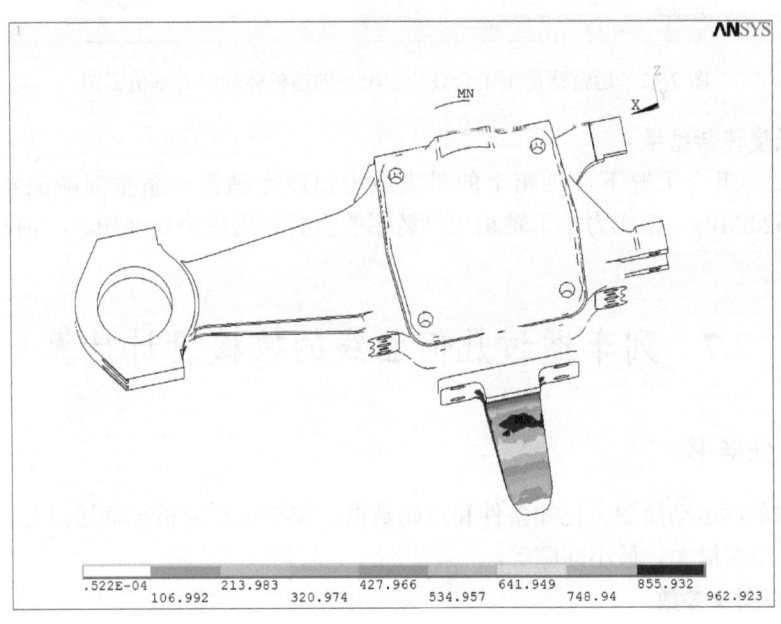

图 7-40　超常载荷下组合载荷工况(二)：轴箱整体应力云图

4. 轴箱疲劳强度评估

1) 疲劳强度评估方法

在模拟运营载荷作用下，各工况交变载荷的组合所产生的应力幅值应小于材料的疲劳许用应力。

2) 模拟运营载荷应力计算结果

在结构模型上分别施加垂向动载荷、纵向载荷、横向载荷以及减振器载荷，即可得到整个轴箱转臂的动应力幅值。在运营载荷组合工况下，轴箱上的最大应力出现在轴箱一系垂向减振器座圆弧弯角处，幅值为 62.8MPa，如图 7-41 所示。

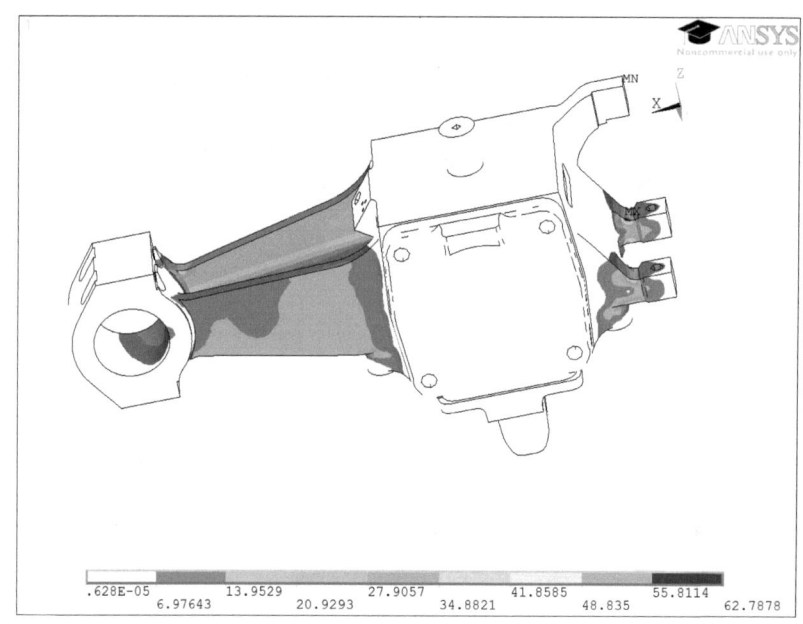

图 7-41 运营载荷下组合载荷工况：轴箱整体动应力幅值云图

3)疲劳强度评估结果

在运营载荷组合工况下，轴箱上的最大应力出现在轴箱一系垂向减振器座圆弧弯角处，幅值为 62.8MPa，该应力小于轴箱用材铸铝的疲劳许用应力(80MPa)，轴箱疲劳强度满足要求。

7.7 列车通过几何曲线的校核设计计算

7.7.1 设计任务书

试按下列车辆运动简图、已知条件和原始数据，校核计算分析车辆通过几何线路曲线时车钩偏转角及车端最大、最小间隙等。

1. 运动简图及参数

某型列车通过几何线路曲线时，两车间车辆计算结构参数如图 7-42 所示。

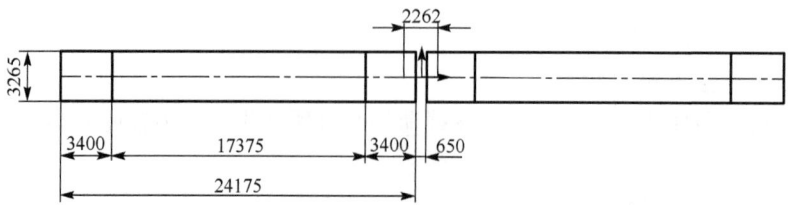

图 7-42 车辆计算结构参数(单位：mm)

2. 工作条件

列车在线路上运行，或者通过直线或者通过曲线，二者必居其一，因而列车曲线通过是列车运行的基本工况之一，应分析其运行特征。

列车曲线通过主要包括3种平面曲线工况：①"定圆半径"曲线线路；②"定圆半径+直线段"曲线线路；③"S形反向圆半径"曲线线路。其他曲线通过情况都可以由这3种基本曲线情况组合而成。校核计算时，假定通过的曲线圆半径为180m。

3. 设计计算要求

根据上述车辆参数，分别计算分析列车通过3种曲线工况下，车钩偏转角及两车端最大、最小间隙，绘出两车端的相对关系图。

分别采用分析法和图解法两种方法进行校核设计计算，编写设计计算说明书。

设计说明书应包括：目录、设计任务书、相关设计计算分析及说明、参考文献等。

4. 设计计算中需注意的几个问题

要求每位学生在设计计算过程中，应充分发挥自己的独立工作能力及创造能力，对每个问题都应进行分析、比较，并提出自己的见解，反对盲从，杜绝抄袭。在设计计算过程中必须做到：①随时复习教科书、听课笔记及习题；②做好准备工作，充分发挥自己的主观能动性和创造性，及时查阅相关资料；③认真计算和制图，保证计算正确和图纸质量；④按预定计划完成任务。

7.7.2 几何曲线通过的设计计算分析

1. 计算目的

计算轨道车辆几何曲线通过主要用于确定轨道车辆所能通过的最小曲线半径及其所对应的车钩偏转角，确定曲线通过时车体之间所需的最小、大间隙，以及车体与建筑限界之间的关系等。因此，轨道车辆设计时，通常需要进行几何曲线通过计算校核。

几何曲线通过的确定有分析法和图解法两种，其中分析法比较准确，但易出错，而图解法直观但存在误差。

为便于计算分析，特定义了对应的参数符号表示，如图7-43和图7-44所示。将已知参数用字母表示下标1和2分别表示第1辆和2辆车：

$L_1 = L_2 = 24175\text{mm}$；$l_1 = l_2 = 17375\text{mm}$；$d_1 = d_2 = 19969\text{mm}$；$k = \dfrac{2262-650}{2} = 806(\text{mm})$；

$f_1 = f_2 = 2594\text{mm}$；$R = 180000\text{mm}$；$p = 2262\text{mm}$；$B = 3265\text{mm}$。

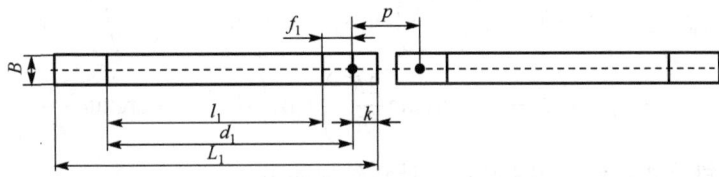

图7-43 结构参数定义

2. 定圆曲线通过计算

列车通过定圆曲线时的线路与车体几何关系如图7-43所示。通过分析可知，两辆相同的车通过定圆曲线时,其车钩偏转角、最小、最大间隙均为定值,故本书采用理论分析计算和 CAD 精确绘图两种方法求得问题的结果。

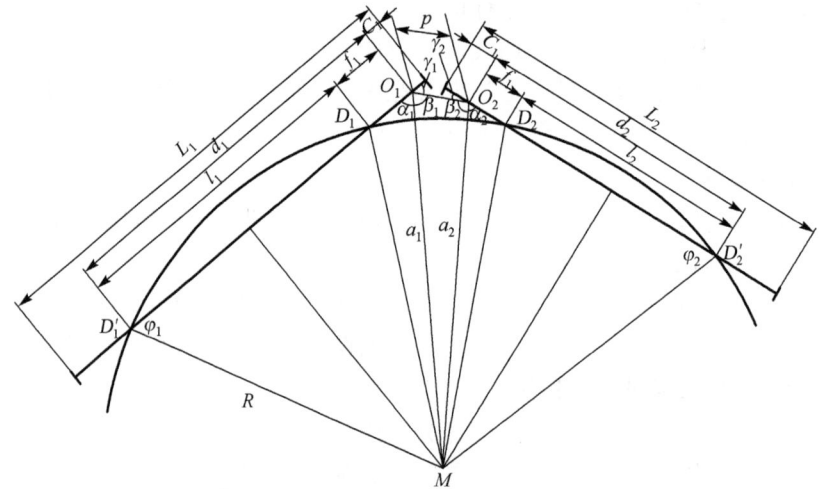

图 7-44 列车通过定圆曲线时的线路与车辆间的几何关系

1) 分析法及结果

计算分析表达式如下:

$$a_1 = \sqrt{R^2 + d_1 f_1}, \quad a_2 = \sqrt{R^2 + d_2 f_2}$$

$$\alpha_1 = \arccos \frac{d_1 + f_1}{2a_1}, \quad \alpha_2 = \arccos \frac{d_2 + f_2}{2a_2}$$

$$\beta_1 = \arccos \frac{p^2 + a_1^2 - e_1^2}{2pa_1}, \quad \beta_2 = \arccos \frac{p^2 + a_2^2 - e_2^2}{2pa_2}$$

$$\gamma_1 = \pi - \alpha_1 - \beta_1, \quad \gamma_2 = \pi - \alpha_2 - \beta_2 \tag{7-18}$$

式中,R 为曲线半径(m);p 为两连挂车钩中心线为一条直线时两车钩转动中心间的距离(m);f 为车辆心盘中心到车钩转动中心的长度(m);d 为车辆定距与 f 之和(m)。注:下标仅表示第 n 辆车。

$$\Delta_{\min} = p - \left[\cos(\delta_1 - \alpha_1) \sqrt{\left(\frac{B_1}{2}\right)^2 + K_1^2} + \cos(\delta_2 - \alpha_2) \sqrt{\left(\frac{B_2}{2}\right)^2 + K_2^2} \right]$$

$$\Delta_{\max} = p - \left[\cos(\delta_1 - \alpha_1) \sqrt{\left(\frac{B_1}{2}\right)^2 + K_1^2} + \cos(\delta_2 - \alpha_2) \sqrt{\left(\frac{B_2}{2}\right)^2 + K_2^2} \right]$$

$$+ B_1 \cos\left(\delta_1 - \alpha_1 + \arctan\frac{2K_1}{B_1}\right) + B_2 \left(\delta_2 - \alpha_2 + \arctan\frac{2K_2}{B_2}\right) \tag{7-19}$$

根据上述计算公式,代入相关数据,计算结果如下:

$$\gamma_1 = \gamma_2 = 3.97°$$

$$\Delta_{\min} = 429.36 \text{mm}$$

$$\Delta_{\max} = 879.75 \text{mm}$$

2) CAD 绘图法及结果

采用计算机 CAD 绘图法的结果如图 7-45 所示，其结果为

$$\gamma_1 = \gamma_2 = 3.95°$$
$$\Delta_{\min} = 425\text{mm}$$
$$\Delta_{\max} = 875\text{mm}$$

对比分析法与绘图法的结果可见，绘图法的精度稍差。

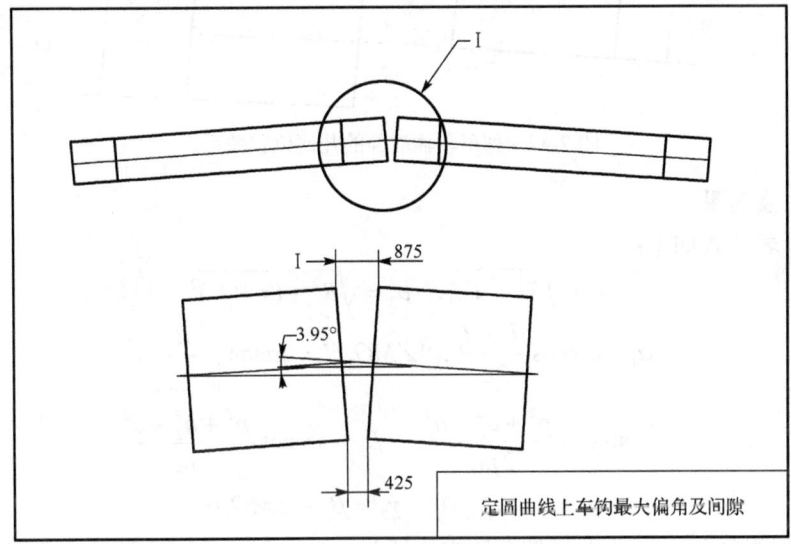

图 7-45　CAD 绘图法的结果

3. "圆-直" 曲线通过计算

列车通过 "圆-直" 曲线时的线路与车体几何关系如图 7-46 所示，车辆端部的几何位置关系如图 7-47 所示。通过分析可知，两辆相同的车通过 "圆-直" 曲线时，其车钩偏转角、车端最小、最大间隙随车辆位置而变化，故需借助数值分析计算软件 MATLAB 编写计算程序，求得车钩最大偏转角，然后分别采用分析法和计算机 CAD 精确绘图法求得问题的结果。

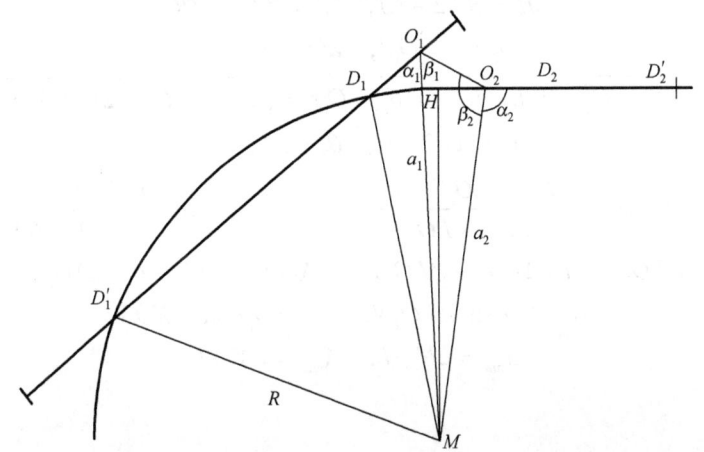

图 7-46　列车通过 "圆-直" 曲线时的线路与车辆间的几何关系

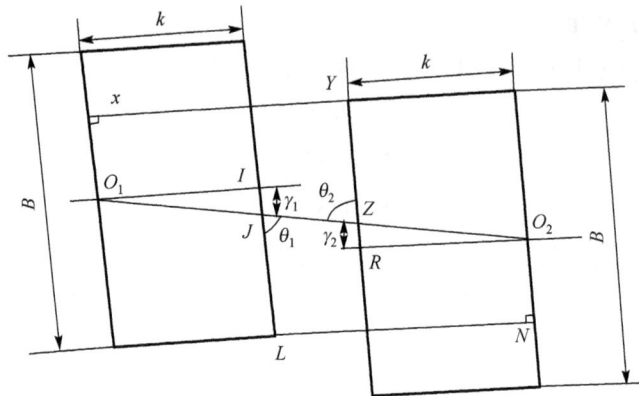

图 7-47 列车车辆端部的几何位置关系

1) 分析法及结果

计算分析表达式如下：

$$a_1 = \sqrt{R^2 + d_1 f_1}, \quad a_2 = \sqrt{R^2 + (x-f_2)^2}$$

$$\alpha_1 = \arccos \frac{d_1 + f_1}{2a_1}, \quad \angle MO_2H = \arctan \frac{R}{|x-f_2|}$$

$$\beta_1 = \arccos \frac{p^2 + a_1^2 - a_2^2}{2pa_1}, \quad \beta_2 = \arccos \frac{p^2 + a_2^2 - a_1^2}{2pa_2}$$

$$\gamma_1 = \pi - \alpha_1 - \beta_1, \quad \gamma_2 = \beta_2 - \angle MO_2H \tag{7-20}$$

式中，R 为曲线半径(m)；p 为两连挂车钩中心线为一条直线时两车钩转动中心间的距离(m)；f 为车辆心盘中心到车钩转动中心的长度(m)；d 为车辆定距与 f 之和(m)。

编写的 MATLAB 计算程序及结果如下。

(1) 车钩偏转角计算。在计算程序中，代入相关数据，可得到车钩偏转角的计算结果，如图 7-48 所示。

$$IJ = k\tan\gamma_1, \quad ZR = k\tan\gamma_2$$

$$O_1J = k/\cos\gamma_1, \quad O_2Z = k/\cos\gamma_2$$

$$JL = B/2 - LJ, \quad YZ = B/2 - ZR$$

$$JO_2 = p - O_1J, \quad ZO_1 = p - O_2Z$$

$$O_2L = \sqrt{JL^2 + JO_2^2 - 2JL \times JO_2 \cos\theta_1}, \quad O_1Y = \sqrt{YZ^2 + ZO_1^2 - 2YZ \times ZO_1 \cos\theta_2}$$

$$\theta_1 = \pi/2 - \gamma_1, \quad \theta_2 = \pi/2 - \gamma_2$$

$$\angle LO_2J = \arccos \frac{JO_2^2 + LO_2^2 - JL^2}{2JO_2 \times LO_2}, \quad \angle YO_1Z = \arccos \frac{YO_1^2 + ZO_1^2 - YZ^2}{2YO_1 \times ZO_1}$$

$$\angle LO_2N = \pi/2 + \gamma_2 - \angle LO_2J, \quad \angle XO_1Y = \pi/2 + \gamma_1 - \angle YO_1Z$$

$$LN = O_2L\sin\angle LO_2N, \quad XY = O_1Y\sin\angle XO_1Y$$

$$\Delta_{\min} = LN - k, \quad \Delta_{\max} = XY - k$$

计算程序：

```
x=0:1:7450;
p=2262;
```

第 7 章 实践设计题目实例

```
d1=19969;
R=180000;
f1=2594;
f2=2594;
a1=sqrt(R.^2+d1*f1);
t=abs(x-f2);
a2=sqrt(R.^2+t.^2);
alpha1=acos((d1+f1)/(2*a1));
beta1=acos((p^2+a1.^2-a2.^2)/(2*p*a1));
gama1=pi-alpha1-beta1;
gama1= gama1/pi*180;
o2=atan(R./t)
beta2=acos((p^2+a2.^2-a1.^2)/(2*p*a2));
gama2=beta2-o2;
gama2= gama2/pi*180;
plot(x,gama1,'-',x,gama2,':');
```

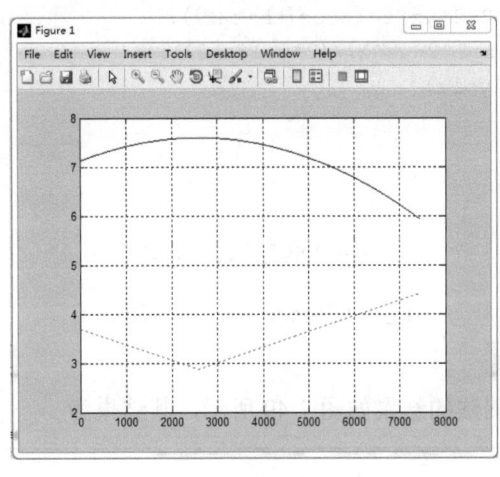

(a)

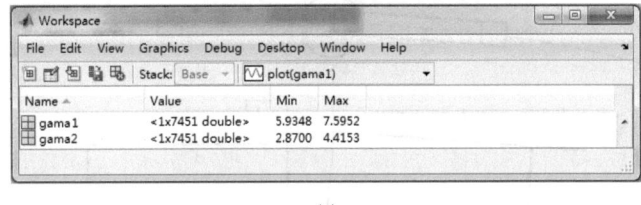

(b)

图 7-48 车钩偏转角的计算结果

(2)两车辆端部间的最大与最小间隙。在编制的计算程序中，代入相关数据，可得到两车辆端部间的最大与最小间隙计算结果。

```
k=806;
B=3265;
gama1=7.59/180*pi;
gama2=3.28/180*pi;
```

```
p=2262;
ij=k*(tan(gama1));
olj=k/(cos(gama1));
j1=B/2-ij;
jo2=p-olj;
theta1=pi/2-gama1;
o21=sqrt(j1^2+jo2^2-2*j1*jo2*cos(theta1));
j1o2j=acos((jo2^2+o21^2-j1^2)/(2*jo2*o21));
jlo2n=pi/2+gama2-jlo2j;
ln=o21*sin(jlo2n);
detamin=ln-k;
zr=k*tan(gama2);
o2z=k/(cos(gama2));
yz=B/2-zr;
zol=p-o2z;
theta2=pi/2-gama2;
yol=sqrt(yz^2+zol^2-2*yz*zol*cos(theta2));
jyolz=acos((yol^2+zol^2-yz^2)/(2*yol*zol));
jxoly=pi/2+gama1-jyolz;
xy=yol*sin(jxoly);
detamax=xy-k;
```

计算结果为

$$\gamma_1 = 7.59°, \quad \gamma_2 = 4.42°$$

$$\varDelta_{\min} = 526\text{mm}, \quad \varDelta_{\max} = 755\text{mm}$$

2) CAD 绘图法及结果

采用计算机 CAD 绘图法的结果如图 7-49 所示，其结果为

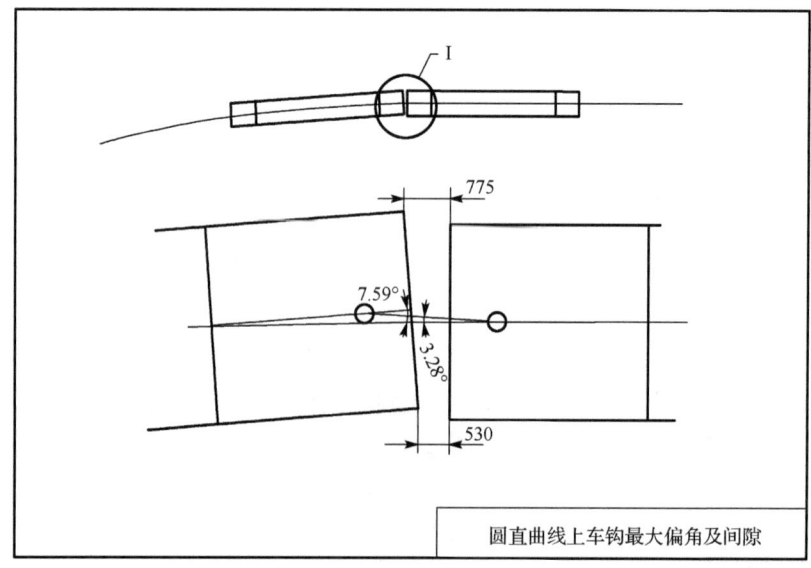

图 7-49　CAD 绘图法的结果

$$\gamma_1 = 7.59°, \quad \gamma_2 = 3.28°$$

$$\Delta_{\min} = 528\text{mm}, \quad \Delta_{\max} = 757\text{mm}$$

4. "S形反向圆半径"曲线通过计算

列车通过"S形反向圆半径"曲线时的线路与车辆几何关系如图 7-50 所示，两车辆端部的几何位置关系如图 7-51 所示。通过分析可知，因计算过程较复杂，需借助数值分析计算软件 MATLAB 编写程序进行计算。

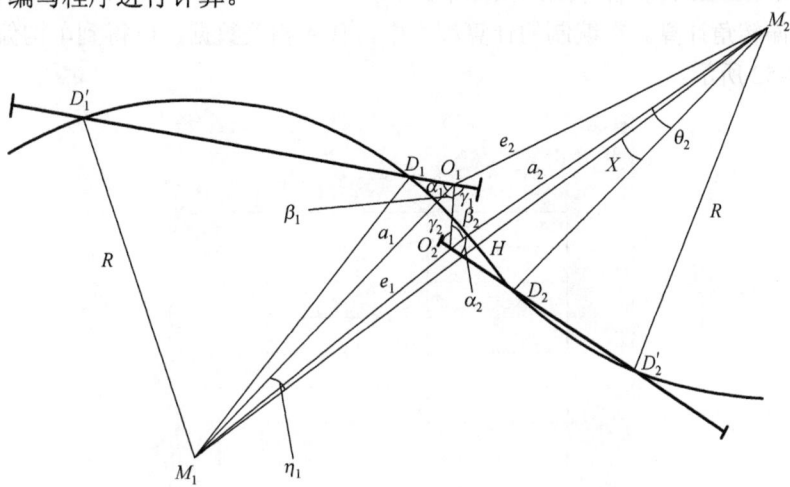

图 7-50 列车通过"S形反向圆"曲线时的线路与车辆间的几何关系

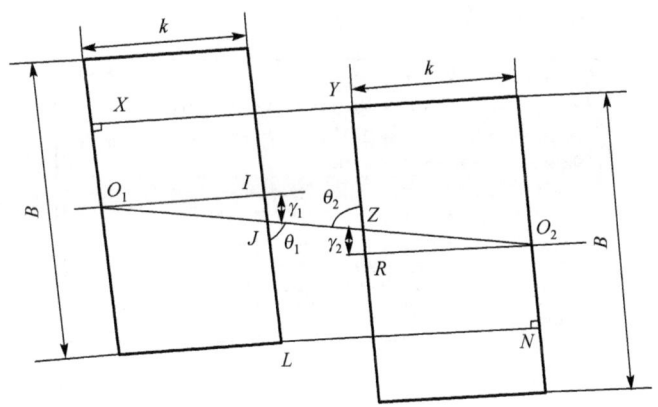

图 7-51 列车车辆端部的几何位置关系

1) 分析法及结果

计算分析表达式如下：

$$a_1 = \sqrt{R^2 + d_1 f_1}, \quad a_2 = \sqrt{R^2 + d_2 f_2}$$

$$\alpha_1 = \arccos\frac{d_1 + f_1}{2a_1}, \quad \alpha_2 = \arccos\frac{d_2 + f_2}{2a_2}$$

$$e_1 = 2R - a_2, \quad e_2 = 2R - a_1$$

$$\beta_1 = \arccos \frac{p^2 + a_1^2 - e_1^2}{2pa_1}, \quad \beta_2 = \arccos \frac{p^2 + a_2^2 - e_2^2}{2pa_2}$$

$$\gamma_1 = \pi - \alpha_1 - \beta_1, \quad \gamma_2 = \pi - \alpha_2 - \beta_2 \tag{7-21}$$

式中，R 为曲线半径 (m)；p 为两连挂车钩中心线为一条直线时两车钩转动中心间的距离 (m)；f 为车辆心盘中心到车钩转动中心的长度 (m)；d 为车辆定距与 f 之和 (m)。

编写的 MATLAB 计算程序及结果如下。

(1) 车钩偏转角计算。在编制的计算程序中，代入相关数据，可得到车钩偏转角的计算结果，如图 7-52 所示。

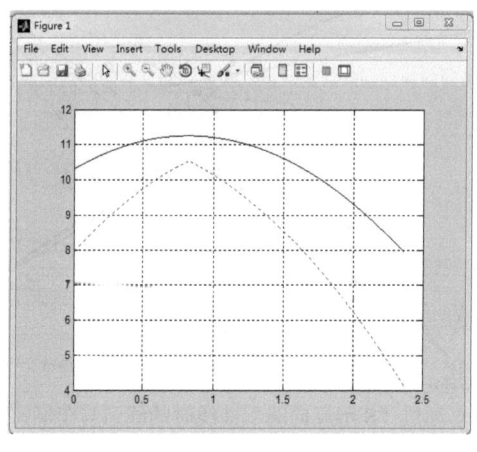

(a)

(b)

图 7-52　车钩偏转角的计算结果

$$IJ = k \tan \gamma_1, \quad ZR = k \tan \gamma_2$$

$$O_1 J = k / \cos \gamma_1, \quad O_2 Z = k / \cos \gamma_2$$

$$JL = B/2 - LJ, \quad YZ = B/2 - ZR$$

$$JO_2 = p - O_1 J, \quad ZO_1 = p - O_2 Z$$

$$O_2 L = \sqrt{JL^2 + JO_2^2 - 2JL \times JO_2 \cos \theta_1}, \quad O_1 Y = \sqrt{YZ^2 + ZO_1^2 - 2YZ \times ZO_1 \cos \theta_2}$$

$$\theta_1 = \pi/2 - \gamma_1, \quad \theta_2 = \pi/2 - \gamma_2$$

$$\angle LO_2J = \arccos\frac{JO_2^2 + LO_2^2 - JL^2}{2JO_2 \times LO_2}, \quad \angle YO_1Z = \arccos\frac{YO_1^2 + ZO_1^2 - YZ^2}{2YO_1 \times ZO_1}$$

$$\angle LO_2N = \pi/2 + \gamma_2 - \angle LO_2J, \quad \angle XO_1Y = \pi/2 + \gamma_1 - \angle YO_1Z$$

$$LN = O_2L\sin\angle LO_2N, \quad XY = O_1L\sin\angle XO_1Y$$

$$\varDelta_{\min} = LN - k, \quad \varDelta_{\max} = XY - k$$

计算程序：

```
x=0:0.001:2.365;
x=x/180*pi;
p=2262;
 d1=19969;
d2=19969;
R=180000;
f1=2594;
f2=2594;
a1=sqrt(R.^2+d1*f1);
a2=sqrt(R.^2+ d2*f2);
alpha1=acos((d1+f1)/(2*a1));
thea2=acos((a2^2+R^2-f2^2)/(2*a2*R));
e1=sqrt(a2^2+4*R^2-2*a2*2*R*cos(abs(thea2-x)));
thea11=acos((e1.^2+4*R^2-a2^2)./(2*e1.*2.*R));
thea12=acos((e1.^2+a1^2-p^2)./(a1*e1.*2));
thea1= thea11+thea12;
e2=sqrt(a1^2+4*R^2-2*a1*2*cos(thea1).*R);
beta2=acos((p^2+a2.^2-e2.^2)/(2*p*a2));
beta1=acos((p^2+a1.^2-e1.^2)/(2*p*a1));
gama1= pi-alpha1-beta1;
gama1= gama1/pi*180;
a2=sqrt(R.^2+ d2*f2);
alpha2=acos((d2+f2)/(2*a2));
gama2=pi-alpha2-beta2;
gama2= gama2/pi*180;
plot(x/pi*180,gama1,'-',x/ pi*180,gama2,':');
```

(2) 两车辆端部间的最大与最小间隙。在编制的计算程序中，代入相关数据，可得到两车辆端部间的最大与最小间隙计算结果。

```
k=806;
B=3265;
gama1=11.25/180*pi;
gama2=10.54/180*pi;
p=2262;
ij=k*(tan(gama1));
olj=k/(cos(gama1));
jlo2n=pi/2+gama2-jlo2j;
```

```
ln=o21*sin(jlo2n);
detamin=ln-k;
zr=k*tan(gama2);
o2z=k/(cos(gama2));
yz=B/2-zr;
zo1=p-o2z;
theta2=pi/2-gama2;
j1=B/2-ij;
jo2=p-olj;
theta1=pi/2-gama1;
o21=sqrt(j1^2+jo2^2-2*j1*jo2*cos(theta1));
jlo2j=acos((jo2^2+o21^2-j1^2)/(2*jo2*o21));
yol=sqrt(yz^2+zo1^2-2*yz*zo1*cos(theta2));
jyolz=acos((yol^2+zo1^2-yz^2)/(2*yol*zo1));
jxoly=pi/2+gama1-jyolz;
xy=yol*sin(jxoly);
detamax=xy-k;
```

计算结果为

$$\gamma_1 = 11.25°, \quad \gamma_2 = 10.54°$$

$$\Delta_{\min} = 591\text{mm}, \quad \Delta_{\max} = 626\text{mm}$$

2) CAD 绘图法及结果

采用计算机 CAD 绘图法的结果如图 7-53 所示，其结果为

$$\gamma_1 = 11.28°, \quad \gamma_2 = 10.54°$$

$$\Delta_{\min} = 589\text{mm}, \quad \Delta_{\max} = 624\text{mm}$$

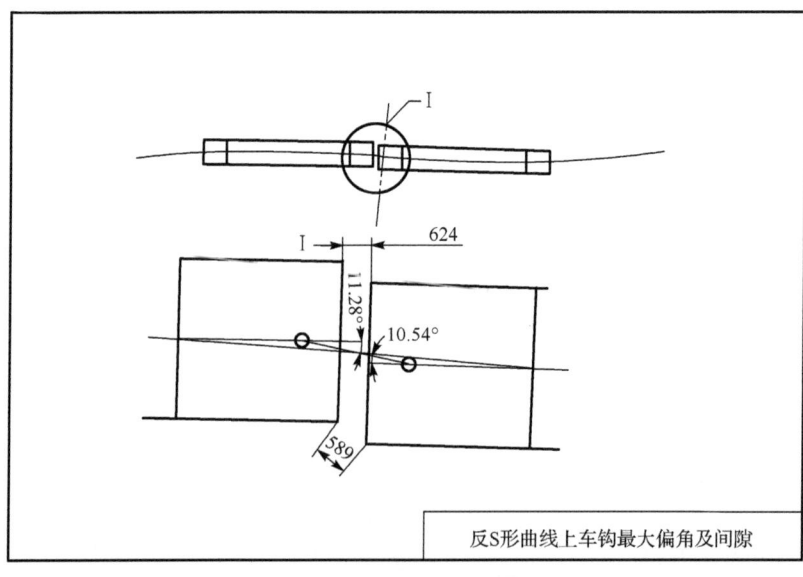

图 7-53 CAD 绘图法的结果

参 考 文 献

李强, 金新灿. 2011. 动车组设计. 北京: 中国铁道出版社.

李云华. 2004. 虚拟现实技术综述. 重型机械科技, (4): 21-24.

刘耀林, 孔建益, 蒋国璋, 等. 2005. 虚拟现实技术的发展. 湖北工业大学学报, (3): 13-15.

田红旗. 2006. 中国列车空气动力学研究进展. 交通运输工程学报, (3): 11-14.

王文斌, 林忠钦, 等. 2004. 机械设计手册. 北京: 机械工业出版社.

王文静. 动车组转向架. 北京: 北京交通大学出版.

许平. 2006. 流线型列车头部结构设计方法. 中国铁道科学, (1): 17-21.

张志鹏, 劳奇成. 2005. 虚拟现实技术的概况及应用. 精密制造与自动化, (3): 25-27.

郑彦平, 贺钧. 2005. 虚拟现实技术的应用现状及发展. 信息技术, (12): 8-10.

周红军, 王选科. 2005. 虚拟现实系统概述. 航空计算技术, (1): 32-35.